問蔣渭水

影像集

蔣朝根 編

目錄

出版序

接續著2018年現存《臺灣民報》的史料復刻工作，國立臺灣歷史博物館（以下簡稱臺史博），今年，我們繼續辦理臺灣文化協會相關的史料整理。除了繼續追溯1920年代臺灣人言論媒體《臺灣青年》，並進行復刻出版之外，也關心當時殖民地臺灣與近代青年們對於知識的建構進路。我們試圖將臺灣文化協會相關史料重新整理，並以蔣渭水影像資料為啟始，嘗試突破過去傳統教科書上的刻板印象，希望透過《人間蔣渭水》一書，讓大家理解臺灣史上，更多不同面向的蔣渭水。

由於近來臺灣政治局勢的變化，社會各界似乎重燃對蔣渭水，以及臺灣民眾黨的興趣，在日治時期政治社會運動，具備清楚的論述，有實踐能力的重要角色：蔣渭水，除了臺灣民報、臺灣文化協會、臺灣民眾黨等眾所皆知的關鍵字，他的文化行動與政治理想，也不斷地被後世所引用和詮釋。

蔣渭水在臺灣文化協會《會報》第一期上發表〈臨牀講義〉，文中指出患者臺灣島被診斷成世界文化的低能兒，並以此為己任，致力於臺灣人的文化啟蒙，接觸先進的思想，以熱血青年的姿態，懷抱理念、傳播理想；嘗試以多元的形式，戲劇、報刊與演講活動等媒介，積極進行文化改革。我們這回重新編輯蔣渭水相關影像史料，重新記取這樣影響後世的臺灣人，也希望讓大眾理解不同階段時期、身分：家庭生活的、社群互動的、勞工運動的、被監禁於苦牢裡的……蔣渭水，甚至是當代社會影響與評價。蔣渭水不僅只有政治面向，原先因為政治成就為人所知的蔣渭水，藉著影像史料的回顧，重新走入人間，讓大眾得以一窺究竟：作為一位具有自覺、自省的臺灣青年，有過異想天開的計畫；也曾因覓無知音，心感落寞；或是如何在面對時代的不平，做出的砥礪、反擊與自處。

現在我們擁有一個重視自由民主的社會，無論是個人、社群或政府，更多的公民運動與公民力量，便是在自由風氣底下闡揚、迸發，漸漸成熟。今天在不同時空背景下回望、紀念曾經為臺灣民主奮力的蔣渭水，希望有更多人們能從這本歷史影像集裡，汲取前行者的力量，回應時代的需要。

為了本次出版計畫，我們有幸取得蔣渭水家屬蔣朝根，以及財團法人蔣渭水文化基金會的大力協助，還有許多齊心協力的相關單位的館藏支援，包含：中央研究院臺灣史研究所檔案館、國史館臺灣文獻館、國立清華大學圖書館、宜蘭縣史館、宜蘭市中山國小與六然居資料室等，才得以順利成書。出版過程中承蒙許多人的協助，時至今日，成果即將展現在國人眼前，回首來時路，再次對提供史料的眾多藏家與單位致上謝意。

國立臺灣歷史博物館館長 **林崇熙**

Guide

導讀

如何貼近人間蔣渭水？將外掛的政治外衣褪去！

文／陳文松（國立成功大學歷史學系副教授）

筆者有一位友人，專門蒐集民國 99 年 (2010) 由中央銀行所發行的十元硬幣，為什麼？因為那一年，有一款除了孫中山、蔣中正這兩款象徵中華民國正統、以及解嚴後仍延續著威權統治時期的上述兩枚政治象徵之外，當年又新增發行兩款首次流通的十元的政治人物肖像硬幣，一是蔣經國（「蔣經國先生百年誕辰紀念」流通硬幣，發行年份:民國99年〔2010〕4月27日），另一枚就是蔣渭水(「蔣渭水先生紀念」流通硬幣，發行年份：民國 99 年〔2010〕8 月 5 日）。

於是屬於經常性流通的十元硬幣，在民國 99 年 (2010) 當年，便有「三蔣」十元硬幣流通，由於後兩枚屬紀念性質，因此在市面上流通的蔣經國、蔣渭水硬幣，便逐年遞減；後因物以稀為貴，反而成為貨幣收藏愛好者積極蒐集的對象。如此一來，以紀念幣要讓民眾接觸到此一日治時期以來最具知名度的政治社會文化運動者的蔣渭水，反而逐漸難看到了；不過即使如此，由於十元硬幣的流通率和使用率高，若剛好要用十元硬幣付錢或找零時，不妨多留意一下，說不定會有如中獎般拿到「蔣渭水先生紀念」流通硬幣，不但可藉此測試自己的手氣，更可重新認識蔣渭水。

當然，在日常生活中，要貼近蔣渭水就不像蒐集十元紀念硬幣那麼難了。如果有機會到宜蘭地區，甚至要前往蔣渭水的故鄉朝聖，那麼這條「蔣渭水高速公路」（國道五號），就是必經之路，這也是另一種最直接貼近蔣渭水的方法之一。尤其每逢連續假期或過年過節時，一上高速公路打開警廣，一定是每個時段路況報導「鐵塞」的代名詞——來往宜蘭與北部地區的交通大動脈「國道五號」，又稱「蔣渭水高速公路」。由於取代九彎十八拐的省道，但截彎取直所貫通的雪山隧道因為太過於便捷，反成為車潮湧入的塞車熱區，因此若非當地遊子，不妨利用非假日時前往，定可飽覽宜蘭美麗的山光水色。這條開鑿於民國 80 年 (1991) 至民國 95 年 (2006) 之間長達近十三公里長的隧道，由於是宜蘭地區主要的聯外道路，為了感念蔣渭水的貢獻，遂以其命名。

附帶一提的是，民國 60 年 (1971) 動工至民國 67 年 (1978) 全線通車的國道一號稱為中山高速公路，當然也是為了紀念孫中山，但民國 76 年 (1987) 動工的國道三號於民國 93 年 (2004) 全線通車後，則非以政治人物命名而稱為福爾摩沙高速公路，與國道一號同為貫通臺灣南北的兩大交通動脈。

蔣渭水先生紀念幣是由馬英九政府發行，而蔣渭水高速公路則由陳水扁政府命名，雖然分屬不同政治認同的政權執政，但對於蔣渭水的尊重與紀念，則是相同的，而政治人物之間更喜歡引用 1920 年代蔣渭水為了團結臺灣人對抗殖民者時的口號「團結真有力，同胞要團結」；另一方面更有意思的是，當醫生從政時，這些醫學背景出身的政治人物，亦喜歡以效法蔣渭水「上醫醫國」的精神，做為自身從政的理由（或說詞），以合理化或正當化何以要放棄醫人、醫病的職場生涯。當然「上醫醫國」這句話非始於蔣渭水，而是源自唐代名醫孫思邈《備急千金要方》，由於孫思邈醫術高超又重醫品，死後成為傳說中的「保生三真人」之一，除了吳真人、許真人外，另一尊孫真人即為孫思邈。加上清朝割讓臺澎給日本後，學醫出身的孫中山以革命手段創建中華民國，而自學生時代便崇拜孫中山的蔣渭水，明治 44 年 (1911) 之際，也開始抱持著「上醫醫國」的理念投入反抗日本殖民統治的「熱血青年」。

在此之前，當明治 28 年 (1895) 臺灣受日本殖民統治開始，殖民政府所推進、由地方民眾所共同出資興建的近代學校——專供臺灣人年輕子弟就學的公學校，紛紛在臺灣各地設立。原本只受漢學教育的年輕世代，開始學習日本帝國政府的通用語言「國語」，亦即日語，成為雙語世代的新式知識精英。

在《人間蔣渭水》一書的影像資料當中，我們可以清楚看到蔣渭水於明治 40 年 (1907) 進入宜蘭公學校就讀，由於之前已具備深厚的漢學基礎，因此跳級從四年級唸起，並於畢業後考上臺灣總督府醫學校，時為明治 43 年 (1910)。如上所述，1910 年代正是清帝國局勢動盪的時代，但也是各種改革、革命勢力紛陳的時代；臺灣社會具有新時代視野的精英階層在此影響下，對於臺灣總督府專制統治的作風，也開始出現改革、革命的風潮。大正 3 年 (1914) 臺灣同化會、臺中中學校設立運動，以至大正 4 年 (1915) 西來庵事件等接連發生；而在對岸的中國大陸，更是改朝換代，由傳統帝國走向近代國家，孫中山、梁啟超等近代知識人所掀起的政治革命、西方憲政思想的引入等，不僅改變了中國，也對當時日本統治下的臺灣新式教育菁英影響深刻。

當時就讀臺灣總督府醫學校的蔣渭水等臺籍學生，便曾暗中策劃「毒殺袁世凱」的行動，且在大正 2 年 (1913) 付諸行動，雖然最後沒有成功，可以看出當時臺灣知識份子的思想與行動，大受來自中國大陸的影響；在此情況下，殖民政府為了安撫西來庵事件和中華民國革命成功後臺灣社會動搖的民心，以及才剛積極推動山地原住民討伐行動，為了能無後顧之憂，並取得臺灣社會傳統菁英的協助，很不情願地同意臺中中學校的設置，成為當時唯一一所專門以招收臺灣人子弟為主的中等教育機關，不過教科書的內容硬是比當時日本內地的中等學校低了一級。因此在大正 8 年 (1919)，臺灣教育令第一次發布以前，臺灣總督府醫學校和臺灣總督府國語學校，被時人比喻為臺灣的牛津與劍橋。

而大正 4 年 (1915)4 月，蔣渭水完成醫學校的學業，順利取得醫學士和開業醫的資格。有趣的是，從今日留存的蔣渭水在學期間的文獻，可以看出蔣渭水曾參加內地修學旅行，並在成績單的記事欄當中標記曾毆打日籍水泥匠而遭受停學一週留校察看的處分。換言之，殖民政府透過新式教育培養其統治臺灣社會所需的人才，並藉由內地修學旅行，讓臺灣社會年輕世代能夠直接體驗日本本土的「近代化」和「文明化」；但很顯然的，即使如此，臺灣年輕世代確實積極接受了近代和文明，然在內心中依舊堅持日本人、臺灣人分屬不同民族文化的思維，如同臺灣史研究者陳培豐所稱「同床異夢」。

當年與蔣渭水同屆畢業的臺灣籍學生當中，包括臺灣第一位開設私人婦產科的高敬遠醫師，以及在民國 36 年 (1947) 二二八事件中遇難的張七郎醫師，以及如後所述出身於草屯的同志林野。蔣渭水畢業後，便分發到故鄉宜蘭醫院實習，擔任外科助手，月薪 20 日圓。大正 5 年 (1916) 在今日臺北市延平北路上開設大安醫院，正式行醫問診。

而根據臺灣總督府檔案可知，從大正 5 年 (1916) 起到大正 11 年 (1922) 的將近七年當中，蔣渭水也在其開設的東瀛行，負責代理經銷由宜蘭製酒會社所生產的甘泉老紅酒，且由於大稻埕一帶原本就是商業繁盛與酒樓匯集之處，因此代理的紅酒銷量便占整個臺北市的三分之一；而蔣渭水也會利用這份額外的收入，投入公益事業當中。包括長期在宜蘭昭應宮開辦讀報社，大正 9 年 (1920) 更在其臺北市大安醫院的診療處樓下，租借店面開設「文化公司」，作為與弟弟蔣渭川和其他同志，共同為啟發臺灣民智、擷取海外新知和舉辦各種文化活動的主要據點。大正 10 年 (1921) 與林獻堂等全島青壯世代共創臺灣文化協會，可說是裏應外合、水到渠成。

不過，隨著大正 11 年 (1922)7 月實施酒類專賣，改由臺灣總督府專賣局及其所指定的經銷商和零售商負責販賣，東瀛行因未受指定而引發蔣渭水向當時專賣局局長池田幸甚提出陳情。儘管酒類專賣的施行並非針對蔣渭水而來，但由於整個酒類製造在此之前，許多臺灣資產階級也投入酒類生產，並有各自的行銷體系；但臺灣總督府鑑於臺灣財政收入的考量，同時也希望藉由專賣經銷體系的壟斷，一方面賦予在臺日人更多特權，一方面也藉此優遇協助其殖民統治的臺灣人。因此，在殖民政府的「規定」下，蔣渭水的東瀛行被排除酒類經銷販賣之外，也就順理成章。

而大正 10 年 (1921) 臺灣文化協會的成立，乃是繼大正 8 年 (1919) 東京新民會、東京臺灣青年會，以及臺灣議會設置請願運動之後，在日本大正民主期、政黨內閣制施行，以及國會普選運動的民主憲政思潮中，對臺灣島內最大的刺激與影響。這也是繼明治 44 年 (1911) 中國大陸滿清帝國退位、近代中國興起，第二波來自日本內地的政治思潮，當然其背後有著扮演著震央角色的美國總統威爾遜在一次世界大戰後，大正 7 年 (1918) 於國際聯盟所提倡的「殖民地獨立與民族自決」的普世原則演說。

臺灣文化協會成為臺灣島內第一個具有政治性的文化團體，而首任政黨內閣下派任臺灣的文官總督田健治郎，為凸顯對於臺灣民意的重視，也在表面上認可，但之後就如同大正 3 年 (1914) 臺灣同化會一樣，對於由臺灣文化協會的活動，「胡蘿蔔與鞭子」齊上，尤其是由臺灣文化協會所接手推動的臺灣議會設置請願運動，更是一路上從帝國議會、下至地方警察、特高，干擾與禁止、跟監、入獄等無所不用其極，大正 12 年 (1923) 所爆發的全島大逮補 (「治警事件」)，便是其中顯例。

然而，蔣渭水不僅身先士卒，且獲得全島各地盟友的聲援，因為在國內外思潮的影響下，爭取臺灣人自治、啟發臺灣人的政治意識，以及提升臺灣社會文化水準的要求，幾乎已成為當時臺灣的共識。而背後所反應出的，便根於日本殖民統治下對臺灣人的獨裁專制、差別歧視政策的強烈反彈。

本書當中有一份重要的文件，可以呈現當時蔣渭水的想法，以及和當時臺灣社會代表性人物林獻堂間的親近互動。這是臺灣文化協會召開成立大會前夕，蔣渭水親自寫信邀請林獻堂出席大會的全文，現轉錄引用如下：

獻堂先生英鑑：前聞令祖母仙逝，實堪悼惜，隨即發電吊【弔】慰，諒已（登）臺覽，因此（體察）先生定多繁忙，故至今不敢馳書報告協會之事也。爾來會員募集之成蹟【績】，新的總共已達五百餘名，女子十數名，重要都市姑勿論，則恆春、臺東、花蓮港亦〇有入會者。如大溪簡阿牛、彰化吳汝祥、臺中王學潛、嘉義徐杰夫、莊啓鏞之入會，可謂意想外之收穫。又如臺中市錦町沈氏邱金女士，單獨寄到入會書及會費三圓，亦屬熱血之女士，頗（強吾）人之意。此雖區區五百人，卻是全島內之金剛石（培火君稱同志為金剛石，其他醉生夢死者為石頭、土砂）。乃託察官（警察之意）施行預備試驗，一般意志薄弱、觀望不前者，早已被警官選為落第之列。故以五百名之錚錚者，可當五千名（之會）神經者。但發會式予【預】定評議會開會中舉行之，未知先生都合如何？先生於何日上北乎？同仁等希望先生節哀上北，統理發會式諸事，不勝企望之至。伏乞先生鑒察，速賜佳音為盼。再者，既已〇〇敝院可得宿泊，上北之際，祈直光臨敝院，當掃室以待之。如其他諸同志欲出席於發會式，祈招其到敝（院）投宿，發會式之時，將敝院病室全部提供為宿舍，可免客氣招其來泊是幸。

渭水（生拜）

由這封信可知，一，臺灣文化協會籌備之際，林獻堂適逢外祖母服喪期間，能否出席發會式相當微妙；二，入會會員獲全島各地重要人士的支持，以及已有女性會員入會；三，蔡培火將當時入會的同志比喻為金剛石，而多數島民仍處於未覺醒狀態的「石頭、土砂」的頑石；警察勢必跟監、蒐集情報，因此五百多位的入會者實為「錚錚」之士；五，再度期待林獻堂能「節哀上北，統理發會式諸事」，並告知已「掃室以待之」，並「將敝院病室全部提供為宿舍」來歡待北上同志。

大正 10 年 (1921) 10 月 17 日臺灣文化協會在臺北市靜修女子中學舉辦盛大的發會式，林獻堂終於還是未能出席，而委請盟友草屯洪元煌代理。為何會請洪元煌代理而不是其他人？在臺灣文化協會第一回理事會當中（本書所收照片），前排除了林獻堂、蔣渭水兩位關鍵人物以外，年輕時期便已「白髮蒼蒼」的洪元煌，也坐在前排，其他兩位則為黃呈聰和連溫卿。至於後排則有蔡培火、陳虛谷、丁瑞圖、林資彬、林幼春、王敏川、鄭汝南、陳逢源、賴和、謝春木。而在今日由日治時期臺北警察署北署蛻變而為臺灣新文化運動紀念館的一樓展示當中，指出昭和 3 年（1928）7 月 15 日臺灣民眾黨在臺南市南座舉行全島黨員代表大會，在文字說明亦有一個畫面深深引起筆者的注意，即「當天議長為王受祿，韓石泉為副議長，司會為盧丙丁，議長席後方白髮者為洪元煌，洪旁邊抄寫資料者為蔣渭水」，並搭配當天會場照片復原圖。由於以往的論述，大多略過洪元煌而不談，且偏重蔣渭水與林獻堂、蔡培火、盧丙丁、韓石泉等人的交誼，但對於蔣渭水、林獻堂與洪元煌三人之間的交誼與互動連結，反而不為人知。換言之，不論作為林獻堂的代理人，抑或是在黨員代表大會中與蔣渭水同桌，洪元煌與林、蔣兩人間相互的交誼與連結，亦可藉本書出版之際，略加補述。

原來，林獻堂與洪元煌的交誼可追溯到 1910 年代的萊園詩會，而草屯洪家與霧峰林家的恩怨情仇，可更上溯到十九世紀中葉之後、清代三大民變最後一次的戴潮春之亂。不過，在乙未改朝換代之後，光緒 9 年 (1883) 出生的洪元煌與光緒 7 年 (1881) 出生的林獻堂，反而成為跨越乙未之役、二次世界大戰後兩次政權轉換的真誠盟友。

年輕時代，透過詩社、聯姻的社會網絡，加上對日本殖民統治的新仇舊恨，反而成為莫逆之交。

從東京新民會到臺灣地方自治聯盟，洪元煌幾乎與林獻堂一路相隨。不過，相較於林獻堂，蔣渭水與洪元煌的盟友關係，從運動的實踐上，抑或在政治運動的理念上，反而更為接近。例如在臺灣文化協會成立大會前夕，當時臺灣總督田健治郎在其日記中，有如下的紀錄：

午後，蔣渭水、洪元煌、林子瑾、賴石傳、蔡玉麟、鄭永南來面喜多秘書官，云近日將開設臺灣文化協會，代表發起人表敬意於總督云云。[1]

而大正 14 年 (1925) 蔣渭水在《臺灣民報》發行五萬份的紀念號上發表的〈五個年中的我〉所提到的兩位「知己」——賴金圳、林仲澍，也都是洪元煌的摯友兼同志。賴金圳出身草屯，是草鞋墩公學校（今草屯國小）第二屆畢業生，而洪元煌則是該校第一屆唯一的一位畢業生，兩人結識甚早，日後包括臺灣文化協會、草屯炎峰青年會，賴金圳以及蔣渭水的醫學校同窗林野（大正 12 年〔1923〕治警事件中亦遭逮捕），都是洪元煌的重要夥伴。至於《臺灣青年》雜誌發起人之一的林仲澍則因當時在早稻田大學留學，熱心社務，但卻英年早逝。為此洪元煌曾在《臺灣》上發表哀悼林仲澍的漢詩，詩文相當悲切感人。

其實，早在大正 11 年 (1922) 因臺灣議會設置請願運動遭受臺灣總督府千方百計阻撓下，所發生的「犬羊禍」，[2] 幾乎導致運動的中挫，讓林獻堂與東京留學生之間產生嚴重的對立和誤解。此時，蔣渭水「遂組織新臺灣聯盟，這是本島政治結社的嚆矢，又且是全島唯一無二的政治結社。後來因為事多人少不能彼此兼顧，致使這個政治結社全沒有活動的機會，這是我的一個大遺憾事啊！」（蔣渭水，〈五個年中的我〉）換言之，早在臺灣民眾黨之前，臺灣第一個政治結社——新臺灣聯盟已經存在過。當時，殖民政府也稱新臺灣聯盟「在當時民族主義統一陣線之中，是一個非常進步而特異的存在」，而在十九名會員之中，洪元煌也列名其中。

大正 13 年 (1924)7 月臺灣議會設置請願運動第五次

請願時，蔣渭水、蔡培火、李山火和洪元煌等被選為請願代表前往東京。而辜顯榮等人為阻撓與解消請願運動的影響，配合殖民政府反制，舉辦「有力者大會」；林獻堂等人隨即在臺灣北、中、南三地召開「全島無力者大會」，進一步呼籲支持請願運動。洪元煌擔任上京請願的代表之一，為此宣佈辭去草屯庄協議會員。在臺灣總督府的情蒐報告當中，提到洪元煌曾告訴賴金圳關於他對臺灣議會設置請願運動的思考：

> 期望將此運動作為本島人之政治教育機關，以一洗本島人之奴隸根性，使其成為政治性人物。故吾人之努力不僅企望真正目的或有形之成功，追求無形之成功亦屬重要。余以為吾人進行臺灣議會設置運動，給予本島人頭腦不少刺激，達到喚起其自重自愛之觀念，而且能使總督府見此運動，盡可能進行各種和緩之有益措施，漸次清除弊風。如此，則不可謂議會設置運動全然無功，毋寧應稱之為間接成功。[3]

結束東京請願之行，同年 10 月 28 日洪元煌在草屯設立炎峰青年會，並結集當地有志青年，成為先後實踐臺灣文化協會、臺灣民眾黨的文化、政治理念的堅強據點。昭和 2 年（1927）臺灣文化協會的大分裂，蔣渭水等人另起爐灶，創立臺灣民眾黨，堅持民族鬥爭卻又不排斥階級運動，積極籌組農民、勞工運動。在這分分合合的過程當中，與蔣渭水並肩作戰最久的盟友之一，就是洪元煌。

稍早於大正 15 年 (1926)5 月 15 日至 16 日，臺灣文化協會在臺中霧峰林家召開理事會之際，洪元煌便曾在會中提起組織政治結社的問題，此議題雖未被採納，但之後歷經臺灣民報社股東會、臺灣文化協會的年會，以至隔年年初文協分裂後，蔣渭水決定提出「臺灣自治會」的政治結社，雖一波三折，終於在昭和 2 年（1927）7 月 10 日假臺中市新富町聚英樓酒家舉辦臺灣民眾黨創立大會。「參加者六十二人，蔡式穀司會，先由謝春木報告創立經過，然後推選洪元煌為議長，黃周、黃旺成為記錄進行議事。綱領無異議通過」。[4] 綱領的內容為「本黨以確立民本政治，建設合理的經濟組織及改除社會制度之缺陷為綱領」。而臺灣民眾黨的組黨宣言，更能讓今人了解到蔣渭水等人當時組織政治結社的目的和苦心，以及所處的時代背景：

> 臺灣政治改革上，政治結社的必要性係我同志年來的主張。我等曩日參加臺灣民黨之組織其理由在此。該黨不幸被認為民族主義的團體而遭禁止實屬遺憾。但是臺灣的社會必須有政治結社之原因今日依然存在，是故非再組織新結社不可乃係當然的歸結。此即我等企畫創立本黨之原因。我黨之目的在於提高本島在住民之政治的地位，安固其經濟的基礎，改善其社會的生活，是皆已表示在綱領政策之中。不但未含有任何以民族的鬥爭為目的之要素，且深感在此小天地兄弟鬩牆殊非所以增進我等幸福之由。但是如有阻礙我等政治地位之向上，威脅我經濟的生活，阻止我社會的生活之進步，則我等不辭以合法的手段與之周旋到底。
>
> 我黨係應時勢之要求而創立者，是故必須與社會之進步，時勢之要求，民眾之希望同其步驟而進化固不待言。我黨歷盡苦難今茲始見成立，望與我等同其見解者奮發參加。
>
> 昭和二年七月十日　臺灣民眾黨[5]

而臺灣民眾黨成立後，本部設於臺北市建成町一丁目（今臺北市天水路一帶），各地陸續成立支部，包括臺北、桃園、新竹、南投、嘉義、大甲和臺南，而後又有宜蘭、臺中、竹南等支部陸續成立。蔣渭水、洪元煌等人也開始到各地舉辦政談講演會，爭取民眾的認同與支持。

根據本書中基金會所提供的照片和解說可知，昭和 2 年（1927）9 月 25 日臺灣民眾黨臺中支部在臺中公會堂舉行結黨式，時任臺中支部主幹為黃朝琴，與會者包括許嘉種、蔣渭水、洪元煌、葉清耀、謝春木、陳逢源、黃賜、廖進平、莊遂性、陳炘與張聘三，而來賓則有日人二瓶、渡部與泉風浪。晚上的政談講演會，聽眾約三千名，會堂幾無立錐之地，多名辯士講演，其中蔣渭水的講題為〈民族問題與階級問題〉。昭和 2 年（1927）12 月，臺灣民眾黨在臺中舉辦中央常務委員會，洪元煌被推舉為議長，會中決議選出各部主任：主幹兼總務部由彭華英、社會部為洪元煌、政務部為王鍾麟、調查部為許嘉種、財務部為蔣渭水、宣傳部為盧丙丁、組織部為吳淮水。

在林獻堂的日記當中，也相當完整記錄昭和 4 年（1929）11 月 30 日在霧峰所舉辦的臺灣民眾黨政談講演會舉行的情形：

> 晚元煌、右、萬成、先於、逢源、渭水陸續而來，以外之辯士尚有成龍、茂鉡。七時在戲園開政談講演會，以民眾黨南投支部主催，支部長洪元煌為司會者。聽眾約有三、四百人，頗呈盛況。余述開會辭，水來述閉會辭。諸辯士唯元煌被中止，而萬成因無時間不講演，十一時閉會。渭水、元煌等俱往宿於阿華處，先於、逢源、金鐘返臺中。[6]

當時這類政談講演會大都從傍晚開到半夜，但聽眾都是數以百計，甚至上千人，雖然不像今日選舉造勢晚會以萬人起跳，然而在當時已可說是萬人空巷，成為當時民眾的一種嘉年華式的政治參與。不過，自從蔣渭水另起爐灶後，新文協、農民組合等不同政治理念的團體，與臺灣民眾黨間的衝突時有所聞。

同時，更關鍵的影響，仍舊源自臺灣民眾黨內部。由於昭和 3 年（1928）起，蔣渭水與盧丙丁相繼成立臺灣工友總聯盟，帶領臺灣各地工運，與黨內林獻堂等溫和派的立場也出現對立，致有林獻堂、楊肇嘉、蔡培火、蔡式穀等人自昭和 5 年（1930）年初起醞釀另創以推動臺灣地方自治制度施行為單一目標的政治結社，並於同年 8 月 17 日創立臺灣地方自治聯盟，由於臺灣民眾黨堅持黨員不得加入他黨，於是林獻堂、洪元煌、蔡培火等也陸續先後退出或被除籍。

在林獻堂等溫和派退黨後，殖民政府更無顧忌，由於蔣渭水早已為其眼中釘，對於臺灣民眾黨則更是欲去之而後快。

昭和 6 年（1931）2 月 18 日上午 11 點，臺灣民眾黨第四、五次全島黨員大會於臺北臺灣民眾黨本部事務所開會，由蔡年亨擔任議長。中央常務委員蔣渭水提出綱領政策修改的原案，其內容為：一，爭得勞動者、農民、無產市民及一切被壓迫民眾之政治的自由；二，擁護勞動者、農民、無產市民及一切被壓迫民眾之日常的利益；三，努力勞動者、農民、無產市民及一切被壓迫之民眾之組織擴大化。此案雖經激烈辯論，但最後獲得絕對多數通過，不過時間已到下午6點。

在這個時候，警察當局派有正私服巡查三十餘名，把守樓上樓下的通路，臺北州警務部長、保安課長、總督府金田事務官，皆已到會場，於是北警察署長帶同一群警官及一名通譯入該黨大會議場，即時登司會者席的臺上，在嚴重警戒的場裡，以高壓的口氣，向著全體黨員說：「政治結社臺灣民眾黨，依治安警察法第八條第二項，本日臺灣總督禁止之」，並宣告解散該大會了。[7]

同年2月23日，蔣渭水等人領銜發表〈反對取締臺灣民眾黨共同聲明書〉：「絕對反對政府之鎮壓，擴大強化勞農組織，促進勞農之參與，迅速確立大眾陣容。勞動者加入工友會，農民加入農民協會，無產市民加入所屬職業團體，青年加入青年會，婦女加入婦女協會。」[8]

換言之，面對政黨被解散，蔣渭水希望化整為零，回歸既有之職業團體、公共團體等，以實現最後黨員大會所通過的綱領政策，將「組織擴大化」，以爭取民眾日常的利益和政治的自由，實現「團結真有力，同胞須團結」，繼續對抗臺灣總督府的暴政，爭取臺灣民眾在政治、文化、社會、經濟和日常生活上各方面的解放。

結果在昭和6年（1931）2月18日遭受殖民政府禁止結社之解散處分不到半年，同年7月蔣渭水因病入院被診斷為傷寒，8月5日驟逝於大安醫院（即為前述蔣渭水先生紀念幣發行之日）。

儘管在運動後期有立場上的不同，但對於蔣渭水一生為了臺灣所做出的奉獻，可說島內外同哀，更何況是昔日為反抗殖民專制統治、爭取臺灣人參政權、爭取全階級經濟之自由而奮戰不懈的盟友們，更是悲痛惋惜。以下，主要根據林獻堂日記的記錄，來體察時人對蔣渭水生前之評價：

渭水君去世

午後二時接萬俥之電報，謂今朝七時半蔣渭水逝去。聞之不勝哀惜，余因右脇之痛艱於乘車未能往視，頗以為憾，即復萬俥之電曰夜行車去；又打與蔣渭川之吊〔弔〕電。

五時肇嘉來，述渭水臨終之狀況令人傷心，午後火葬，其出殯之期尚未決定，不如夜行車勿往。余從其言，遂中止上北。肇嘉又往五弟、幼春、資彬處，終列車返臺中。十時寫蔣君之哀辭，未能終篇。[9]

往臺北吊蔣遺族　　第四回注射

九時順〔純〕錠來注射，略休憩三十分間，然後收拾行李，十時半之車往臺中。先到吾妻館看雪霞，命雲龍使館主代往臺銀領金五百元，將以作蔣氏奠儀。近午陳新彬來診察雪霞，謂其疾非重態，歸家靜養亦可以。十二時十分抵臺中驛，成龍已在此相待，遂同乘急行車往臺北。四時到大安醫院，對蔣氏遺骨拈香。唉！十年共事政治運動、社會運動之同志音容已眇〔渺〕，悲莫甚焉，不禁為之慟哭。次會其妻石氏、妾陳氏、子松輝、弟渭川，述其患病則不時流淚，謂其將死，入臺北病院旬餘日，始發見為腸窒扶斯。臨終之遺囑謂：「運動已入第三期，我舊同志皆趕不及，須緩〔援〕助共產諸青年之進出。」余一一唁之，然後取出奠儀與石氏，乃辭出到高義閣。晚式穀、萬俥來晚餐。後呈祿、金圳亦來，所談無非蔣氏之事，深惜其民族運動之精神而變為共產運動也。[10]

之後，臺灣地方自治聯盟的新舊盟友，亦另外在臺中於同月23日舉辦追悼會，當天，林獻堂「與傑夫、春懷同乘一車直抵臺中寺，參列蔣渭水君之追悼會也。出席者得中、元煌、福順、先於、清耀、瑞騰、資彬、君耀〔曜〕、水來、榮鍾〔鐘〕、朔方、遠輝、阿信、景源、陳玉、朝清、泗滄等七十餘人。警察正式臨監，輓聯皆命撤去；先於、得中、元煌追悼之辭皆被中止。二時半開會，三時半閉會。」[11]

洪元煌追悼蔣渭水的悼詞內容為何，今日已無從得知。但如果蔣渭水處於21世紀初的臺灣，他會如何面對臺灣今日所處與面臨的困境？而今日我們回顧這段歷史又有何用？

我們常會提到「鑑古知今」，或「以史為鑑」。沒錯，知道越多的歷史，可做為我們下一步決定的參考。但我們即使知道「歷史」，卻絕對無法取代歷史中的人物。換言之，已成為歷史的人物，並無法替我們今天的任何一個人，做出任何決定，只有「你」才是決定者；反之，我們也無法依據我們今日所學習到有限的歷史知識，而回到過去取代歷史中的人物，改變他們曾經做過的決定。也就是說，未來的歷史，只有現在活在當下的人，所能也只有我們自己必須創造，而過去的歷史知識與歷史人物的經驗，則是我們創造未來的歷史時，一個重要的參考座標。我們不管如何崇拜歷史人物，包括蔣渭水在內，我們都不能期待在未來的歷史中，代替我們做任何決定；但不表示說，我們因此而不需要認識蔣渭水或其他歷史人物。而是透過瞭解他的所作所為，進而貼近他所處那個時代的環境，去比較與當今社會發展的處境，做一種同情的理解與跨越時空的對話，然後來嫁接與創造我們自己的未來。

如前所述，每一位讀者都能夠直接從日常生活當中，不時的與蔣渭水相遇或擦身而過。在市場買菜或購物找零時，可能會收到十元蔣渭水先生紀念幣；或要利用假日全家到宜蘭或花東出遊，甚至因人車湧入而塞在國五的雪隧中，這時如果你知道國五就是蔣渭水高速公路，可能會讓我們穿越時空，忘記深陷車潮當中。即使這些以蔣渭水為名的紀念幣或國道，就如同孫中山、蔣介石和蔣經國一樣，背後都有著一種「政治操作」與「政治宣傳」，甚至「國家認同」的政治刻痕，但所有的歷史知識，一樣有著不同時代研究者的政治刻痕，如何跳脫如傳教般的政治宣傳？就是勇於進一步去拆卸、認清何者為扭曲或美化的政治操作與政治宣傳，進而貼近更多面向、更完整而全面的史料，直接與他們所處的時代與環境來對話，而非人云亦云。本書便提供這樣的條件。

本書蒐錄許多珍貴圖像與史料，除了蔣渭水基金會長期所搜集珍藏之外，更得到來自私人蒐藏家、公私部門研究機構的合作與提供，包括秋惠文庫、六然居、臺北市文獻委員會、宜蘭縣史館、中央研究院臺灣史研究所檔案館、國立臺灣歷史博物館等。若將本書的單元重新編排，則可以分成三個大段落，首先第一段落由熱血青年所帶領的一連串凸顯蔣渭水在日治時期所扮演的不同反抗運動的角色。包括「熱血青年」、「文化先聲」、「政治先驅」和「勞權鬥士」；其次，則是由家庭生活所延伸出來，個人的家庭與社會網路，以至因領導政治文化社會運動而遭受的牢獄生活。包括「家庭生活」、「社交網絡」、「獄中觀察」；最後，則是蔣渭水在其一生當中對於臺灣社會所引發的影響與評價，即「振聾發聵」和「精神長存」。

今日大稻埕迪化街到錦西街，中間延平北路與寧夏、歸綏街一帶，散布著蔣渭水與臺灣文化協會創立、臺灣民報發送，以及象徵著1920年代臺灣新文化運動推動之際的一些知名的地標，尤其是靜修女中、大安醫院、波麗路餐廳等；同時，也存在著當時被新文化運動者包括蔣渭水等人批評為迷信的地標，如霞海城隍廟等傳統宮廟文化。至於從十九世紀開港後繁盛的商業榮景，從中藥店、布莊到茶行，以及南北雜貨等，迄今依舊令人目不暇給。

其中又以昔日臺北警察署北署所蛻變而成的新文化運動館，最完整也最具歷史臨場感。因為自投入文化、政治、社會運動以來，蔣渭水從歷經治警事件而被判入獄，至昭和6年（1931）8月去逝為止，前後進出北署十餘次。讀者不妨可抽空前往體驗「入監牢」的感覺，同時去感受空間的歷史感。由於該署距離不到兩百公尺遠，就是臺灣文化協會創立地點的（今日靜修女中），而隔條街就到延平北路上昔日的大安醫院和臺灣民報經銷處、文化書局。沒錯，當時肩負著監視與取締臺灣文化協會、臺灣民眾黨任何「思想不穩」的演說與行動，進而臺灣民眾黨最後被命令解散，執行者都是北署。如今蛻變為臺灣新文化運動館，意義不可謂不大。館內展示著日治時期，尤其從1920年代到30年代，包括蔣渭水在內的全臺知識和社會精英，如何為臺灣人生活改善與臺灣文化提升而奮鬥，如何置個人生死於度外，面對獨裁專制體制無所不在的壓迫而不屈不撓的精神。

貼近蔣渭水，你可以連結臺灣與世界，可以省思現在與過去，以及如何做自己，給自己的人生找到最適合的定位，並了解什麼是「臺灣人的臺灣」。而蔣渭水就活在我們的日常生活中，不假外求，按圖索驥，我們就能直接貼近他。他一生活在不得不介入政治的殖民統治之中，離世後又不斷為政治所利用；而我們的日常生活中既然不能切割政治，何不以本書所珍藏的原始圖像與史料為起點，將外掛的政治外衣褪去，還給蔣渭水一副人間的浮世繪，映照出後殖民時代臺灣政治與政治人物的虛實。

1 田健治郎作；吳文星等編著。「田健治郎日記 /1921-10-02」，中央研究院臺灣史研究所臺灣日記知識庫，上網日期：2019 年 8 月 10 日，http://taco.ith.sinica.edu.tw/tdk/ 田健治郎日記 /1921-10-02。

2 對此，當時黃旺成日記當中有所描述。同時在註解當中，也對於犬羊禍有相當詳細的說明。亦即：所謂「犬羊禍」，犬即林獻堂，羊即楊吉臣，指林在楊的牽引下和臺中州知事常吉德壽見面，宣稱不再支持臺灣議會設置請願運動。一九二一年一月由林獻堂領銜赴日進行第一回臺灣議會設置請願運動，雖出師未捷，但林獻堂等人返臺後所到之處，莫不萬人空巷、爭睹風采。一九二二年二月第二次請願仍告失敗。同年八月總督府開始鎮壓請願運動，尤其在臺中實施各種取締規則，例如警察跟監、剝奪利權、緊縮銀根等等，使請願運動頓時受挫。一九二二年九月二十八日，林獻堂偕同楊吉臣、林幼春、甘得中、李崇禮、洪元煌、林月汀、王學潛等八人到總督府謁見總督田健治郎，徵詢總督對議會設置請願運動的意見。田總督表示請願是憲法所保障的權利，當局不便干涉，但此運動與日本統治方針相左，無論請願幾百次，絕不會成功，希望停止運動，以免勞民傷財。林獻堂答稱，運動的停止不是他個人所能決定，若總督希望停止該運動，請直接命令東京留學生。田總督再度表明他無意用官府力量進行壓迫，只是基於情誼勸告林等人不要作這種徒勞無功之事。林獻堂表示明白總督之意，「希望能符尊意」。一般稱此為「八駿事件」。參見黃旺成作；許雪姬編著。「黃旺成先生日記 /1922-09-28」，中央研究院臺灣史研究所臺灣日記知識庫，上網日期：2019 年 08 月 10 日，http://taco.ith.sinica.edu.tw/tdk/ 黃旺成先生日記 /1922-09-28。

3 若林正丈著、何義麟等譯，《臺灣抗日運動史研究》（臺北：播種者，2007），頁 38。

4 葉榮鐘，《日據下臺灣政治社會運動史》（臺中：晨星出版，2000），頁 417。

5 葉榮鐘，《日據下臺灣政治社會運動史》，頁 418-419。

6 林獻堂著；許雪姬等編註。「灌園先生日記 /1929-11-30」，中央研究院臺灣史研究所臺灣日記知識庫，上網日期：2019 年 08 月 10 日，http://taco.ith.sinica.edu.tw/tdk/ 灌園先生日記 /1929-11-30。

7 〈臺灣民眾黨被禁止結社的新綱領政策〉，《臺灣新民報》352 號，1931 年 2 月 21 日。

8 蔣渭水著、王曉波編，《蔣渭水全集 增訂版》（臺北：海峽學術出版社，2005），頁 296-297。

9 林獻堂著；許雪姬等編註。「灌園先生日記 /1931-08-05」，中央研究院臺灣史研究所臺灣日記知識庫，上網日期：2019 年 08 月 10 日，http://taco.ith.sinica.edu.tw/tdk/ 灌園先生日記 /1931-08-05。蔣君之哀辭：發表於《臺灣新民報》昭和六年八月八日。「嗚呼蔣君，死非其時，而君胡為竟死矣，豈不悲哉。去月三十日，聞君病重，即欲往視疾，祇因余有肋，偶病疼痛，不耐乘車……。」（出處：同日，註解）

10 林獻堂著；許雪姬等編註。「灌園先生日記 /1931-08-08」，中央研究院臺灣史研究所臺灣日記知識庫，上網日期：2019 年 08 月 10 日，http://taco.ith.sinica.edu.tw/tdk/ 灌園先生日記 /1931-08-08。

11 林獻堂著；許雪姬等編註。「灌園先生日記 /1931-08-23」，中央研究院臺灣史研究所臺灣日記知識庫，上網日期：2019 年 08 月 10 日，http://taco.ith.sinica.edu.tw/tdk/ 灌園先生日記 /1931-08-23。

Guide

導讀

英雄氣魄與豪傑心志：「覺青」蔣渭水的獄中生活

文／廖振富（國立臺灣文學館前館長）

青年醫師的覺醒

蔣渭水（1891 ～ 1931），字雪谷，宜蘭市人。其父名鴻彰，以相命為業，在宜蘭一帶小有盛名。9 歲起，蔣渭水曾受業於當地宿儒張鏡光，奠定良好的漢文基礎。16 歲始入公學校就讀，3 年後考進臺灣總督府醫學校，在學期間，他認識不少臺灣各地的優秀青年，成為日後從事政治活動的同志。醫學校畢業，在宜蘭醫院任職 11 個月後，即在臺北大稻埕開設大安醫院。他的本業雖然是醫生，但他最熱中的則是政治社會運動。1921 年臺灣文化協會成立，雖然林獻堂被公推為總理，但實際上促成臺灣文化協會誕生最有力的推手則是蔣渭水。

臺灣文化協會的誕生，使林獻堂、林幼春等傳統士紳與蔣渭水所率領的知識青年，展開密切的合作結盟，並與日本留學生共同致力於臺灣議會設置請願運動。1923 年 12 月「治警事件」爆發，蔣渭水亦在被捕之列，1925 年 2 月 20 日判刑確定後，他隨即於當天赴臺北監獄報到，於同年 5 月出獄。「治警事件」將當時的政治文化運動，推向前所未有的高潮，也由於這次事件的歷練，使蔣渭水更堅定鬥志、強化精神武裝，以及推展政治運動的決心，影響深遠。

1927 年臺灣文化協會分裂後，「新文協」由左派掌握，蔣渭水後來另創「臺灣民眾黨」，自 1927 ～ 1929 年間，臺灣民眾黨致力於宣傳、講演等活動。1928 年日本官方頒布的〈臺灣新鴉片令〉，由總督特許本令施行前有鴉片癮者准予吸食，臺灣民眾黨憤而於 1930 年 1 月直接發電報給日內瓦國際聯盟本部，控訴總督府「違背國際條約」，該聯盟於 3 月派員來臺調查。由林獻堂、蔣渭水等人會見國際聯盟代表，陳述臺灣吸食鴉片情況。1930 年 8 月，林獻堂、蔡培火、楊肇嘉等人，有見於蔣渭水領導的臺灣民眾黨，逐漸傾向於勞工農民為主的階級運動，乃另組「臺灣地方自治聯盟」。1931 年 1 月，林獻堂、林幼春宣布辭去臺灣民眾黨顧問之職，蔣渭水領導的臺灣民眾黨與林獻堂等人終於分道揚鑣。1931 年 2 月，日警利用臺灣民眾黨開會時加以取締，命令解散集會，並逮捕蔣渭水等人，翌日才加以釋放。

1931 年 8 月，蔣渭水留下未竟之志，意外地以 40 歲之壯年病逝臺北。他參與政治運動，雖然只有短暫的 10 年，卻堪稱波瀾壯闊、風起雲湧，稱職地扮演著新時代啟蒙者的角色，留給後人無盡的追思。

蔣渭水因「治警事件」入獄的相關作品，是最能反映其思想與熱情的文字創作，本文將針對這些作品深入分析，希望能帶給當代臺灣人更多的借鏡與省思。

「治警事件」與蔣渭水

所謂「治警事件」，是「《治安警察法》違反事件」的簡稱。事件之原委，則必須從「臺灣議會設置請願運動」談起。

1920 年 1 月 11 日，林獻堂、蔡惠如與臺灣留日學生在東京成立「新民會」，可視為 1920 年代風起雲湧的政治運動之開端。新民會成立前後，留日學生原本致力於「六三法撤廢運動」，[1] 而「同化主義」與「自治主義」是當時臺灣知識分子熱烈討論的兩種主張。1920 年底，林獻堂赴東京，持兩派不同主張的新民會幹部集聚一堂，徹夜討論運動的路線問題。林呈祿力主自治路線，蔡培火則認為臺灣完全自治不切實際，主張爭取設置民選議會，以監督制衡臺灣總督府的施政。經林獻堂審慎考慮，決定表面不提自治兩字，而以臺灣議會設置請願的方式進行運動。從此，「六三法撤廢運動」蛻變為「臺灣議會設置請願運動」。[2]

第一次請願運動，於 1921 年 1 月 31 日向日本貴族院、眾議院提出，隨即遭到兩院的否決。1921 年 4 月 20 日，林獻堂、蔡培火返臺，受到各界盛大的歡迎。蔣渭水以歡迎請願人士為契機，認識了許多有志之士，乃促成同年 10 月 17 日「臺灣文化協會」的誕生。

1923 年 1 月 30 日，臺灣島內同志向臺北警察署聲請成立「臺灣議會期成同盟會」，2 月 2 日即被禁止結社，但請願運動依舊如火如荼進行。2 月 6 日，由蔣渭水、蔡培火、陳逢源三人擔任請願代表，從基隆搭船赴日本。臨行前，各界在臺北江山樓設宴餞行，林幼春有詩〈送蔡培火、蔣渭水、陳逢源三君之京〉紀其事。

三名代表抵達日本後，與在東京的同志重新成立「臺灣議會期成同盟會」，選出主幹林呈祿、專務理事蔡惠如、林呈祿、蔣渭水、林幼春、蔡培火等5人，另有理事11人。此舉引起臺灣總督府的忌恨，乃於1923年12月16日清晨，在全臺各地同時針對參加請願運動成員全面加以檢肅，或搜查、或傳訊、或扣押，牽連者多達99人，此即「治警事件」。

治警事件被扣押者共41人，其中包括林幼春、蔡惠如、蔣渭水、賴和等29人於12月22日被移送臺北古亭監獄羈押。1924年1月7日，日本官方將蔣渭水等18人起訴，許嘉種等10人宣布不起訴。並於1～2月間將他們陸續釋放。其後，歷經三次開庭，雖然初審於8月18日宣判被告全部無罪，但經檢察官上訴，二審於10月29日宣判，蔣渭水、蔡培火各判刑四個月，林幼春、蔡惠如、林呈祿、陳逢源、石煥長各判刑三個月，其他鄭松筠等6人各處罰金百元，韓石泉等5人各判無罪。1925年2月20日，三審判決維持二審原判確定。蔣渭水於1925年2月20日當天即赴臺北監獄報到；同年5月10日，日本官方以隱密的方式，提前將入獄的6人同時釋放（只有石煥長因他案仍在獄中）。

蔣渭水因「治警事件」入獄而寫的相關作品，[3]都發表在《臺灣民報》，包括古典詩文及白話散文兩大類。古典詩文部分，都是仿中國古人名作，共有6篇：〈快入來辭〉（仿陶潛〈歸去來辭〉）、〈送王君入監獄序〉（仿韓愈〈送李愿歸盤谷序〉）、〈獄歌行〉（仿曹操〈短歌行〉）、〈入獄賦〉（仿蘇軾〈赤壁賦〉）、〈春日集監獄署序〉（仿李白〈春夜宴桃李園序〉）、〈牢舍銘〉（仿劉禹錫〈陋室銘〉）。寫作時間集中於1924年1月在押期間，發表於《臺灣民報》時間，前三篇是1924年，後三篇是1925年。其中，〈獄歌行〉是附於1924年6月11日刊出的〈獄中日記〉中，並未單獨發表。[4]

白話散文部分，共計〈入獄日記〉、〈入獄感想〉、〈獄中隨筆〉三篇連載的隨筆，前兩篇是在押期間寫於獄中，時間是1923年12月至1924年2月。至於〈獄中隨筆〉則是1925年5月10日以後，服刑出獄後所補寫。原因是第二次入獄，獄吏將他的紙筆全部沒收，不准寫稿，蔣渭水不得已才在出獄後根據獄中所感追記而成。[5]

蔣渭水的獄中作品

蔣渭水是請願運動的主要領導人之一，「治警事件」發生後有兩次入獄經驗，並分別發表不少相關作品，這些作品普遍反映當時啟蒙運動成員入監服刑的共同心聲。針對這些作品的意涵，筆者擬歸納為五點加以闡述：刻劃家國大愛與昂然不屈的鬥志、描寫同志情誼與民心支持、批判日本強權與媚日者之醜態、記錄獄中生活、抒發小我親情。

刻劃家國大愛與昂然不屈的鬥志

在強權下為正義奔走，甚至以肉身衝撞不合理的體制，一定會遭到強權的反撲與壓制，這是從事政治反對運動者都有的認知與準備。因此，絕不向強權低頭，雖然身遭刑辱，卻愈挫愈勇，也就更彰顯爭取正義與公理而百折不回的可貴人性，其動力即源自對家國的大愛。以下就蔣渭水作品加以說明。

蔣渭水的相關作品，在〈入獄日記〉、〈入獄感想〉、〈獄中隨筆〉等連載的散文中，全然流露出揚揚自若的志士風範，他認為「監獄是修養機關」，入獄讓他體會到「心安身自安，身安室自安」、「沒有入獄哪會知道在家的樂趣呢」、「出獄的樂也是更加倍樂」，結論是「嘗大苦，然後享大樂」。[6]

而他的仿古諸作，更是完整呈現他以充沛的自信、全然的覺悟入監，如〈快入來辭〉的起筆云：

> 快入來兮，心園將蕪胡不入，己自以身為奴役，奚惆悵而獨悲。悟已往之不入，知來者猶如仙。實迷途其未遠，覺今是而昨非。（入即是，不入即非）

所謂「快入來」即指欣然入獄而不退卻。因為他深刻體會到殖民政權下的臺灣人本是奴役之身（正如賴和詩作云：「我生不幸為俘囚，豈關種族他人優」），因此，為爭取人權而入獄，是必要的修煉工夫，乃「今是而昨非」之壯舉，何必惆悵獨悲？這正是賴和一首詩題目所謂的「覺悟下的犧牲」。[7]本文最末段，蔣渭水以「急起乎！乾坤一擲復幾時，曷不決心大勇為？直追乎遲遲欲何之？……策士同以歸正（世界大同，同歸正義），共扶人道復奚疑」收尾，充滿積極奮鬥、絕不退縮的行動力，完整呼應篇首所宣示的堅定意志與徹底覺悟，澎湃的熱情令人動容。

描寫同志情誼與民心支持

此類內涵，其實與前項意旨相通，只是將焦點轉移到同志之互勵與民心的支持，以見彼等帶領時代風潮之盛況，以及對喚醒民智的重大貢獻。

蔣渭水的〈獄中隨筆〉描寫 1925 年 2 月 20 日當天入獄的情形，在提及北部各地同志及民眾倉促送行時，有一段十分溫馨的描述：

那時微雨霏霏，四五十名送我入獄的同志，都乘人力車排列徐行。途中三五名女青年，看我是要入獄去，便跟到車側，叫我要保重身體，並表示十分惜別的感情，遂和男同志送我到法院，我則下車脫帽與諸同志告別，入去會見上內檢察官。[8]

除了將近 50 名同志送行，當時還有政治思想先進的女青年，不畏懼強權，有志一同加入送行隊伍，並以言語和行動表達對蔣氏的衷心祝福與擁護，這是一段極具文學情韻的描述。同是〈獄中隨筆〉的另一則記事，提到坐囚車初到獄中的情形：

下車的時候，因為我的書包太多，托同車的囚人們幫忙，內中一個囚人說：「蔣先生是替臺灣人做事的人，正正經經，我們該替他幫忙。」眾囚人便七腳八手，將我的行李，都替我搬得乾淨，這是這回入獄第一次的收穫了。南強和鐵生，在臺中監獄裡，得著「犯人大人」的稱號，峰山和芳園，在臺南監獄裡，受了囚人同胞的特別照顧，這些都可說是精神復興的現象啦。[9]

這段引文提到，不論是他自己在臺北監獄報到，或是在臺中入監的林幼春（南強）、蔡惠如（鐵生），在臺南入監的蔡培火（峰山）、陳逢源（芳園），都受到一般囚犯的特殊禮遇，對他們幾位「替臺灣人做事」的政治犯，由衷地表達敬意，其背後所顯示的意義，正是蔡惠如〈意難忘〉詞中說的「民心漸醒」，也就是蔣渭水所稱的臺灣人「精神復興的現象」。

另外，蔣渭水〈入獄日記〉也常描述獄中及獄外同志的彼此關懷，很能反映溫馨的同志情誼。如12月27日一則，提及收到林獻堂的慰問品有衛生衣、塵紙、汗巾、襪子等，他的感想是：「見其物如見人，觸物的時生出一種懷慕的感想。」[10]12月29日一則，詳細記錄在獄中所見的同志共27人之姓名。1月7日、1月9日描述同志多人被釋放出獄的情形。1月8日寫接到林呈祿從東京寄來的慰問品，上面寫「千祈保重」四字，蔣氏云：「看伊的字，像看伊的面一般的感想，又藉知東京的同志，沒有受災殃，又可知呈祿兄歸京活動的消息，可算是一報兩喜了。」[11]

批判日本強權與媚日者之醜態

蔣渭水曾發表〈送王君入監獄序〉、〈入獄賦〉二文，是相關作品中以譏刺、批判為主的代表作。〈送王君入監獄序〉題目中的王君是指王敏川，全文以痛快淋漓的筆墨，一針見血地刻劃出賣人格、逢迎日本當局以賺取榮華富貴者的醜態：

> 人稱凡俗夫者，我知之矣：利權求於官，名聲臭於時，走於衙門，諂媚百官，而佐桀為虐。其在外則樹狗黨，飼爪牙，使其亂吠，愚者盲從。傭用之人，各助其非，巴結而附和。喜有賞，怒有罾……塗粉點臙脂，列屋為藝妓，嫖來又嫖去，肉林而酒池，凡俗夫之得寵於官府，活動於當世者之所為也。吾非愛此而難求，是不義焉，不屑貪而致也。

文中指責有一批人為了種種利益考量，刻意迎合官府，助紂為虐，甚至成群結黨，胡作非為，令人不齒，蔣渭水自言不屑這麼做。雖然孔子早以「不義而富且貴，於我如浮雲」自陳心志並垂勉後代，但面對榮華富貴的誘惑，毫不遲疑地拋棄人格尊嚴與民族立場的人，總在不同時空，見證了人性卑劣醜惡的一面。蔣渭水此段描述，應是當時「臺奸」的最佳寫照。撫今追昔，令人思之憮然。

〈入獄賦〉則對當時前後兩任臺灣總督田健治郎、內田嘉吉[12]加以嘲諷。本文模擬套用蘇軾〈赤壁賦〉的句型，批評田健治郎：「西望內閣，東望大臣，相繼失敗，鬱乎惶惶，此非讓山（即田健治郎）之困於宦途者乎？方其任總督，渡臺灣，順風而南也，迎者千人，何等威風，以酒宴客，集雅賦詩，固一時之雄也，而今安在哉？」，雖然權傾一時，終究還是去職離臺。而繼任者內田嘉吉的行徑則是：「藉一朝之權勢，舉暴威相戕，行惡虐於此地，負蒼生之希望……挾飛艇以相擊，執干戈而相攻，知不可乎以行得，託悲憤於悲風。」指責內田總督以強力手段壓制臺灣人的爭取應有的權力，毫不手軟。當時人在獄中的蔣渭水，竟敢以如此強硬的語氣直斥現任總督，其氣魄之大，以現今標準觀之，猶令人驚詫，佩服不已！

記錄獄中生活

獄中生活，失去自由的真實情境，意謂著必須面臨身體和心靈的雙重折磨考驗。終日獨居囚房，一天之中難得有在囚室外活動的時間，穿的是單薄的囚衣，吃的是粗惡的糙米飯。判刑確定入獄後，每月只能對外通信一次，[13]且不許寫作。[14]對家人、親友的思念，對外界自由空氣的渴望，只能默默收藏於心靈深處，獄中的落花、鳥鳴、陽光，[15]都能輕易觸動心弦，從淒冷孤寂到瀟瀟夜雨，寒去暑來，一變為酷熱難當。[16]吃與睡、閱讀、沉思與漫長的等待，成了生活的唯一內容。

在押期間，由於尚未起訴判決，他們在獄中似乎較受優遇，蔣渭水形容囚房「五尺、長八尺，有窗子，空氣、日光都十分充足且很肅靜」，[17]衛生設備亦佳。[18]但有一極不人道的措施，即未判決的囚犯每天清晨都必須接受裸體檢查。蔣渭水批評此舉「在冬寒的時候，大有妨害衛生，又且是一種人權的蹂躪。」[19]至於獄中伙食極為惡劣，蔣渭水〈獄中隨筆〉有兩則相關記載：

△獄中的飯分六級……我是不做工的囚人，所以只配吃六等飯……雖是下等的糙米，總是若比南部農人同胞專喫蕃薯簽還是好些。老實説飯量是不足，所以我連秕粟都

吞落去。又因為沒有肉類，石灰質一定是不足，故此連飯中的小石，也哺破吞下，到此時石頭也是營養品了。

△飯中多有枯腐變黑的飯粒，在平常時是捨棄不值的東西，在獄裡是比粟粒更好的食物。因此有時偶然一見是臭米飯粒，乃至嚙破的時，卻是鳥鼠屎，臭氣迫人，甚是厭惡。只因若要吐出，又恐連好的飯粒並去，所以不得不硬著喉強吞落去。[20]

生活在21世紀的臺灣人，食不厭精，飽餐美食之餘，常任意捨棄米飯菜餚。對照上一世紀前半葉的臺灣志士，為了替臺灣人謀幸福，竟得在牢中吃下等糙米飯配小石頭，甚至誤食老鼠屎，豈不令習於錦衣玉食的我輩汗顏、省思？蔡惠如入獄作品曾提到「飽飯胡麻」，與林幼春詩句「談笑對糠秠」，指的都是品質粗惡的糙米飯，其中常夾雜著小石頭，或是「枯腐變黑的飯粒」。

政治犯有別於一般囚犯的特徵，通常是擁有較高的知識水平，深刻的思考能力，忠於自我理念的堅持，甚至常扮演時代先驅者的角色。因此，牢獄生涯除了物質性的飲食、活動、睡眠之外，最能彰顯存在意義與價值的，往往取決於精神層次的知性生活。其中沉思、閱讀、寫作便是常見的內容。有了這些知性生活的支撐寄託，囚犯的心靈才不致於僵化、死寂，或陷入絕望。

黃煌雄《蔣渭水傳》早已指出，「治警事件」發生時，蔣氏被拘留64天，判刑確定後，服刑80天，兩次入獄除分別寫成〈入獄日記〉、〈入獄感想〉、〈獄中隨筆〉及仿古文諸作外，其餘時間，都用來讀書。由於發憤用功，使他「幾忘卻身在這跼天蹐地的獄裡，恍惚是居天下之廣居，行天下之大道的路上，作躍之進取的工夫裡」、「我這牢中是談笑有英雄，往來無白丁的家宅」，黃煌雄並統計蔣氏第一次入獄讀的書含蓋社會科學、醫學、宗教、小說、體育等書籍共數十冊之多。因此，「這兩度入獄不僅使蔣氏的思想得到武裝，也成為他一生中寫作最多的時期。」[21] 蔣渭水不是文學家，但因為有這些獄中作品，他也可以在臺灣文學史上占一席之地。[22] 試看他在〈快入來辭〉一文中，描寫獄中閱讀、寫作如何帶給他鉅大的精進力量：

乃整原稿，再閱再書……禪坐在室，有書盈房（房小書多）。開卷讀以自修，低吟詩以怡懷。……獄吏告余以春及，將有事於筆疇。或命購紙，或握管書（執筆寫字）。既冥思與默想，又奇智而天開。心欣欣以跳躍，文彬彬如水流。覺萬事須精進，感吾生之行休。（學問基礎薄弱，小器不成大事，而將老矣）

這段引文的前數句描述閱讀吟詩之樂，接著便述及心靈頓悟，以及文思泉湧的滿足，最後歸結到及早自我充實，力求精進的迫切感。我們從中看到的是一顆躍動的靈魂在向上提升的路上，展現奮鬥不懈的人性光輝！

抒發小我親情

抗日志士為家國大愛而身繫囹圄，最為擔驚受怕的自然是摯愛的家人，而身在牢中，親情阻隔，也恆是入獄最大的牽掛。就性別論，由於時代限制，日治時期政治文化場域都是男人的天下，他們入獄後思念的對象便是妻子兒女。

蔣渭水與其妾陳甜（精文）感情甚篤，〈入獄日記〉、〈獄中隨筆〉的幾則相關描述，極具情味。試看：

12 月 21 日：接到愛妻的信，說伊日前送物到這裡……沒有看見我的面云云……。[23]

12 月 26 日：接到愛妻的信，錄下：「早起接到你的信一封，事事都知道了，你以外十三人的內外衣，已經寄入去了，請你免介意。我要與你面會，不知道警官怎樣呢？你在內的時，是靜養的好的機會，保守自己的身軀，以外的事請暫放心，這是我所希望的，你請。我親手寫的。阿甜。」算是愛情濃厚的寫法，我很歡喜，愛妻的面目躍躍可見，語言三復，我則不知連讀幾十遍了。[24]

蔣渭水〈入獄日記〉中提到妻子陳甜時，多半以「愛妻」稱之，鶼鰈情深，溢於言表。12 月 26 日這則日記，將妻子來信全文抄錄，並加上一句「算是愛情濃厚的寫法」的按語，我們似乎也感受到蔣渭水妻子樸質的語句背後，傳達了何等體貼細緻的愛情。無怪乎蔣渭水讀信思人，覺得「愛妻的面目躍躍可見」，因而「不知連讀幾十遍了」。

1925 年 2 月 20 日判刑確定，蔣渭水隨即於當天傍晚入獄，在〈獄中隨筆〉中，他追憶臨出門前本不想穿外套，以為在獄中一定有制服可穿，但妻子堅持要他穿上：「一往一復，幾至用武力解決，結果剛不勝柔，不由我不穿去」等到當天夜裡就寢，感受到這件外套給他的溫暖，他終於知道妻子的用意周到，真是無微不至。[25] 更有意思的一則是〈入獄日記〉1924 年 2 月 8 日載，當天出庭應訊，其妻子、弟弟與友人到場旁聽。退庭後：

獄吏問與我並坐的婦人是誰？我說是我的妻，他伸舌做驚訝稱美不已，我很爽快，對他說個多謝。[26]

好個「我很爽快，對他說個多謝」言外流露出得意滿足的神色，何等率真可愛。從目前可見照片，確實可印證陳甜非凡的美貌，同時期的蔣渭水則帥氣挺拔。[27] 蔣渭水夫婦稱得上是抗日運動史上伉儷情深，才子佳人完美組合的一對璧人。

結語

在人類歷史上，「監禁」與「流亡」是絕大多數政治異議分子必須經歷的身心錘鍊，愈是缺乏自由人權的國度，這種錘鍊就愈殘酷。單以近百年來的臺灣為例，從日治時期在殖民政權下奮鬥不懈的抗日精英，到戰後戒嚴時期數十年間屢仆屢起的自由鬥士，多少具備血性良知和過人勇氣的臺灣人，在不同時代以他們的青春歲月和血肉之軀，為這個「定律」作歷史見證。而我們當代臺灣人在盡情享受自由民主的甜美果實之餘，又豈能不對前人的無私奉獻心懷感激？

「治警事件」是日治時期規模甚大、影響深遠的政治事件，對喚醒民心、強化民氣有重大作用。蔣渭水等相關領導者，在未判決前在押和判決確定後服刑的兩度入獄期間，曾分別創作質量都十分可觀的作品傳世。這些作品，可說是臺灣近代「監獄文學」的濫觴，也是日治時期監獄文學的代表作，已成為臺灣文學史之重要資產。在上述的歷史視野下，蔣渭水的作品相當具有代表性，這也是本文選定申論的主因。

蔣渭水監獄文學作品的內涵，生動刻劃了沛然莫之能禦的家國大愛與昂然不屈的鬥志，描寫溫馨可貴的同志情誼和民心的支持，或者進而批判日本強權與媚日者之醜態，也深刻描寫在獄中的生活情形，包括身體和心靈所受到的錘鍊。另外，在監獄的親情書寫中，他更細膩地展現鐵漢的柔情，譜成更為人性化的動人旋律，使這闋大時代的交響曲，避免流於一味高亢、激昂的單調曲風。

從蔣渭水的這些作品，我們可清楚看到一位青年醫師的覺醒與奮鬥歷程，他捐棄一己之私，為臺灣前途奔走不休，並結合各界有志之士共同努力，在在值得當代臺灣人借鏡效法。雖然後來各方因思想差異而造成路線分歧，加上日本官方的刻意阻撓，使其壯志未酬，含恨而終，但他所展現的氣魄與心志，已成為臺灣近代史上不可磨滅的崇高典範。

1 所謂「六三法」是日本政府於 1896 年 6 月 30 日以法律第六三號公布所謂「關於施行臺灣之法律」，根據此項法律，臺灣總督府得以在其管轄範圍內制定具有法律效力的命令，等於擁有凌駕一切的立法權。因而使臺灣留日學生大感不滿，致力於廢除此一法律的活動即是「六三法撤廢運動」。詳參蔡培火，《臺灣民族運動史》，第二章〈六三法撤廢運動〉(臺北：自立晚報，1982)。

2 以上所述，主要參考周婉窈，《日據時代的臺灣議會設置請運動》(臺北：自立晚報，1989)，頁 29-35。

3 關於蔣渭水相關作品的討論，可參考（1）黃煌雄，《蔣渭水傳──臺灣的先知先覺者》(臺北：前衛出版社，1992)，頁 23 ～ 34，。（2）張恒豪，〈蔣渭水及其散文〉，1《散文季刊》(臺北，1984.01)。（3）林瑞明，〈慷慨悲歌皆為鯤島──蔣渭水與臺灣文學〉，《民眾日報》副刊，1991 年 10 月 12 日。

4 見《臺灣民報》2 卷 10 號，頁 12，〈入獄日記〉之 1 月 19 日欄。

5 見蔣渭水，〈獄中隨筆（一）〉，《臺灣民報》第 59 號，頁 10，1925 年 7 月 1 日。

6 蔣渭水，〈入獄感想（二）〉，《臺灣民報》第 2 卷 8 號，頁 10 ～ 11，引文出自其中「苦樂正比例本實相」一小節。

7 賴和，〈覺悟下的犧牲──寄二林事件的戰友〉，《賴和先生全集》(臺北：鳴談出版社，1979)，頁 139。

8 蔣渭水，〈獄中隨筆（一）〉，《臺灣民報》第 59 號，頁 11，1925 年 7 月 1 日。

9 同前註，第五則「精神復興的現象」。

10 蔣氏，〈入獄日記（二）〉，《臺灣民報》第 2 卷 7 號，頁 12。

11 同前註，第 2 卷 9 號，頁 11。

12 田健治郎為第八任臺灣總督，任期自 1919 年 10 月 29 日至 1923 年 9 月 6 日，內田嘉吉為第九任，任期自 1923 年 9 月 6 日至 1924 年 9 月 1 日。參黃昭堂，黃英哲譯，《臺灣總督府》(臺北：自由時代出版社，1989)，頁 114。本文寫於 1924 年 1 月 26 日，為內田嘉吉任內。

13 林幼春 1925 年 4 月 10 日於臺中監獄寫給長子林培英的家書中，在信末附抄他所作〈獄中寄內〉詩，題下注明：「此中每月只許通信一次，幸存之。」出處同註 29。

14 蔣渭水〈獄中隨筆（一）〉第一則「這回出獄沒有手信了」，提及入獄時準備在獄中寫作，不料獄吏卻說：「這次不比未決時代（指未判決前的羈押期間）的自由，須要默默謹慎，不得寫稿作文。」隨即將紙筆都沒收了。見《臺灣民報》59 號，1925 年 7 月 1 日。林幼春出獄後寫於霧峰的家書，也提到：「在獄中三月中所作（詩）特多，無紙筆可錄，比及出獄，強半遺忘矣。」查証三人判刑確定後發表於《臺灣民報》的作品，刊登時間都集中在一九二五年六月以後（五月十日出獄），可見三人第二次入獄都不准寫作，應當是第一次在押期間三人都勤於寫稿，並發表於報上有利宣傳，引來日本人忌恨所致。

15 林幼春有〈獄中聞畫眉聲〉、〈再聞畫眉〉、〈獄中感春賦落花詩以自遣〉等詩，蔡惠如有〈春從天上來：聞鶯〉詞，蔣渭水〈獄中日記〉則常描寫陽光照射帶給他的喜悅。

16 林幼春「獄中十律」組詩，有〈忍寒〉、〈聽雨〉、〈苦熱〉等，蔡惠如詞有〈瀟瀟雨──夜雨〉一闋。

17 詳見〈獄中日記（一）〉，《臺灣民報》第 2 卷 6 號，頁 15。

18 詳見〈入獄感想〉，《臺灣民報》第 2 卷 7 號，頁 11，「監獄衛生的進步」。

19 〈入獄感想〉，《臺灣民報》第 2 卷 7 號，頁 11，「未決囚處置的缺憾」。

20 以上兩則引文，同出自蔣氏，〈獄中隨筆（二）〉，《臺灣民報》第 60 號，頁 9，1925 年 7 月 12 日。

21 參黃煌雄，《蔣渭水傳》，頁 28-29、33。

22 參林瑞明，〈感慨悲歌皆為鯤島──蔣渭水與臺灣文學〉，1991 年 10 月 12 日。

23 見〈入獄日記（一）〉，《臺灣民報》第 2 卷 6 號，頁 15。

24 見〈入獄日記（二）〉，《臺灣民報》第 2 卷 7 號，頁 12。

25 〈獄中隨筆（一）〉，《臺灣民報》第 59 號，頁 11。

26 〈入獄日記〉，《臺灣民報》第 2 卷 13 號，頁 12。

27 賴志彰編，《臺灣霧峰林家留真集》(臺北：自立報系，1989)，頁 154～159，收錄三張「治警事件」的團體照。第一張是 1924 年 2 月 18 日蔣渭水等四人出獄的紀念攝影，此照是林獻堂、林幼春與其他青年三十多人當天下午五點迎接蔣渭水、蔡培火等四人出獄所攝（詳參蔣渭水〈入獄日記〉2 月 18 日所載），照片最前排有女性二人坐於木箱上，其中一人即長相甜美的陳甜，渭水等四人脫帽站在照片正中央位置。（《留真集》說明文字，誤以當時渭水等 18 人仍在臺北監獄等待公判，應改正）。第二、三張合照則分別是第一審、第二審的公判紀念攝影，渭水分別站在最後排左側與右側，當時年卅三的渭水，臉型方正俊秀，身材挺拔，神情從容，其中他在第一審的合照中甚至露齒而笑。（頁 156～157）陳甜的照片，另外也可以從《臺灣近代名人誌》第三冊介紹蔣渭水的專文中看到數張，分見該書頁 97、101、102、110、111。

開創年代中的人間蔣渭水

文／蔣朝根

1920年代是最具開創性的時代。在這英雄輩出的年代，卜士之子蔣渭水以短促的生命締造了臺灣史新的里程碑：

- 揭開臺灣學生運動的序端。
- 組織臺灣人第一位飛行士謝文達應援團。
- 發起第一個文化啟蒙團體「臺灣文化協會」。
- 開出第一張臺灣診斷書〈臨牀講義〉。
- 參與創立臺灣人第一份報紙《臺灣民報》。
- 第一位請願政治犯。
- 監獄白話文學開創者。
- 設立臺灣人第一個民間運動場——大稻埕運動場。
- 推動成立臺灣人第一個青年體育團體「臺北青年體育會」。
- 經營第一家新文化介紹機關「文化書局」。
- 孕育第一個政黨「臺灣民眾黨」。
- 催生第一個總工會「臺灣工友總聯盟」。
- 將殖民地問題訴諸國際聯盟第一人。
- 被稱為「臺灣人之救主」，行大眾葬儀第一人。

法國著名哲學家巴斯卡言：「人不過是一根蘆葦，是自然界最柔弱的東西。但他是一根能思想的蘆葦。」人與物的區別，在於人有思想，有理性判斷的能力。

大正15年（1926）1月1日，《臺灣民報》新年特刊，蔣渭水發表〈今年要做什麼？請大家合力來打掃偶像！〉，將文化啟蒙運動和歐洲的文運復興（文藝復興）運動相提並論，認為歐洲人在文運復興之後，才發現「人是人，不是神的奴隸」。臺灣在文化運動發生後，才得著「人的發現」——發現人是人，不是人之奴隸和不是偶像的愚弄物，過去30年來的臺灣，可說是偶像全盛的時代，以後的臺灣才是真正「人的時代」。

文化運動就是思想覺醒的運動，思想解放就是解放個性，蔣渭水啟蒙民眾崇尚理性思考，掃除偶像崇拜。臺灣文化協會會歌揭櫫啟發文明，比西洋，樂為世界人，臺灣名譽馨；蔣渭水致力解除臺灣人的思想枷鎖，建構立足於世界的尊嚴與風範。

思想覺醒是政治、社會運動的基石。人的尊嚴由思想決定，思想的自由就是人格最高的獨立，也是一個民族爭取自由、平等、獨立的動力。臺灣民眾黨時期，蔣渭水以民本思想對抗君權神授、總督萬能封建思想，建構普世原則及普世價值的現代性思想。

綜觀蔣渭水一生從事殖民地臺灣人的解放運動，其本質在宣揚天賦人權自由平等的人文思想，這也是歐洲文藝復興的特質。

卜士之子

光緒 17 年（1891），蔣渭水出生宜蘭街艮門卜士之家，父親蔣老番在城隍廟前擺攤相命糊口，因領有吸食阿片的鑑扎，家庭日不敷出；少年時，蔣渭水曾當過乩童助手，也曾為了貼補家用沿街搖鈴瓏叫賣雜細貨，一心向學的蔣渭水極力懇求父親，才得以進入私塾，師事茂才張鏡光學漢文。

告別舊時代

街役場取代了衙門，嶄新時代已經來臨，蔣渭水在街役場謀個工友職差，私塾教育已不足以應付時代的變遷。明治 40 年（1907），蔣渭水 17 歲，入宜蘭公學校，以 2 年時間完成 6 年學業。

聽診器取代徒手把脈，西醫漸漸取代漢醫，明治 42 年（1909），蔣渭水在宜蘭醫院當傭員，深感醫學是現代文明表徵，不能成為文明的落伍者，孕育出行醫救人的志向。

蔣渭水工作之餘，進修苦讀。明治 43 年（1910），以第一名成績考取公費生資格（當年錄取公費生 23 名，自費生 25 名），進入最高學府臺灣總督府醫學校，住進學寮，習現代醫學；明治 44 年（1911）1 月，臺灣菁英的醫校生率先為範，104 名集體斷髮。當時《臺灣日日新報》以「嶄新頭角」報導。

蔣渭水剪斷了髮辮，正式告別舊時代。

臺灣學生運動第一期的先鋒

蔣渭水的反殖民運動，在醫校時期就開始醞釀，對政治充滿熱情，甚至想放棄醫學，到內地（日本本土）攻讀早稻田大學政治科。蔣渭水回憶在醫學校時期的活劇（かつげき），轟轟烈烈大鬧一場的事蹟。

老實說來，我的政治煩悶的魔病，是自醫學校時代，便發生起來的了。在這學窗時代，做出了種種的事項，什麼艋舺金和盛酒館的學生大會、和尚洲水湳庄的柑園會議、冰店的開業、東瀛商會的創設——冰店和東瀛商會，雖是商業，卻都有帶著公務的之使命——國民捐事件、袁世凱問題……這些學窗時代所做了的活劇，今日靜靜的回顧起來，真是津津有味。也有可笑的、也有可驚的、也有可悲憤的、也有可痛快的、也有很危險的。

臺灣第一位醫學博士杜聰明指出「蔣君學生時代之民族運動，亦可稱臺灣學生革命運動之第一期」。明治44年（1911），辛亥革命成功；大正元年（1912），日本進入「打破藩族，擁護憲政」的「大正民主」（大正デモクラシー）時代，民主風潮刺激醫校生，以蔣渭水為首，祕密組織「復元會」，竟日忙著學生運動。

文化啟蒙序幕

明治29年（1896），日本帝國議會通過《法律六十三號——關於臺灣施行法令之法律》，授權臺灣總督得於管轄範圍內，頒布具有法律效力之命令，「六三法」成為臺灣惡法之源，殖民地臺灣人，沒有做為人的尊嚴；如輕罪重罰的《匪徒刑罰令》，凡以暴行或脅迫為達成其目的而聚眾者，即為匪徒，得處以死刑；欲加之罪何患無辭的《臺灣違警例》洋洋灑灑122條，文句模糊，動輒得咎受罰；互相監控連坐的《保甲條例》，也由臺灣人獨享。

在嚴刑峻法之下，臺灣反殖民統治運動仍未停歇，大正元年（1912）至大正2年（1913）間，發生苗栗、南投、大甲、大湖、關帝廟、東勢角等多件起義。大正3年（1914）7月9日，臺南廳噍吧哖發生余清芳宗教起義事件，這是日本殖民統治20年以來，規模最大的民變。

7月28日，第一次世界大戰爆發，民族自決主義興起，隨著島內外局勢動盪，蔣渭水對政治的火熱之情更是熊熊燃燒，深知易世為王的革命不可行，應改採新思想的民主革命。

蔣渭水發動國民捐，資助孫中山革命，更異想天開策畫以霍亂菌毒殺做皇帝夢的袁世凱，想為孫中山除掉民主道路上的障礙，除了以「革命」做為手段之外，蔣渭水也在校內與故鄉宜蘭設置讀報社，開啟文化啟蒙運動的序幕。

同化會插曲

大正 3 年（1914）12 月，明治維新元勳、自由民權運動的先驅，被稱為自由之神的板垣退助伯爵與臺中阿罩霧庄林獻堂成立「臺灣同化會」；板垣呼籲官民應尊重臺人，撤除壁壘，形骸相忘，互相提挈。

同化會以同化主義行平等博愛之趣旨，將臺灣人同化為皇民；有強烈自治主張的蔣渭水卻認為「這是大不通的行動」，認為人工的同化，違反自然，反惹民族反感，自治政策才能發揮各民族的特性，必須把權利給與各民族。蔣渭水遂率領醫校生十數人來勢洶洶到林獻堂下榻的鯤溟會館詰問，秘書甘得中出面緩頰說明，只是借風駛舵，於同化的矮屋簷下，換取平等地位，這群醫校生於是守著沉默。

同牀異夢的結合，不容於在臺日人的割臺意識，以及違背日臺人二元化的統治政策。坂垣離臺之後，同化會旋即被總督佐久間左馬太解散，僅成立 1 個月又 6 日。

稻江開業春風得意

大正 4 年（1915）4 月，忙於學生運動的蔣渭水，仍以總成績第二名自醫學校畢業，在宜蘭醫院擔任外科助手，一年後，心想若要活動，須在臺北大都市懸壺問世，才能結交天下之豪傑，遂決心在稻江開業，向發記茶行承租得勝街 64 番戶（臺北市町名改正之後，變更為太平町 3 丁目 28 番地），面寬 3 開間 2 層洋樓，樓上 1 開間是住家，其它 2 開間為 10 間病房，展開醫人醫世的生涯。

杜聰明稱讚蔣渭水是一位優秀的「刀圭家」（とうけいか），醫術高超。《臺灣日日新報》也報導蔣渭水醫者仁術：「陳某妻染血崩症三次昏絕，簡某妻亦染婦人病，經漢醫、西醫治療，終無見效，賴蔣氏醫治，竟獲痊癒；兩家各召集戚友，張謝恩之讌，兼頌其有回春之力。」

蔣渭水入股春風得意樓，將它擴充為稻江第一流的酒樓，又將代理宜蘭甘泉老紅酒的東瀛商會遷移至醫院附近，同時取得武夷茗茶鐵觀音的代理權。

大正8年（1919）8月，虎疫（霍亂）猖獗，病而死者，踵幾相接，蔣渭水義不容辭，四處講演虎疫豫防法，參與稻江醫師團，晝夜照顧患者猶不暇。

蔣渭水行醫、經商、熱心公益，是一位春風得意的醫生。

相識滿天下，知心能幾人

在稻江開業的五年間，蔣渭水卻自認千金易得，知己難覓，同志全無，只得隱忍待時，韜晦過日。

大正7年（1918），原敬成為日本首位沒有爵位的首相，打破了明治維新以來的藩閥政治，樹立了政黨內閣制度。大正8年（1919）10月29日，田健治郎成為臺灣第一任文官總督；大正9年（1920）1月11日，蔡惠如在東京的寓所召集臺灣留學生，將啟發會改組為新民會，又以會員中的學生組織臺灣青年會，進行喚醒臺灣人的民族性、地位自覺的反對六三惡法，要求殖民地自治的臺灣議會設置運動。

自由的引擎

新民會熱烈展開反對總督專制的政治運動之際，大正9年（1920）8月2日，臺灣唯一的民間飛行士謝文達，以自購的老舊飛機伊藤式惠美五號，在東京參加「第一回懸賞飛行競技大會」，榮獲高度與速度「三等賞」；這位讓殖民者也抬頭仰望天空的飛行家，頓時成為殖民地臺灣人的英雄。

謝文達載譽返臺，進行鄉土飛行訪問，9月23日，蔣渭水指導臺灣總督府醫學專門學校、臺北師範學校、工業學校、農林專門學校、商工學校、淡水中學等的學生1,200餘名，組成「在北本島人學生聯合應援團」，在醫專大禮堂舉辦盛大歡迎會，向殖民統治者宣示「以臺灣人為中心而歡迎臺灣人」的盛大氣勢。蔣渭水又結合大稻埕、艋舺的紳商，在大安醫院成立稻江應援團，應援謝文達的飛行表演。

10 月 17 日，謝文達在故鄉葫蘆墩（今豐原）舉行臺灣史上本島人首次飛行表演；11 月 1 日，謝文達駕機從臺北南機場起飛，進行第二場飛行表演，特地飛到臺灣總督府上空致意。

本島第一位民間飛行士的光環，加上久邇宮親王致贈銀杯、獎金的加持，謝文達也成為在臺日人心目中的英雄。稻江應援團在春風得意樓舉辦謝文達的慶功宴，宴會中臺灣總督府高官、日人實業家、稻艋仕紳熱烈討論購買新機贊助謝文達飛行事業。

謝文達的飛行成就凌越日本人的優越感，激發了臺灣人不願意當二等人的自覺意識。

初識林獻堂

林獻堂、蔣渭水是 1920 年代臺灣政治社會文化運動的雙璧，兩人的結識，開啟了臺灣從近代意識邁向現代思想的歷史新頁。

大正 10 年（1921）春，林獻堂領銜第一次臺灣議會設置請願運動，首開反對總督專制政治的實踐運動，林獻堂宛如出征的將軍，格外受到臺人矚目，蔣渭水透過林瑞騰介紹，特地前往林獻堂下榻的「太陽館」致意。

林瑞騰是林朝棟之子，林資鏗（號祖密、季商）之弟，林資鏗長林獻堂 3 歲，但林獻堂高一輩，因此，林瑞騰稱林獻堂為堂叔。

飛雪大如掌的嚴寒 2 月，林獻堂在東京向帝國議會提出連署請願書，要求在臺灣行立憲政治，用普選的方式選出議員，成立具有特別法律及豫算之協贊權的特別議會；蔣渭水認為這主張和他的自治主義相合，「是臺灣人唯一的活路」！不顧偵探（思想警察）的警告，大力支持請願運動。

眾議院認定與剛通過的《法三號》有根本矛盾，不予審議。總督田健治郎也在貴族院請願委員會表明帝國統治臺灣，採內地延長主義，不採英國讓殖民地設置獨立議會的自治政策，設置特別議會，不欲讓臺灣將成為獨立的自治體。貴族院採納了總督的説帖，以不採擇處理。

孕育臺灣文化協會

林獻堂在東京得到日本具有聲望的自由派學者、議員支持；蔣渭水出迎於基隆，在春風得意樓舉辦洗塵宴；第一次的請願鎩羽而歸，但在本島智識階級間起了相當作用，促成蔣渭水成立臺灣文化協會的契機：

自獻堂氏歸臺，在臺北開了歡迎會以後，新交的同志，李應章、林麗明、吳海水、林瑞西……諸氏，屢次慫恿我出來組織團體，並提出他們所做的青年會規則書來和我研究。我考慮了以後，以為不做便罷，若要做呢，必須做一個範圍較大的團體才好，由是考案出來的就是文化協會了。

同時，李應章、林麗明在赤十字病院服務，吳海水就讀於臺灣總督府醫學專門學校，在醫專大禮堂的謝文達歡迎會，吳海水代表「在北本島人學生聯合應援團」致詞；林瑞西則在故鄉臺南州東石朴子開設省三醫院。

謝文達鄉土飛行之後，蔣渭水成立文化公司，啟蒙年輕學子，為結成團體播下種子，蔣渭水將青年會擴大為臺灣文化協會。以林獻堂的聲望號召，蔣渭水奔走努力召募，於大正 10 年（1921） 10 月 17 日在靜修女學校召開成立大會。

蔣渭水報告創立動機時説，臺灣人身為被日本統治的漢民族，負有媒介日華親善的使命，日華親善是世界平和的關鍵，因此臺灣人手裡握著世界平和的第一關的鑰匙，現時的臺灣人是沒有能力遂行這使命，因為罹患了「智識的營養不良症」，除非服下智識的營養品，否則是萬萬不能痊癒的。文化運動是對這病唯一的原因療法；臺灣文化協會就是專門造就此人才的機關。

會中舉林獻堂為總理，蔣渭水為專任理事；蔣渭水發表就任之辭，慶幸島民思想進步，殆無不認文化運動為現今必要之舉，將與會員同心協力為前驅，建設新文化於臺疆。

臨牀講義／廣義衛生論

大正 10 年（1921）11 月 30 日，《會報》第一號，蔣渭水發表〈臨牀講義——對名為臺灣患者的診斷〉，以醫學專業，對臺灣現症診斷，並開出藥方，首創診斷書型式的新文學，也是第一位將臺灣當做病人治療的社會運動家。

有著黃帝、周公、孔孟等聖賢血統的臺灣人，「職業」是「世界和平第一關的守衛」，本有強健聰明的素質，然而自清朝統治，兩百年來，長期慢性中毒，罹患了文化、精神與道德墮落的慢性病；而轉居日本帝國 27 年以來，愚民教育以及歧視政策統治，不完全對症的療法，使臺灣人成為「世界文化的低能兒」，極需最大量的人文教育營養素來滋補，否則會病入膏肓。

〈臨牀講義〉以詼諧的體裁，披露文化、道德、精神淪喪的悲慘事實，對現況提出最深沉的反思，蘊含人文主義思想，是殖民地文學的典範。

蔣渭水又以醫學的專業剖析政治，發表〈廣義的衛生論〉，凡保衛生命之事項皆是衛生，故政治亦是廣義衛生之一。政治和醫治都在治理人，醫者與患者，治者與被治者，關係是相同的、是相對的；世人往往只想到醫事衛生，忽略政治是更上的衛生法。

臺灣政治的衛生思想總是發達不起來，希望臺灣人要嚴厲注視治者之態度，始可發揮醫治衛生而無憾。

文化處方箋〈臨牀講義〉和政治處方箋〈廣義的衛生論〉，是蔣渭水從內科、外科觀點，同時診治殖民統治的病兆。

上醫醫國

藥王孫思邈在《備急千金要方》指出：「古之善為醫者，上醫醫國，中醫醫人，下醫醫病」，又云「上醫醫未病之病，中醫醫欲病之病，下醫醫已病之病」

上醫蔣渭水以最大量的文化處方，醫臺灣社會未病之病，欲病之病，已病之病。臺灣總督府坐視島人之文盲，不准許臺灣人自辦教育啟發民智，連申請設立義塾都不被核准，文化啟蒙運動只能從各項社會教育著手。蔣渭水提出文化運動的十項方針，全方位提升臺灣人的智識，包括涵養藝術、振興道德。為了提倡體育，蔣渭水甚至開闢了大稻埕運動場，身體力行運動強身。

臺灣內臺區隔的二元教育須確保在日本人的支配地位，蔣渭水力主臺灣人正規學校教育自主，要引領學術思想，也必須設置世界頂尖的私立大學，「明治維新之後，有私立早稻田大學的創設，臺灣維新以後，也該創設一個臺灣的早稻田大學」，殖民政府打壓私立學校之創設，蔣渭水抨擊是「臺灣惡政的證據、臺灣文化的恥辱」。

三家大安醫院

大安醫院是臺灣文化協會的本部，也是島內民族運動、文化啟蒙運動的指導中心，蔣渭水同志黃師樵，在〈蔣渭水及其政治運動〉一文中，見證了臺灣第一處民主聖地的光景。

大稻埕太平町三丁目，有一個白底黑字的大招牌，高掛在二樓上面，顏曰「大安醫院」。這個醫院，並不是和普通醫院一樣，專醫病人，而是治人疾病之外，還兼理醫國醫民的工作。那時候，無論鄉村都市，男婦老幼，都知道這個醫院，會替臺灣同胞醫治心病。到底是什麼原因呢？那就是這個醫院，是臺灣抗日革命運動的大本營，尤其是，臺灣政治運動的發祥地。這個院主，就是大名鼎鼎，名聞中外的革命先烈蔣渭水先生。

臺灣文化協會創立時，蔣渭水邀請共同發起人林麗明、吳海水，分別在臺中、臺南開設同名的大安醫院，揭揚文化運動的大旗。

大正 11 年（1922），吳海水從醫學校熱帶醫學專攻科畢業，申請回家鄉臺南醫院服務，當局卻以脫離臺灣文化協會為條件，吳海水不願接受；大正 12 年（1923）5 月，吳海水在臺南開設大安醫院，其後遷大安醫院於高雄州旗山。

林麗明原本擔任公醫，昭和元年（1926）在北港開設大安醫院，並成立讀書會、讀報社；翌年 11 月 26 日，設臺灣民眾黨北港支部於此。

3 家大安醫院是 1920 年代，臺灣反殖民運動的精神堡壘。

十二所讀報社

讀報社普及文化啟蒙運動，是新聞雜誌的閱覽所，兼具圖書館、學術講座、文化講演、技藝訓練的功能。讀報社聚集了相當的閱覽者，不識字的民眾有專人讀報，在啟發地方民智上有很大效果。

在當時智識程度較低的臺灣，講演會是啟蒙運動的主軸。依據《治安警察法》，室外講演、室內講演都要申請，但室外幾乎是講演一律不准，於是讀報社提供文化講演絕佳的場域。

《警察沿革誌》特別記錄蔣渭水在讀報社的 3 場講演的要旨，分析其思想言動。〈政治哲學概論〉放言萬世一系皇統的秦始皇只傳一代；〈群眾運動的原理〉臺灣的政治非立憲、非採三權分立的自由主義不可；〈明治維新〉為田嘉吉總督發動治警事件逮捕臺灣維新的志士，就像迫害維新志士的幕府伊井直弼大老。

蔣渭水在「晨鐘暮鼓」專欄，呼籲各地的同胞，急起設立讀報社，《臺灣民報》各地的取次所（經銷處、代辦處）也附設讀報社。

臺灣文化協會成立後的一年間，就在苑裡、草屯、彰化、北斗、員林、社頭、嘉義、高雄設 8 處讀報社；翌年又增設屏東、岡山、大湖、臺北 4 處，充分發揮文化啟蒙平民教育的功能。

青年團體提升求知慾

臺灣文化協會成立後，積極在島內推動成立青年團體，對懷抱理想主義的青年影響極深。

大正 12 年（1923）7 月 31 日，蔣渭水在大安醫院指導數十名青年成立臺北北青年會，以服務社會為宗旨。8 月 12 日，被依《治安警察法》禁止結社，乃以獎勵體育為主旨，成立臺北青年體育會；又以文化研究做號召，成立臺北青年讀書會，蔣渭水與如夫人陳甜都是讀書會會員。

這些青年團體，暗中抱著發展臺灣革命、民族自決的希望，加強思想主義的宣傳，批判帝國主義是強盜的先鋒隊，資本主義是榨取膏血的大強盜首領，譴責臺灣總督府統治，呈現反抗的氣勢，活動經常被取締。

《警察沿革誌》指出，在文化啟蒙的推波助瀾之下，青年的求知慾旺盛，海外留學生人數增加，大大地提升了對民族、社會問題的關心。

民主春風吹滿樓

文化啟蒙促成民族自覺，民眾對於政治關心高漲。第二次請願連署人數從 187 人躍增為 512 人。大正 11 年（1922）1 月 5 日，臺灣文化協會成員百餘名在春風得意樓舉辦林獻堂的壯行宴，相繼演說，各出一品精神料理以敬總理，熱氣騰騰，滋味津津，比諸山肴海錯，尤覺有味。

林獻堂因為在東京面謁首相高橋是清，高橋申述臺灣統治，採用內地延長主義或自治主義尚未定案；此一訊息被披露，使林獻堂備受臺灣總督府抬愛。

5 月 30 日，當林獻堂返抵基隆港外時，臺灣總督府官員、基隆郡警察課長各派一艘小船，搭載蔣渭水、林階堂等同志、親人前往迎接，林獻堂又風風光光的謁見了總務長官下村宏。是夜，在春風得意樓參加洗塵宴，賓主相互演說，談論風生，極一時之盛。

林獻堂應邀至各地講演，萬人空巷，爭睹風采，宛若凱旋而歸的將軍，要求自治的民情高漲，已成不可遏止之勢，終於引起日人側目。東京發行的《魁》新聞刊登〈無定見的臺灣政治〉，諷刺林獻堂返臺受歡迎，比總督、總務長官更加盛大熱烈。

議會請願橫生八駿事件

臺灣總督府認為議會請願企圖實現臺灣人的自治，不趕快遏止，將漸次侵蝕統治根基，開始對連署人施壓，擔任公職者免職，擁有專賣執照者吊銷，利用街庄長會議、保甲會議戒告不容許從事自治運動，並祭出警察自由心證的《臺灣違警例》，連署者處拘留或罰金。

臺中州知事常吉德壽更組織了御用團體向陽會，強邀林獻堂任「參與」（參贊）。大正 11 年（1922）9 月 29 日，常吉又策劃了林獻堂、楊吉臣（臺灣文化協會協理、彰化街長、林朝棟妻楊水萍之弟）等中部成員 8 人，面見總督田健治郎。

總督躬親訓諭，指摘請願運動充滿革命氣氛，確係胚胎於民族自決主義，與治臺的同化主義相背而馳，請願雖是根據憲法的合法運動，政府不便干涉，不會以官憲的權力去壓迫，但友誼勸告，不要做無益之事。

第一次世界大戰後，米價滑落一半，股票貶值，林獻堂以債養債，臺灣銀行通知如欲繼續運動，請立即償還十數萬圓的借款；官憲又四處渲染林獻堂已向總督交心，林獻堂飽受請願主力東京留學生的責難，心灰意冷，沒有簽署第三次議會請願。

政治結社嚆矢——新臺灣聯盟

大正 11 年（1922）10 月 17 日，蔣渭水和連溫卿發起成立「新臺灣聯盟」，這是本島第一個政治結社。宣言書指出，第一次世界大戰之後，社會運動的思想，相互扶助的觀念，有非將所有都歸結於自由平等的不可之勢，浸潤了世人的頭腦，將與維護特權利益，攪亂世界進步的特殊階級對決，朝向輝煌世界的最高理想。

翌日，蔣渭水又與諸同志成立「臺灣社會問題研究會」，因散布不被許可之宣言書，於島內、內地神戶、大阪、東京被起訴。覆審法庭上，蔣渭水以「余僅訴諸良心及常識」辯解，石橋檢察官以宣言即檄文，無視法律，非法治國民所應言。

蔣渭水被處罰金 20 圓，戶籍被註記觸犯臺灣出版物取締規則，這是蔣渭水第一次犯法。

臺灣議會期成同盟會先鋒

板垣退助是日本普通選舉運動的先行者，主張國家振救之道唯在張天下之公議，張天下之公議，唯立民選議院，使人民學且智，而速進於開明之域。

臺灣的普選運動與日本護憲運動同節拍脈動。大正 12 年（1923）1 月，臺灣總督府引進日本為抑制日益蓬勃的普選運動所引發的社會主義思潮，修訂限制言論、思想自由的《治安警察法》。臺北州、臺中州警務部長分別召見蔣渭水、林獻堂，質問「以民族自決和臺灣民眾的解放」的政治運動傾向，絕不容許涉及政治運動，要求臺灣文化協會必須提出承諾書，聲明非政治結社。

臺灣總督府打壓，使島內連署第三次請願的人數驟降，為了不因個人進退而影響請願，蔣渭水、石煥長、蔡培火依《治安警察法》向臺北北警察署申請成立「臺灣議會期成同盟會」，以推動設置臺灣特別議會為唯一目的。

石煥長任主幹，蔣渭水任專務理事。臺北州警務部長諭請中止結社；蔣、石二人連袂拜訪，答覆礙難同意。2月2日，北警察署長近藤滿夫以違反《治安警察法》第八條第二項，交付總督中止命令；御用報紙《臺灣日日新報》以鱷魚的眼淚的心態報導，形容臺灣總督府竹內警務局長是「揮淚斬馬稷」。

再建議會期成同盟會

同志們齊聚在大安醫院，協商臺灣議會期成同盟會被禁止的對策後，蔣渭水任第三次請願委員赴東京，隨行攜帶同盟會關係書類。在東京驛，新民會、臺灣青年會會員200餘名，狂熱豎起「歡迎臺灣議會請願團」大旗、拿著「自由」、「平等」、「臺灣議會」小旗，齊唱議會請願歌，呼叫臺灣議會萬歲。請願委員控訴臺灣人30年來受專制政治塗炭之苦，除了設置臺灣立法議會賦予參政權之外，別無他途，大夥兒分乘7部汽車，沿路散發5色宣傳單。

此次請願書連署人數降至278人（島內106人，海外172人），但臺灣總督府逼迫林獻堂退出請願，又中止臺灣議會期成同盟會，反而助長了第三次請願的氣勢。

東京各大報以斗大標題，報導蔡惠如、蔡培火、蔣渭水、陳逢源請願消息。《朝日新聞》以「壓迫を脱れて臺灣から代表者 議會設置運動に上京」；《國民新聞》以「臺灣政治の獨立を請願の一行入京すきのふ同志多數にへられて各政黨を歷訪」；《中外商業新聞》以「臺灣からも參政權を與たへよご運動の為委員入京」為標題，十分醒目；《中央新聞》、《萬朝報》也都大幅報導；2月16日，臺灣議會期成同盟會以林呈祿為主幹，蔣渭水任同盟會5名專務理事之一，事務所設在臺灣雜誌社內（東京若松町138番地），向早稻田警察署申設，獲准成立。以同盟會之名義在東京大肆活動，散發理由書給新聞媒體、以汽車沿街撒布5色傳單。

2月26日，下午2時半至3時，請願運動達到最高潮，謝文達駕駛「臺北號」飛機，在東京上空中撒下「臺灣人呻吟在暴戾政治之下久矣！」、「給臺灣人議會吧！」等20萬枚傳單助陣，使在混沌中的請願現出一道光明。

《讀賣新聞》以「手枷首枷から逃れようと三百七十萬の島民をして代表上京した四名が同情ある議員に縋り臺灣議會設置請願」為標題報導，並論及攝政宮（皇太子）將有臺灣御行，此問題格外注目。

臺灣總督府原本欲展現內臺融和，計畫在4月16日皇太子行啟臺灣時，邀請謝文達駕駛新購的飛機，由外海引領皇太子搭乘的「金剛號」軍艦駛入基隆港，因震撼於謝文達在東京上空自由的怒吼，而取消此「奉迎飛行」表演的計畫。

建立臺灣人發聲的基地

大安醫院是臺灣文化協會《會報》發行所、臺灣雜誌社臺灣支局，《臺灣》雜誌及《臺灣民報》的總批發處，堪稱是臺灣人發聲的基地。

大正10年（1921）11月28日，《會報》發刊，蔣渭水任發行人及編輯。《會報》依法不能談論政治，標榜論教育道德思潮文化，引介世界著名的文學作品，並鼓勵創作新詩、小說、寓言、散文，是臺灣新文學的先鋒刊物。《會報》因刊登時事，經常被禁，發行8期之後，併入《臺灣民報》。

《臺灣青年》在大正11年（1922）4月改名《臺灣》，發行機關由「臺灣青年雜誌社」改為「臺灣雜誌社」，蔣渭水擔任取締役（董事）。

臺灣總督府不許可臺灣人在臺灣發行報紙，內地人把持著言論機關。啟發文化，喚醒民心，蔣渭水認為創設臺人的言論機關刻不容緩，與擔任第三次議會設置請願的代表蔡惠如、蔡培火、陳逢源，結合在東京的林呈祿、蔡式穀、黃呈聰，創立純白話文的《臺灣民報》，大正12年（1923）4月15日發刊，仍由臺灣雜誌社發行。

蔣渭水認為《臺灣民報》是臺灣人唯一的言論機關，是臺灣人的靈魂，思想的先導，維新的工具，是自覺覺人的醒劑，自請擔任《臺灣民報》的「保母」，呼籲臺灣人一人就要有一份。

爭取《臺灣民報》回臺灣發行是先覺者共同的願望，

同樣是日本殖民地，朝鮮人也已有了四、五種報紙，而雜誌則不下四、五十種了，然而獨臺灣人連一種也沒有，蔣渭水為此大抱不平，「臺灣人不是願意默默無言的，是喉舌被壅塞了的」，呼籲伊澤總督兑現訓示統治方針欲以360萬的島人為本，而不得以15萬內地人為本。第一要務，當從允許臺灣人的言論自由開始，看取、聽取臺人的要求。

大正13年（1924）2月，蔣渭水違反《治安警察法》豫審後，以未決囚身分出獄，在臺灣雜誌社的重役（重要幹部）會議上，極力主張停刊《臺灣》，全力經營《臺灣民報》，將《臺灣民報》由大正13年（1924）的3,000份，壯大到大正14年（1925）10,000份，大正15年（1926）倍增為20,000份，與日人第一大御用報紙《臺灣日日新報》並駕齊驅。社內辦事職員20餘名，每月用費突破2,000圓，《臺灣民報》由半月刊變旬刊，旬刊又再變做週刊。蔣渭水認為這並不是生母的好肚子，也不是保母的好乳汁造就，而是時勢使然的。

第一位政治請願犯

大正12年（1923）4月，皇太子裕仁行啟臺灣，蔣渭水認為這是請願運動的大好時機。

皇太子預定18日行經臺灣人市街太平町，前往太平公學校視察。17日半夜，蔣渭水將臺灣文化協會本部的招牌更改為「臺灣議會請願事務所」，豎起高2間，橫3尺餘（高7公尺，寬90公分）突出門前的「恭迎鶴駕臺灣議會請願團」的大看板。18日晨，天未明，30餘名警官突檢大安醫院，沒收數萬張宣傳單。近藤北警察署長並依《治安警察法》第16條，在街頭張貼、散發、朗讀文字、圖畫、詩歌，妨礙其他公眾交通自由，紊亂安寧秩序禁止，命蔣渭水將看板拆除。當皇太子行經大安醫院前，蔣渭水卻揭揚起密藏的奉迎旗而被拘捕。

《臺灣民報》諷刺各地方的奉迎門都比奉迎旗大，且在東京請願的旗幟，也比蔣渭水的奉迎旗大，同樣是《治安警察法》，隔一重海，就大相逕庭；又報導蔣渭水向皇太子表「區區敬意」被拘捕事件，電達東京，報紙無不大幅報導，在京青年聞之也莫不稱快，遙祝其第一回犧牲成功。

我臺人為公事受拘引者，實以蔣氏為嚆矢，做個臺灣民權運動史上的新新好的紀錄，而蔣氏自身也可謂的了好經驗了，而蔣氏將來也不得不加一番的覺悟了，印度顏知（甘地）為民權運動被禁，聞獄官待遇頗好，不知道蔣氏這番如何呢？

好談甘地在印度解放運動的蔣渭水，也像甘地一樣因柔性的抗爭而入獄，這是蔣渭水第一次入拘留所，從此，經常進出位於日新町北警察署，暱稱拘留所是「日新旅館」。

監獄文學的先鋒

蔣渭水視「監獄就是自由的出發門」，最能調適獄中幽閉的生活。「治警事件」在獄中，伙食不足，又參雜著枯腐變黑發臭的飯粒、鳥鼠屎、秕粒、小石頭，蔣渭水卻甘之如飴。

大正 12 年（1923）12 月 16 日，晨 6 時，蔣渭水還在臥褥中，聽見車夫催叫，起床查看，2 位檢察官已在客廳等候，表明要搜查家宅及事務所。7 時，押收物品堆積如山，高等課長（思想警察課）出示豫審判官（法官）的拘捕令，蔣渭水和以雜誌社為家宅的王敏川一起被拘捕入獄。

在獄中，蔣渭水以幽默的管筆仿古文〈赤壁賦〉寫下〈入獄賦〉，記述當天被拘捕的情形：

癸亥之冬，臘月既望，蔣子與妻同衾臥於木塌之上。刑事急來，大叫不休。舉身跳起，攜洗面之巾，開隔房之門。少焉，警吏登於樓上，徘徊於各房之間；白刃懸腰，劍光閃研。任一警之所牽，到監獄之門前。

蔣渭水蕩蕩乎入於囚房，聽到蚊子嗡嗡嗡吹著洞簫，就與歌而和之；又與蚊對話時事，直至更夜已深，各自安眠；相與枕籍乎牢中，不知東方之既白。

監獄是不照良心醫治政治病的病院，「息交絕遊，與世相違，靜寂如佛」，猶如無產階級的別莊，抱著「艱難為汝玉，樂自苦上生」、「以不自在為自在，萬事皆自在」、「心安身自安、身安室自安」的心境，蔣渭水將監獄當做修行冥想學禪的修道場。

獄中生活，喇叭聲為號令，蔣渭水好像回到醫學校時期的宿舍生活，感到親切，「室不在美，有氣則通，窓不在大，有光則明」，在跼天蹐地的監獄，彷彿居天下之廣居，行天下之大道，蔣渭水埋頭攻書自修、執管筆寫作，躍躍進取。

蔣渭水吟誦古文自娛，仿古文創作〈獄中夢〉、〈獄歌行〉、〈入獄賦〉、〈牢舍銘〉、〈春日集監獄署序〉、〈送王君入監獄序〉，以詼諧筆調嘲諷時政；又以白話文書寫〈入獄感想〉、〈入獄日記〉、〈獄中隨筆〉，記錄獄中定靜生活。這些獄中書寫，發表於《臺灣民報》，不但慰藉民心，也成了另類的文學抵抗，更開啟了監獄文學的先頁。

蔣渭水認為「政治家比醫家對人類的活動較大」，曾萌生退學醫學校到早稻田大學攻讀政治科的意念，在獄中有從容的時間大量閱讀政治、經濟、文化相關書籍，自認為已經自早稻田大學政治科畢業了。

新文化介紹機關

圖書是思想的殿堂，大正 15 年（1926）7 月，蔣渭水創立文化書局，除進口大眾化書籍致力於平民教育，也專門引進新思潮專書做為「新文化介紹機關」，成為繼發行雜誌、報紙做為思想載體之外的另一個新思想的寶庫。

文化書局代理政治思想、社會運動、勞動運動、民族問題、文化史、經濟學、哲學等專書。文化書局也是蔣渭水提煉政治素養、涵養思想、思考民族運動，為臺灣的政治社會運動從世界潮流找方向的窗口。

文化書局的成立，引起特高警察的特別關注，以及內地人報紙的批判，代理的《殖民政策下の臺灣》被禁，800 餘冊被沒收，被命令將臺灣總督府所忌之處抽起才得以發售。

文化書局比中央書局更早開業，文化書局由蔣渭水獨資，中央書局是中部仕紳階級集資。史學家王詩琅曾形容文化書局的出現，「長年披靡不振的圖書業中，驀然出此異軍，好像萎草叢裡，突放一朵奇葩」。

團結真有力

《警察沿革誌》認為島內的臺灣文化協會成為島外留學生各種運動的母體及據點，島外的留學生又把新思想運動注入臺灣文化協會，使得臺灣文化協會不得不轉換方向，並且給予轉向後的臺灣社會運動重大飛越的機會。

文化啟蒙運動引進各種思潮，包括社會主義、無政府主義思想，也刺激民族主義指導團體臺灣文化協會內部波濤洶湧。蔣渭水已經預料到即將面臨分裂，有感於400萬同胞，竟不能利用團結之力來求幸福，昭和2年（1927）1月2日，在《臺灣民報》發表〈今年之口號：「同胞須團結，團結真有力」〉，指出「設使我臺四百萬同胞，各個都能覺醒團結起來那就無論有多大魔力，我們都可以抵制他，那末吾人便不患環境魔力之強大，而所患者惟吾人不能團結哩。所以我敢斷言：團結是我們唯一的利器，是我們求幸福脱苦難的門徑。」

同日，在霧峰召開的臺灣文化協會理事會，分裂成急進派（理想派）與穩健派（現實派）2派，翌日，在臺中市公會堂舉行的臨時大會，連溫卿結合無產青年，掌握了主導權，將臺灣文化協會導向階級鬥爭的團體。

舊幹部認為文化啟蒙已經告一段落，政治意識的啟發以及政治教育的普及，政治結社乃時勢所趨。

催生臺灣民眾黨

殖民地自治主義者與經濟專家矢內原忠雄在《帝國主義下之臺灣》，痛責臺灣完全沒有政治的自由，甚至其胚芽胚種都難發現。

昭和2年（1927）2月上旬，在霧峰林宅的《臺灣民報》幹部會議上，蔣渭水提出組織政治結社「臺灣自治會」，標舉政治上主張自治主義，經濟上主張臺灣人全體之利益，尤特以合法的手段擁護無產階級之利益。

蔣渭水推林獻堂出任總理，不被接受，乃刪去會則中總理、協理條文。此時適逢無政府主義團體「黑色青年聯盟」檢舉事件，籌組政治結社無具體決議。

2月17日，蔣渭水於臺北擅自付印「臺灣自治會」綱領、政策，因殖民地自治主義違反治臺基本精神，被臺北州警察局令於《臺灣日日新報》發表中止臺灣自治會組織。

2月27日，蔣渭水將組織更名「臺灣同盟會」，再次印發文宣，被警察局審問，蔣渭水堅持殖民地自治主義是順應世界殖民政策的趨勢，表達寧可玉碎，也絕不歪曲自己的信念。

2月20日，日本舉行憲政史上的第一回普選，166名當選者中，無產政黨占8名，給在臺灣成立政黨添加助力；3月22日蔣渭水、蔡培火為喚起輿論，邀請矢內原忠雄教授抵臺，巡迴講演一個多月，將政治結社組織積極化。經過折衝樽俎的改名以符合當局要求，5月29日，以「臺灣民黨」結黨，綱領為「期實現臺灣人全體的政治、經濟、社會的解放」，仍遭到禁止結社。

臺灣民黨綱領有臺灣自治會標舉的自治主義，以及以臺灣人全體、無產階級為本位的本質。因此，本山警務局長指成員中有極端的民族主義者，有做為帝國臣民所不應有的思想、言行，意圖讓蔣渭水成為組黨的障礙，也為日後臺灣民眾黨埋下分裂的因子。

7月10日，就在臺灣總督府有意營造右之左及右之右的激辯中，議決蔣渭水可以參加組黨、擔任委員，但是須向臺灣總督府妥協，摘除綱領中的「臺灣人全體」、「解放」等字眼，聲明非民族主義的團體，在臺中聚英樓召開「臺灣民眾黨」成立大會。

臺灣民眾黨綱領為：確立民本政治，建立合理經濟組織，及改除社會制度之缺陷。相對於日傾左翼的臺灣文化協會主張的無產階級運動，臺灣總督府認為政治結社的臺灣民眾黨屬於右翼，乃決定在嚴格的監視下允許其成立。

臺灣民眾黨成為臺灣政黨政治的先鋒。

政談演講

臺灣民眾黨成立的翌月，《臺灣民報》也在臺灣發刊，推波助瀾黨的聲勢，在半年內成立15個支部，第二十個支部大溪支部在昭和5年（1930）8月23日成立。

有別於文化講演，政治結社的臺灣民眾黨，依法舉辦政談演講，宣傳黨綱，擴大黨勢，成立民眾講座，侃侃而談政治、經濟、社會的施政缺失及改革。在臺北民眾講座，僅在大安醫院貼出海報一張，就湧進千餘名聽眾。

蔣渭水政談講演的題目包含，什麼是合理的經濟組織、民族問題與階級問題、臺灣民眾黨的政治政策和經濟政策、臺灣民主與自治制度、臺灣民眾黨的指導原理與工作、中央各政黨的狀況、帝國主義的麻醉劑、印度的解放運動，尖銳批判施政。政談講演新鮮的體驗，給予期待自由平等的臺民莫大的鼓舞，但也受到特高警察關切，針對官憲的臨監、施暴，臺灣民眾黨以同時舉辦多場，讓警察分身乏術。

蔣渭水頻頻進出各地拘留所，留下〈北署遊記〉、〈舊友重逢〉、〈三遊北署〉、〈兩個可憐的少女〉、〈基隆ホテル與日新館的比較〉、〈女監房的一夜〉、〈清一色的汐止亭〉、〈詥人大會記〉等拘留所文學。

臺灣民眾黨成為議會設置請願的主力、全民解放的號手，蔣渭水更提出要求制訂臺灣憲法、廢除特權階級、採行社會主義的主張。

力行反對黨監督施政的責任，推行秕政暴露運動，向總督、首相提出改革建議書，並向第一任拓相陳情賦予島民革新性的政治權利，施行開明政治，尊重臺灣島民之人權。

臺灣民眾黨給予臺灣民眾政治的教育，將反殖民運動帶到政黨運動的高層次。

接生臺灣工友總聯盟

資本主義緊隨著帝國主義進入臺灣，占全臺灣人口百分之八十的勞農階級，受到政治、社會、經濟制度不平等的多重壓迫，蓋房子的無屋可住、做靴子的無靴可穿、坑夫只能呼吸髒空氣、漁民只能喝海水、攤販挑夫繳不起罰金，連最基本的生活都無保障，成為人間社會邊緣人，社會運動家豈能坐而不視。

臺灣文化協會深入農村講演、開設講座、成立讀報社、電影巡迴放映，臺灣的農民比工人更早覺醒，大正14年（1925）6月28日，臺灣文化協會理事李應章指導二林蔗農組合成立，蔗農團結集體抗爭糖廠壓榨，爆發「二林蔗農事件」，這是農民運動現代思想運動的起點，也是臺灣農民運動的里程碑。

蔣渭水認為社會運動最迫切的就是解放工農群眾，文化書局成立時，引進大量的勞農運動書籍，就是要為臺灣的勞工運動理論找出口，在臺灣民眾黨籌組期間，蔣渭水就積極地組織各地工會。

臺灣民眾黨成立後，致力於有產階級與無產階級結合，超越階級的全民運動，扶助農工團體之發展，實行「以農工階級為基礎的民族運動」，形成全民運動之中心勢力。昭和 3 年（1928）2 月 19 日，蔣渭水指導臺灣工友總聯盟成立，統一全島勞動團體，成為經濟的解放的主力。

蔣渭水創作的《勞働節歌》呈現從事勞工運動的初衷：

美哉自由，世界明星，拚我熱血為他犧牲，要把非理制度一切消除盡清，記取五月一日良辰。

旌旗飛舞，走向光明路，各盡所能各取所需，不分貧賤富貴責任依一互助，願大家努力一起猛進。

蔣渭水四處講演，主題如〈階級運動與社會運動〉、〈臺灣勞働階級應取的態度〉、〈勞働階級的使命〉、〈廢惡稅官地給農民〉、〈平均池權就免稅貴厝〉等，要把非理制度一切消除盡清。蔣渭水指導工農爭取權益，發動罷工，致力於經濟的平權運動，臺灣工友總聯盟的成立，使勞工運動進入黎明期。

臺灣民眾黨與臺灣總督府的鴉片戰爭

「黑色的彈丸」鴉片，比砲彈先行，是帝國主義的痲醉劑，既剝削殖民地經濟，又弱化原住民族的抵抗力。

臺灣總督府的鴉片政策，嚴禁日本人吸食，卻將煙膏區分福煙、祿煙、壽煙三個等級，滿足不同層級的臺灣鴉片癮者，並授予御用紳士販售鴉片的權利。

《鴉片癮者證明手續》規定，只要年滿 20 歲，有吸食鴉片之習且尚欲吸食者，無分男女，由公醫發與證明。認定之寬鬆，形同鼓勵登記吸食。為了彌補財政赤字，使臺灣不成為帝國嚴重之負擔，在專賣局成立之前，明治 28 年（1897），鴉片就已經是臺灣總督府第一個專賣品。

臺灣總督府以打狗港及其附近部落設定樣本，算出約百分之七的鴉片癮者，而以當時臺灣人的人口計算相當於17萬人。初次登記，從明治30年（1897）4月，5度延長登記期限至明治33年（1900）9月，達到169,064人，與估計的人數相當才截止登記，可說是精心算計，深怕癮者成為財政的漏網之魚。

臺灣總督府採消極毫無矯正措施的漸禁政策，讓鴉片癮者自然凋零，卻又藉口有密吸者，明治35年（1902）再發出5,187張吸食特許證，明治37年（1904）又增發30,543張，明治41年（1908）再授予15,863人鴉片特許證。

國際鴉片問題，英國、日本是眾矢之的，在會議上日本吹噓漸禁政策之成效，掩飾其鴉片癮者凋零，平均每人吸食量增加，售價提高，鴉片專賣收入水漲船高的收入主義。

在國際輿論的抨擊下，昭和3年（1928）12月28日，當局公布《鴉片改正令》，宣布將關閉煙館，並矯正鴉片癮者；但翌年12月8日，警務局長石井保卻發表聲明，尚潛在相當人數深陷病態固習者，於改正令之下，威迫以嚴刑，有失人道，違法吸食者悉數申請特許或矯正治療。此令一出，提出申請新特許密吸者竟達25,527人之多。

臺灣民眾黨主張禁絕鴉片，全島舉行「打倒鴉片大演講會」，大肆抨擊，指責有特許吸食者，同時就會有密吸者，這無疑是給後來的密吸者，懷著再許可的期待的愚民政策，要求強制矯正治療。各地本島人醫師會、中產階級知識分子組成的如水社、臺灣留學生組成的東京的新民會，相繼聲援臺灣民眾黨。

臺灣民眾黨向島內外報紙、拓務大臣發出反對鴉片新許可的電文，向警務局長提出抗議文，指責在臺灣施行鴉片之專賣與許可吸食一如葡領澳門對賭博徵稅同屬榨取政策，均為人類歷史上遺留污名罪惡之舉，但都為未獲善意回應。

昭和5年（1930）1月2日，臺灣民眾黨向國際聯盟發出控訴鴉片新特許方針電報：

日本政府蓄意准許臺灣人吸食鴉片此種非人道罪行亦違反國際公約希請阻止野蠻政策

代表4000000人之臺灣民眾黨

此則新聞披露於《臺灣民報》，而當天同版面的民報社論、臺灣民眾黨中常會訊息卻被食割，此電文特別搶眼。

2月5日，臺灣民眾黨又由臺北經上海，迂迴郵寄7,600字陳情書給國際聯盟，抗議殖民政府以人道的名義專賣鴉片，貪圖不當利益，形同鼓勵臺民嚐食此殺人的毒品，墮落我族之性格，犯了無可寬恕的罪孽，也違反國際公約。

臺灣民眾黨並電文給國際盟聯遠東地區鴉片調查委員，要求會面，在臺灣總督府頻頻施壓之下，3月1日，蔣渭水仍與林獻堂、蔡式穀、林攀龍在臺北鐵道旅館與委員會談，籲請世界各國嚴禁鴉片。

鴉片吸食問題國際化，使臺灣民眾黨成為國際間矚目的政黨，也結怨臺灣總督府，成為被解散的因子之一。

原住民霧社起義

昭和5年（1930）10月27日，霧社發生原住民因飽受勞役屈辱，抱著全族同赴滅亡的決心，襲擊屠殺日本官民的慘劇，即使自盡，也要尊嚴，掛在樹上，挺立著根在土地上。

掠奪山林資源，臺灣總督府調派軍隊征伐，又用通電的隘勇線，緊縮原住民生活領域。又以文明傳播者自居，不顧原住民狩獵民族性，強迫繳械，強制遷移，學習農耕。番地殖產、教育、治安、衛生無所不管，像牛馬般驅使服勞役，原住民完全沒有做人的尊嚴。

蔣渭水認為這是35年如一日的警察萬能政治所致，為了保持威信，警官亂暴非為，原住民受到重重壓迫，最後自然忍無可忍，挺身反抗，至於有些人歸之於是思想問題，那是謬論。

臺灣民眾黨不斷揭露霧社事件消息，拍發「違反國際條約，使用毒氣殺戮弱小民族」的電文給島內外各媒體，同時向拓務大臣、貴族院議長、內閣總理大臣發出電文，請速免去總督、警務局長、臺中州知事等人之職的，並要求採取保證高山族生活，承認其自由，不阻礙民族發展的政策。臺灣民眾黨也向內地的反對黨全國大眾黨、勞農黨發出請速派遣代表來臺調查真相的電文。

霧社慘劇，在輿論壓力之下，包括總務長官在內的臺灣政界的四巨頭，被撤換下臺。

臺灣總督殺死臺灣民眾黨

臺灣民眾黨是一個在沒有選舉制度的殖民地政黨，無法透過普選取得政權的政黨，卻又力行監督施政的反對黨，使臺灣總督府芒刺在背。

臺灣總督府以政治力量推動以日本人為本位的政策，臺灣人在政治、文化、教育、經濟、社會地位都處於弱勢，尤其是占人口絕大多數的農工階級，被特權階級榨取剝削，日益貧困無產化。臺灣民眾黨一直秉持臺灣自治會「擁護無產階級利益」的最初立黨精神從事政治活動，造成黨內資產階級對黨左傾化的疑慮與責難，而另組溫和的「臺灣地方自治聯盟」。

昭和6年（1931）2月18日，臺灣民眾黨召開第四次修改綱領、政策會議，要轉向成為勞農、無產市民為主體的大眾政黨，臺灣總督府以民族運動為緯，階級鬥爭為經，強調殖民地獨立，表露民族自決主義，會對臺灣統治造成極大傷害，下令禁止結社。

雖然只有短短3年7個月，臺灣民眾黨真劍的解放運動，仍寫下臺灣政黨歷史的第一篇章。

大眾葬儀留下歷史的驚嘆號

「有此民心，不怕無黨」，臺灣民眾黨被解散之後，蔣渭水主張透過臺灣工友總聯盟體系，從事人民解放運動，8月5日，卻以傷寒病逝留下未竟之業。日系報紙《新高新報》推崇他為「臺灣人之救主」。8月23日，舉行「蔣渭水氏臺灣大眾葬葬儀」，覆以臺灣民眾黨黨旗，此葬儀蘊含國民導師葬禮、無產階級葬禮、黨葬、孫中山式葬禮多重意涵。

康德言，啟蒙運動是人類的最終解放時代。思想的解放，個人的解放，才能做為一個真正的人。愛因斯坦評論甘地：「後世的子孫也許很難相信，歷史上竟走過這樣一副血肉之軀」。蔣渭水的故事不但是屬於臺灣這片土地的故事，也是世界反殖民運動、思想解放運動的一環；從一位卜士之子，到臺灣人之救主，人間的蔣渭水以平凡人的血肉之軀，以義俠般無私的社會運動家的精神，行最純潔的理想主義，寫下臺灣歷史的傳奇，也為臺灣開創歷史的新里程碑。

chapter 1

第一章

青春歲月的戰鬥序曲：

熱血青年蔣渭水

蔣渭水是個熱血沸騰的青年，曾自稱從醫學校時代就染上了「政治煩悶的魔病」，期間參與了許多轟轟烈烈的事件。《臺灣新民報》曾評論蔣渭水，在醫學校時代已不滿臺灣的施政，而好談政治，志氣宏大，膽略過人，頗受諸同學尊敬，在學同時，未有一日忘卻啟發臺灣民智。他一世傾盡心血的事業，就是要求臺灣人的解放。

關於蔣渭水的出生，戶籍資料和成績單上是登記明治 21 年（1888）2 月 8 日，但在《臺灣新民報》、《新高新報》都刊載蔣渭水是明治 23 年（1890）出生。根據蔣渭水大正 14 年（1915）8 月 26 日在《臺灣民報》第 67 號發表的自述文〈五個年中的我〉，當年 36 歲，可以推算出蔣渭水在光緒 16 年（1890）出生，不過，一般採用蔣渭水長子蔣松輝的說法，光緒 17 年（1891）出生。

蔣渭水出生社會底層，父親蔣老番（蔣鴻彰）是領有鴉片吸食許可證的相命師。蔣渭水年少時就必須出外打拚，幫忙分擔家計，和弟弟蔣渭川兩人沿街叫賣糖果、水果、雜物等來貼補家用，也擔任過街役場工友、宜蘭醫院傭員。因為這些社會第一手的觀察，他知道殖民地臺灣人真正的苦痛；長大後，愛打抱不平，興起懸壺醫病與濟世救人的熱情。

小時候住在宜蘭的蔣渭水，因為父親在城隍廟口替人卜卦營生，經常出入宮廟，甚至當過乩童。在一次扶乩的經驗中，友人犯錯求問卻未呈現犯行成果，因此對神明失去了信心，也影響他日後破除迷信的想法。

儘管家境貧困，父親仍不讓蔣渭水接受日式教育；在接受新式教育之前，蔣渭水受業於宜蘭傳統文人茂才張鏡光，接受傳統的私塾教育，打下紮實的漢學基礎。

明治 40 年（1907），蔣渭水入宜蘭公學校，通常公學校要讀 6 年，但是蔣渭水只讀了 2 年即完成學業，爾後考上臺灣總督府醫學校（臺大醫學院前身）公費生。

因景仰孫中山革命成功，在醫學校保持良好成績的蔣渭水，也積極參與許多校內外學生運動，結交了志同道合的朋友，並組織「復元會」，展現對抗日本殖民統治的意識。孫中山退位臨時大總統時，他與朋友暗地發起「國民捐」募款活動支持孫中山，也曾和侮辱臺籍學生的日籍水泥匠起衝突，還曾試圖以病菌暗殺袁世凱和日本皇室等。

雖然熱中於政治運動，蔣渭水仍以醫學校學業總平均第二名的成績畢業，在宜蘭醫院展開白袍生涯。他先擔任外科助手，服務 11 個月後，就遷籍到人才濟濟的臺北大稻埕，開設大安醫院。當時從事政治運動的人常以商業場所及活動掩飾，因此，蔣渭水與人合股經營「春風得意樓」，以此做為與友人聯繫、聚會的場所，還兼代理宜蘭名酒甘泉老紅酒。除了頗受好評的醫術，蔣渭水也因熱中公益、富有學養，在當時頗負盛名。

年輕時，他秉持著年輕人特有的拚勁，有著豐富而多元的青春歲月。這段年少時光也對他日後的人生帶來莫大的影響。

出生地宜蘭街 ／宜蘭縣史館提供

蔣渭水出生在宜蘭街本城堡土名艮門 91 番地（現在宜蘭市中山路三段）。
光緒 17 年（1891）時，蔣渭水在因有 3 棵青仔欉（檳榔樹）而俗稱青仔地的地方出生。

幼時幫工的宜蘭城隍廟 ／宜蘭縣史館提供

蔣渭水父親蔣鴻彰曾在宜蘭城隍廟口以相命維生，因此他年幼時常常出入城隍廟，幼時經驗也影響了他日後破除迷信、改革陋俗的想法。

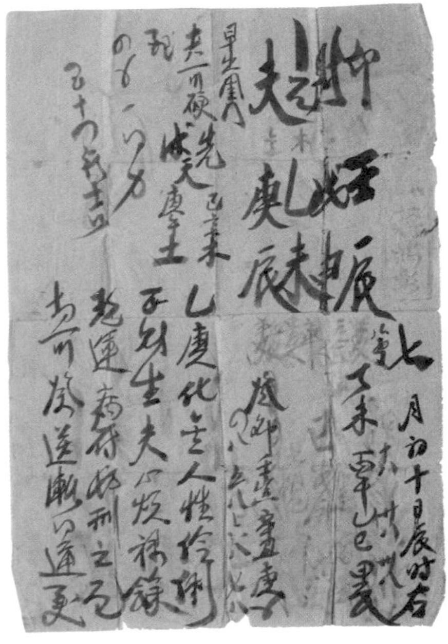

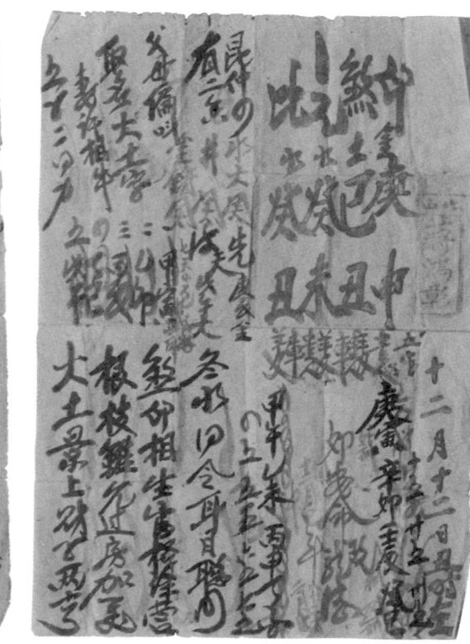

蔣鴻彰相命批紙 ／林文正捐贈；宜蘭縣史館提供

蔣渭水的父親蔣鴻彰因為年幼時頑皮而被母親李氏叫做「老番」，在戶口上也是登記為蔣老番。在李鴻章與伊藤博文簽訂《馬關條約》，將臺灣割讓給日本以後，對於李鴻章感到氣憤的蔣鴻彰，因名字同音，就此不以「鴻彰」為名，寧可用「老番」為名。

茂才張鏡光 ／張國楨提供

明治32年（1899），蔣渭水受業於茂才張鏡光學漢文，奠定漢文基礎和濃厚的漢民族意識。

宜蘭公學校／宜蘭市中山國小提供

原本蔣鴻彰不想讓蔣渭水接受日本教育，而是接受傳統儒家教育。

明治 32 年（1899），蔣渭水進入當地茂才張鏡光的私塾就讀，學習漢文。

明治 40 年（1907），16 歲的蔣渭水這才進入宜蘭公學校就讀。此為 1915 年新建之校舍。

宜蘭公學校畢業成績單 ／宜蘭市中山國小提供

明治 40 年（1907），蔣渭水進入宜蘭公學校就讀四年級，兩年後畢業。保護者（監護人）蔣老番的職業紀錄是「雜」，另外還有以顏色較淡的筆註記為賣卜者（相命師），據蔣渭水長子蔣松輝轉述，戶籍人員在登記時將「渭」筆誤為「謂」。

宜蘭公學校畢業名錄 ／宜蘭市中山國小提供

宜蘭公學校《除籍簿》上的畢業生名冊。目前出土的史料中，戶籍、公學校與臺灣總督府醫學校的成績單均登記為「蔣謂水」。

故蔣渭水君經歷 ／中央研究院臺灣史研究所檔案館提供

蔣渭水生平的簡歷，資料上所載的生日是明治 23 年（1890）舊曆 6 月 21 日。這是蔡培火在其手稿中留下的蔣渭水生平紀要。

臺灣總督府醫學校 ／蔣渭水文化基金會提供

臺灣歷史上第一所正規的醫學教育機構，臺灣總督府醫學校（今國立臺灣大學醫學院）成立於明治33年（1899）。位在臺北廳大加蚋堡三板橋庄土名東門外13番地的校舍，在明治40年（1907）才完工，當時校外仍然是一片稻田。

《臺灣日日新報》報導醫學校斷髮

明治 44 年（1911）2 月 14 日，《臺灣日日新報》漢文版以「嶄新頭角」及醒目的照片、列名報導臺灣總督府醫學校斷髮的學生共計有 104 名，其中包括了當時一年級的杜聰明、翁俊明和賴和。當時蔣渭水還是預科生。杜聰明比蔣渭水小一歲，但是比蔣渭水大一屆，後來到日本習醫，是臺灣第一位醫學博士，翁俊明是臺灣第一位同盟會會員，3 人住於同學寮（學生宿舍），富革命熱血，有「三劍客」之稱。

臺灣總督府醫學校學生照 ／蔣渭水文化基金會提供

蔣渭水就讀臺灣總督府醫學校時的照片。明治43年（1910），20 歲的蔣渭水以第一名成績考上醫學校公費生。

策劃毒殺袁世凱壯行前合照／蔣渭水文化基金會提供

大正 2 年（1913）7 月，蔣渭水等幾位醫學校及國語學校學生、畢業生組成的復元會曾經密謀毒殺袁世凱，行前特別在臺北新公園（今二二八和平紀念公園）獅子咖啡屋合影。後排左至右，林錦生、蘇樵山、曾慶福、蔣渭水。前排為林木土、翁俊明、杜聰明、魏清德。蔣渭水不滿袁世凱擴權，提出暗殺袁世凱的計畫，由杜聰明培養霍亂菌，並由杜聰明與翁俊明攜病菌至北京水源下毒。不過，這個毒殺袁世凱的計劃因為警備嚴密而沒有完成。除了袁世凱以外，蔣渭水也曾經計畫以病菌暗殺日本皇室，但同樣以失敗告終。杜聰明與翁俊明比蔣渭水大一屆，杜聰明為臺灣第一位醫學博士；翁俊明是臺灣第一位同盟會會員。據說受到翁俊明影響，蔣渭水、蘇樵山、林錦生、曾慶福、杜聰明等人先後加入同盟會。蘇樵山曾帶著臺灣同盟會成員募得的資金到東京，打算請青年會轉交給黃興，但遭到婉拒。林木土與魏清德當時已畢業於臺灣總督府國語學校，林木土協助李春生之子李景盛創立新高銀行，曾任臺灣文化協會評議員、理事。魏清德曾任《臺灣日日新報》漢文部主任。

宜蘭昭應宮設讀報社 ／圖為 1950 年代左右昭應宮的照片，宜蘭縣史館提供

蔣渭水就讀臺灣總督府醫學校時，在宜蘭昭應宮設立讀報社，交由弟弟蔣渭川管理，希望能夠啟迪民智。蔣渭水於大正 2 年（1913）在臺北城內經營東瀛商會，並將所得用在反殖民的志業。不論在學校內或在故鄉，蔣渭水都成立讀報社，購買各地的報紙公開讓大眾閱讀，希冀增長大眾的見識。

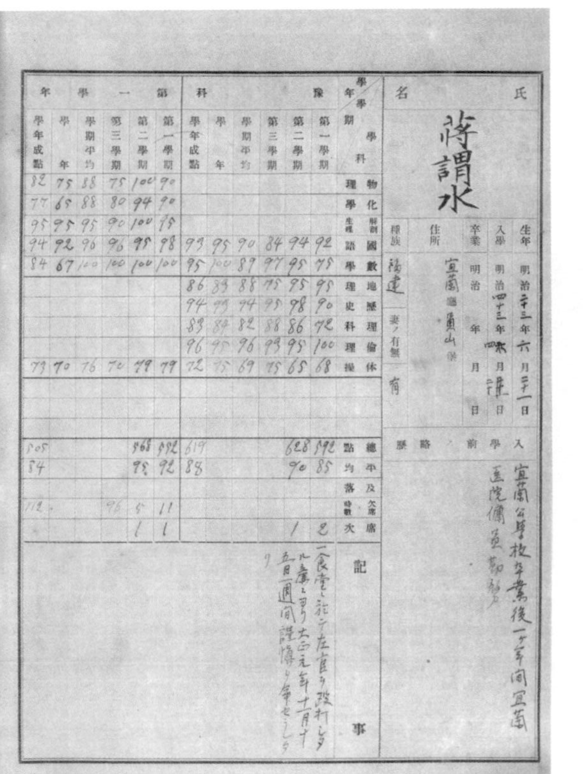

氏名 蔣渭水

生年 明治二十三年六月二十一日

入學 明治四十三年四月　日

住所 宜蘭廳員山堡

族籍 福建

妻ノ有無 有

入學前ノ履歷 宜蘭公學校卒業後一ヶ年間宜蘭醫院傭員勤務

臺灣總督府醫學校畢業成績單 ／國立臺灣大學醫學院提供

此成績單上記載蔣渭水出生日期為明治 23 年（1890） 6 月 21 日；明治 43 年（1910）4 月入醫學校。入學前的略歷記載「宜蘭公學校畢業後，曾在宜蘭醫院當傭員一年」，記事欄中並登錄「曾毆打日籍泥水匠」被處留校察看一週，該事件起因於泥水匠辱罵同學是土人。

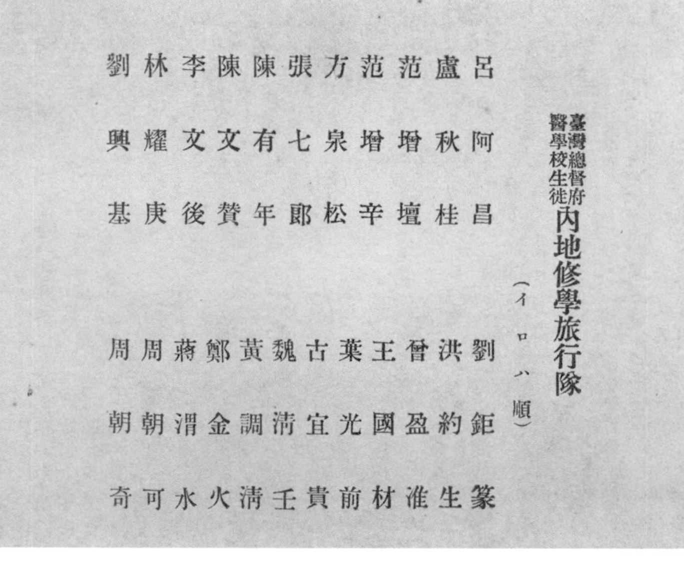

臺灣總督府醫學校生徒 內地修學旅行隊

（イロハ順）

呂阿昌 盧秋桂 范增壇 范增辛 方泉松 張七郎 陳有年 陳文贊 李文後 林耀庚 劉興基

劉鉅篆 洪約生 曾盈淮 王國材 葉光前 古宜貴 魏清壬 黃調清 鄭金火 蔣渭水 周朝可 周朝奇

赴日修學旅行編隊名單 ／蔣渭水文化基金會提供

臺灣總督府醫學校學生時代，蔣渭水到內地進行修學旅行的名單。臺灣總督府認為安排學生至內地修學旅行，能夠讓臺灣人了解日本的進步，有助於同化政策。同時，這也是讓臺灣的現代知識分子眼界大開的機會。

年輕時肖像 ／蔣渭水文化基金會提供

此為民國 39 年（1950），白成枝所編《蔣渭水遺集》中收錄的蔣渭水肖像。日治時代同時身兼文學家及社會運動家身分的張深切，在其所著《黑色的太陽》中，也收錄了這幅蔣渭水肖像。他對蔣渭水的評論是「他的大半生，可謂把全精神貢獻於臺灣社會」。

臺灣總督府醫學校畢業照 ／張玉嬋提供

大正 4 年（1915）4 月，蔣渭水（第 3 排右 6）等臺灣總督府醫學校第十四屆畢業生與手上握著佩劍的師長合影。臺灣總督府文官服制在明治 32 年（1899）頒布，其中便包括了佩劍。醫學校對學生教導「活的學問」，養成良好學風。第二任校長高木友枝的訓辭為「成醫之前先成人」，意思是說「沒有健全的人格，不能盡醫生的責務」。大正 4 年（1915），醫學校校長由堀內次雄接任。大正 10 年（1921）10 月 17 日，高木友枝與堀內次雄都曾受邀參加臺灣文化協會創立大會。此畢業照中尚有臺灣第一位開設私人婦產科的高敬遠醫師，以及 228 事件中殉難的張七郎（後排右 3）醫師。

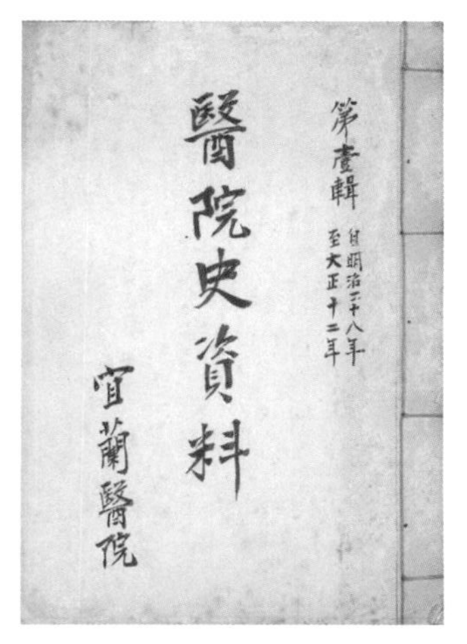

第壹輯 自明治三十八年 至大正十二年

醫院史資料

宜蘭醫院

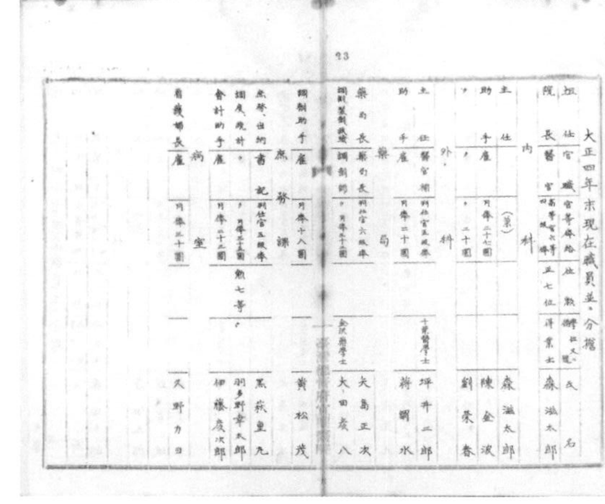

大正四年末現在職員並ニ分擔

任宜蘭醫院外科助手 ／宜蘭縣史館提供

宜蘭醫院職務名錄中的蔣渭水。大正 4 年（1915），蔣渭水畢業後，回家鄉宜蘭醫院實習 1 年，擔任外科助手職務，領月俸 20 圓，資料中尚有任職內科的陳金波，他在醫學校時比蔣渭水大 2 屆，領月俸 27 圓。大正 5 年（1916）春，蔣渭水在大稻埕太平町開設大安醫院行醫，同時從事社會改革運動。陳金波仍留在宜蘭醫院繼續服務，後在宜蘭街開設太平醫院。大正 11 年（1922）起，陳金波擔任臺灣文化協會理事。昭和 2 年（1927）1 月，擔任臺灣民眾黨中央執行委員及宜蘭支部常務委員。

1920 年代初期的肖像 ／蔣渭水文化基金會提供

學養俱佳的蔣渭水在日治時期是許多年輕人與學生的偶像。

大正 9 年（1920）大安醫院街景 ／蔣渭水文化基金會提供

大正 9 年（1920），臺北市大稻埕的通衢大道太平通，照片中左側蔣渭水懸壺濟世的「大安醫院」及其進口海外書刊的「文化公司」看板清晰可見。大正 5 年（1916），蔣渭水由宜蘭街遷籍太平町，以月租 120 圓向發記茶行租用 2 層樓的 3 開間店面為開院處所。樓下開設大安醫院診療處，樓上自用及分隔成 10 個小間做為病房。大正 9 年（1920）北邊開間店面，改設為「文化公司」，進口海外圖書及報刊，成為新興知識分子汲取社會新思潮的窗口，除此以外，也是研討改革社會的文化沙龍。

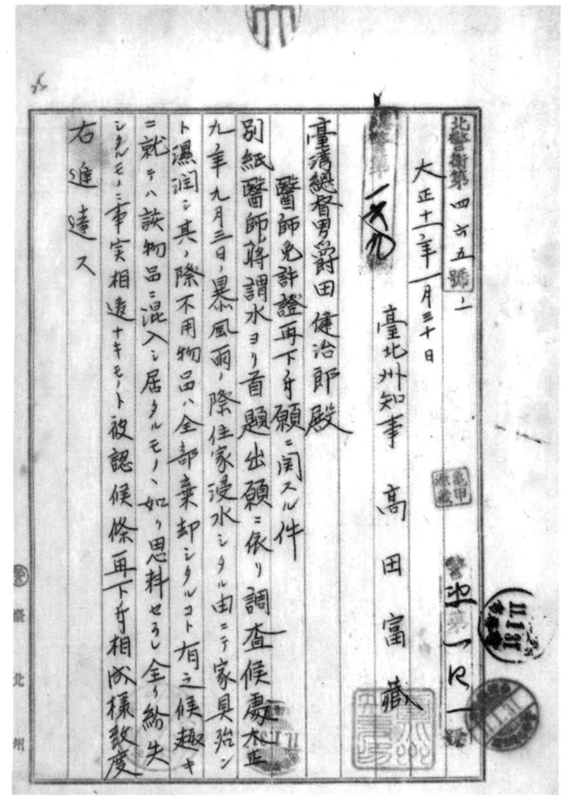

北警衛第四六五號ノ上

大正十一年一月三十日

臺北州知事 高田富藏

臺灣總督男爵田健治郎殿

醫師免許證再下付願ニ関スル件

別紙醫師蔣謂水ヨリ首題出願ニ依リ調査候處大正九年九月三日暴風雨ノ際住家浸水シタル由ニテ家具殆ント濕潤シ其ノ際不用物品ハ全部棄却シタルコト有之候趣キニ就テハ該物品ニ混入シ居タルモノノ如ク思料セラレ全ク紛失シタルモノニシテ事実相違ナキモノト被認候條再下付相成様致度

右進達ス

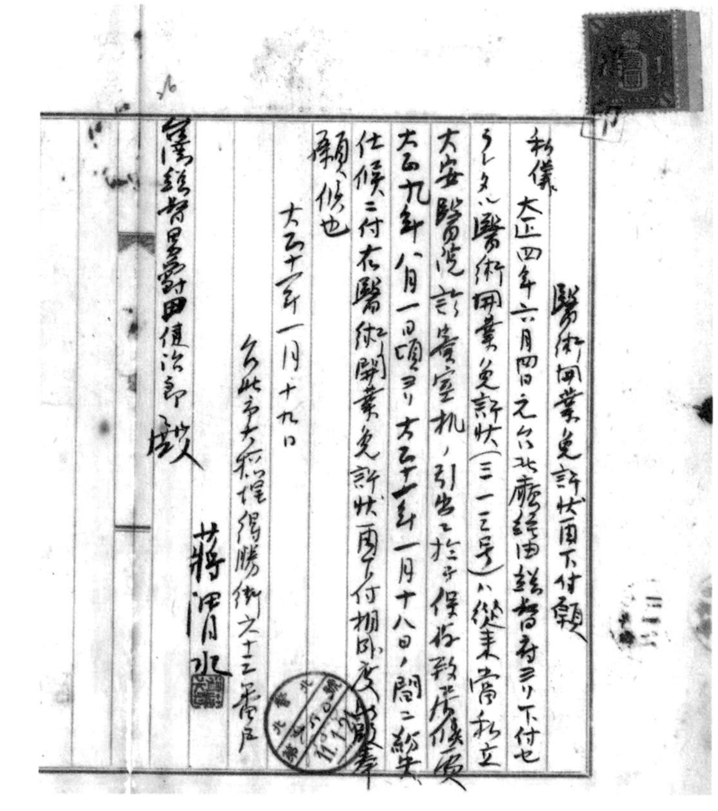

醫術開業免許状再下付願

私儀大正四年六月四日元台北廳経由総督府ヨリ下付セラレタル醫術開業免許状（三一三号）ハ従来當私立大安醫院診察室机ノ引出ニ於テ保存致居候處大正九年八月一日頃ヨリ大正十一年一月十八日ノ間ニ紛失仕候ニ付右醫術開業免許状再下付相成度此段奉願候也

大正十一年一月十九日

台北市大稻埕得勝街之十三番戶

蔣渭水

臺灣總督男爵田健治郎殿

蔣渭水申請補發醫師許可證／國史館臺灣文獻館提供

大正 11 年（1922）1 月 19 日，蔣渭水由臺北北警察署代轉臺北州知事，向臺灣總督府申請補發醫師許可證，根據該文件記載，其住所仍是町名改正前的得勝街（今延平北路二段）。申請書署名蔣渭水，官方的代轉書則被書寫成蔣謂水。

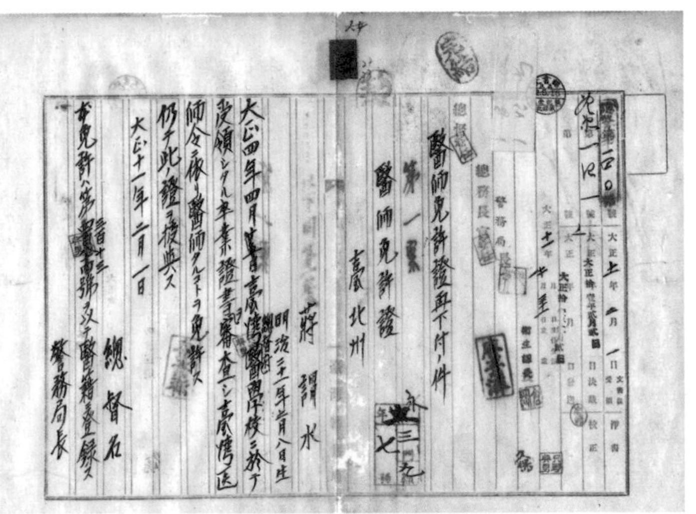

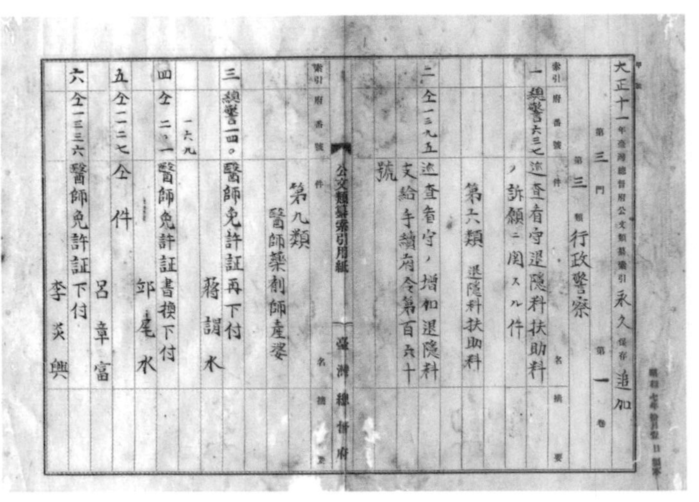

臺灣總督府警務局核准補發醫師許可證 ／國史館臺灣文獻館提供

經由警務局長轉呈總務長官、總督，大正 11 年（1922） 2 月 1 日，臺灣總督府警務局核准補發蔣渭水的醫師許可證，蔣渭水戶籍註記仍為明治 21 年（1888）2 月 8 日生。

臺灣文化協會的搖籃——臺灣總督府醫學專門學校

／蔣渭水文化基金會提供

大正 8 年（1919）臺灣總督府醫學校改制臺灣總督府醫學專門學校，受到蔣渭水的影響，該校被視作臺灣反殖民運動先驅者的搖籃，官方甚至認為臺灣文化協會勢力滲透了臺灣總督府醫學專門學校。而臺灣總督府醫學專門學校有這樣的風氣，可能也跟校長的態度有關。校長堀內次雄對於校內學生參與反殖民運動，有一定程度的諒解，甚至在大正 10 年（1921）親自出席臺灣文化協會的創立大會。

◉醫者仁術

稻江陳某妻 染血崩症（子宮出血）三次昏絕。每受得勝街大安醫院 醫師蔣渭水氏救蘇。嗣後就治月餘。疾竟全癒。又簡某妻亦染婦人病。雖經漢醫及某院治療。終無見效。 後賴蔣氏醫治獲全。兩家各招集戚友。日前張謝恩之讌。 衆頌其有回春之力也。

蔣渭水醫者仁術新聞報導 ／取自《臺灣日日新報》第 6229 號

大正 6 年（1917） 10 月 29 日，「醫者仁術」報導，稻江陳某妻因為子宮出血而三次昏絕，受到大安醫院醫師蔣渭水救治，並在一個多月後康復。又，簡某其妻的婦人病，經過中醫及某醫院的治療，卻沒有成效，也是因為蔣渭水的醫治而痊癒。杜聰明也曾稱讚蔣渭水是一位優秀而醫術高超的醫師。

御願

拙者儀

大正五年ヨリ大正拾壱年ニ酒販賣ヲ專業トシテ東瀛行ヲ經營シ本年ニ至ル七年間ハ宜蘭製酒會社ト特約ノ下ニ專ラ甘泉老紅酒ノ販途ヲ擴張シ來タリタルモノニシテ前後七年ノ平均年ニ貳百石以上ノ賣上高ニ達シ全臺北市ニ於ケル紅酒消費高ノ参分ノ壱ヲ占メタル形勢ニシテ一般ノ嗜好ハ[illegible]日ト日ニ益々發展セントスルニ際シ今回ノ酒專賣ヲ施行セラルルニ至リタルハ營業上ニ一大頓挫ヲ來タシ賣掛金ノ壹萬大仟圓ト貸付中ノ小缸五百個トノ回收ハ非常ナル困難ヲ生スルハ火ヲ見ルヨリ明カナリ然ルニ律令ヲ遵守セシハ國民ノ義務トシ[illegible]ハ國民ノ損失ヲ保護セシハ督府ノ仁政トシ[illegible]多年ノ間卸賣業ニ從事シ來タリタルモノニシテ萬一今般ノ制度ニ由リ小賣人ニ指定セラルルモ[illegible]得意先ヲ失フト同時ニ前記ノ賣掛金ト貸付中小缸トノ回收ハ絶對不能トナリ延テハ莫大ナル損失ヲ來サザルヘカラザルモノニ候ヘハ何卒律令ノ許ス限リ以上苦情ヲ御憫察ノ上特別ノ御詮議ヲ以テ酒仲賣人ニ御指定被成下度此段伏シテ御懇願申上候也

大正拾壱年五月卅一日

臺北州臺北市太平町三丁目八拾参番地

東瀛行

蔣渭水

臺灣總督府

專賣局長 池田幸甚殿

酒類仲賣人申訴書 ／中央研究院臺灣史研究所檔案館提供

大正 11 年（1922）臺灣總督府專賣局實施酒專賣，藉機撤銷東瀛商會甘泉老紅酒的代理權，此為蔣渭水申訴書。依據臺灣文化協會《會報》第 4 號《臺灣之文化》大正 11 年（1922）4 月 27 日「本會記事」，部分臺灣文化協會會員受到了當局的刁難，例如被迫免職或是撤銷專賣權。出任專務理事的蔣渭水的代理權也受到影響，對此不滿的蔣渭水因而寫了申訴書，但是最後申訴無效。

chapter 2

第二章

讓思想的風在臺灣盛放：

文化先聲蔣渭水

第一次世界大戰後，美國總統威爾遜提出「民族自決」，對於 1920 年代的臺灣知識分子推動臺灣民族運動抗日，有著深遠影響。

蔣渭水身為醫師，不僅醫民也醫世。他在以日文發表的〈臨牀講義〉中，診斷臺灣是「世界文化的低能兒」，罹患「智識營養不良症」，並開出「文化運動是對這病唯一的原因療法」，因此，推廣文化與教育勢在必行。

説到啟迪民間知識，早在大正 9 年（1920），蔣渭水就成立「文化公司」，輸入日本與中國的報刊、圖書和雜誌，將近代思想與文化研究引進臺灣。其中，包括臺灣最早的政論雜誌，由在日本留學的臺灣人組成的團體「新民會」所發行的《臺灣青年》。

大正 10 年（1921）1 月，「新民會」展開臺灣議會設置請願運動，要求臺灣自治，揭示「臺灣非臺灣人的臺灣不可」。蔣渭水曾在〈五個年中的我〉自述與林獻堂結識的經過。大正 10 年（1921）春，於宴席中由林瑞騰介紹結識的「新民會」會長林獻堂，當時正要啟程前往東京，從事臺灣議會設置請願運動。

蔣渭水認為，臺灣議會的設置是「臺灣人唯一無二的活路」，臺灣需要有一個文化啟蒙運動團體教育民眾，喚醒民族自決，與「新民會」相呼應。在蔣渭水、吳海水、林麗明、林瑞西等人的組織下，10 月 17 日在臺北大稻埕靜修女學校（今私立靜修女子高級中學）召開臺灣文化協會成立大會，會員達 1,032 人，當日出席的學生會員就有 300 名。會中通過章程，並推舉林獻堂為總理，蔣渭水任專任理事，理事 41 名，評議員 44 人，主要成員以地主、資產階級、知識分子為主。

臺灣文化協會創立後，透過發行刊物、在各地設置讀報社、開辦夏季學校、舉行文化講演、放映電影、演出新劇、成立各種社團和開設書局等方式，大力宣揚近代知識與思想。

當時民眾識字率不高，文化講演是啟蒙運動的主軸，講演活動在大正 14 年（1925）達到頂峰，一年 315 場，聽眾達 11 萬 7 千多人。在文化講演開始前，地方人士大多以鳴爆竹、樂隊表演遊街，熱烈歡迎講演團的辯士，如此盛大的活動每每引來警方的關注。例如，《臺灣民報》曾報導，一場鶯歌的講演，講者只有蔣渭水 1 人，出動的警察卻多達 20 餘人。

除了講演以外，讀報社也是文化啟蒙運動的重要場域。蔣渭水曾說，託一個識字的人來講讀，即可成立讀報社。讀報社也是圖書館、學術講座及臺灣文化協會附屬團體的本部，是推廣社會教育及傳播知識的頭號利器。

蔣渭水可說是臺灣新文化運動的先聲，致力推廣非武裝抗日行動。臺灣文化協會本部設在大安醫院，蔣渭水擘劃文化運動 10 項方針，並身兼《會報》的發行人及編輯，大安醫院也是臺灣新文化運動的喇叭手《臺灣民報》的總批發處；因此，蔣渭水被稱為「文化頭」，大安醫院也被稱為「臺灣第一處民主聖地」。

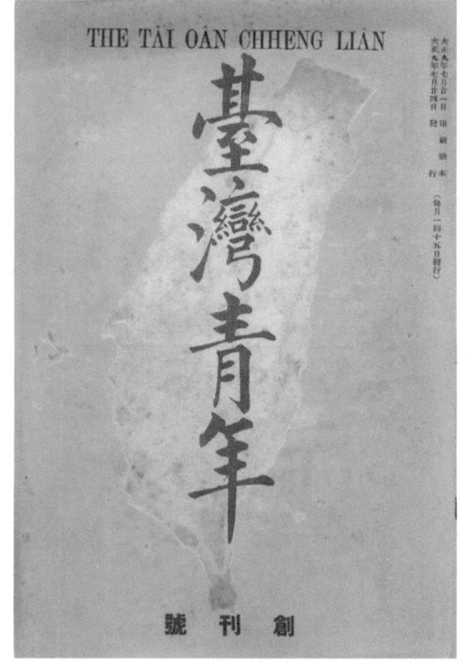

引進《臺灣青年》

／楊永智提供

蔣渭水經營的文化公司輸入新民會機關刊物《臺灣青年》。該刊創刊號，以臺灣地圖及羅馬拼音 THE TÂI OÂN CHHENG LIÂN 凸顯了臺灣主體性。

不過在大正 10 年（1921），《臺灣日日新報》先後在日文版及漢文版以《臺灣青年》有害為主旨，下了聳動的標題，刊載了田健治郎總督禁止《臺灣青年》在臺灣島內發售的說法。

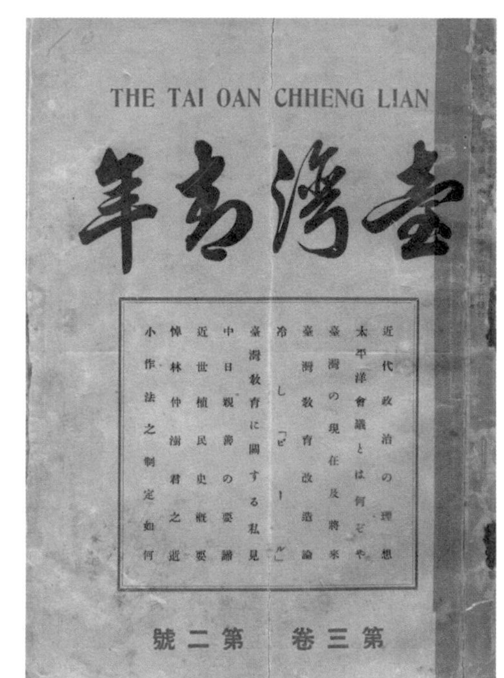

《臺灣青年》

／蔣渭水文化基金會提供

圖為大正 10 年（1921）8 月 15 日發行的《臺灣青年》雜誌第 3 卷第 2 號。雜誌名稱《臺灣青年》呈現閩南語發音，輔以羅馬拼音書寫，可見當時已有相對具有臺灣主體意識的想法。大正 9 年（1920）1 月 11 日，東京臺灣青年留學生組成「新民會」，7 月 16 日發行「和文」與「漢文」並陳的月刊《臺灣青年》雜誌，開拓民間輿論的空間。這不僅是臺灣人創辦具有現代性格的綜合雜誌之開端，亦為開啟臺灣思想界的黎明期，提出「臺灣是臺灣人的臺灣」的主張，宣示臺灣的主體性。

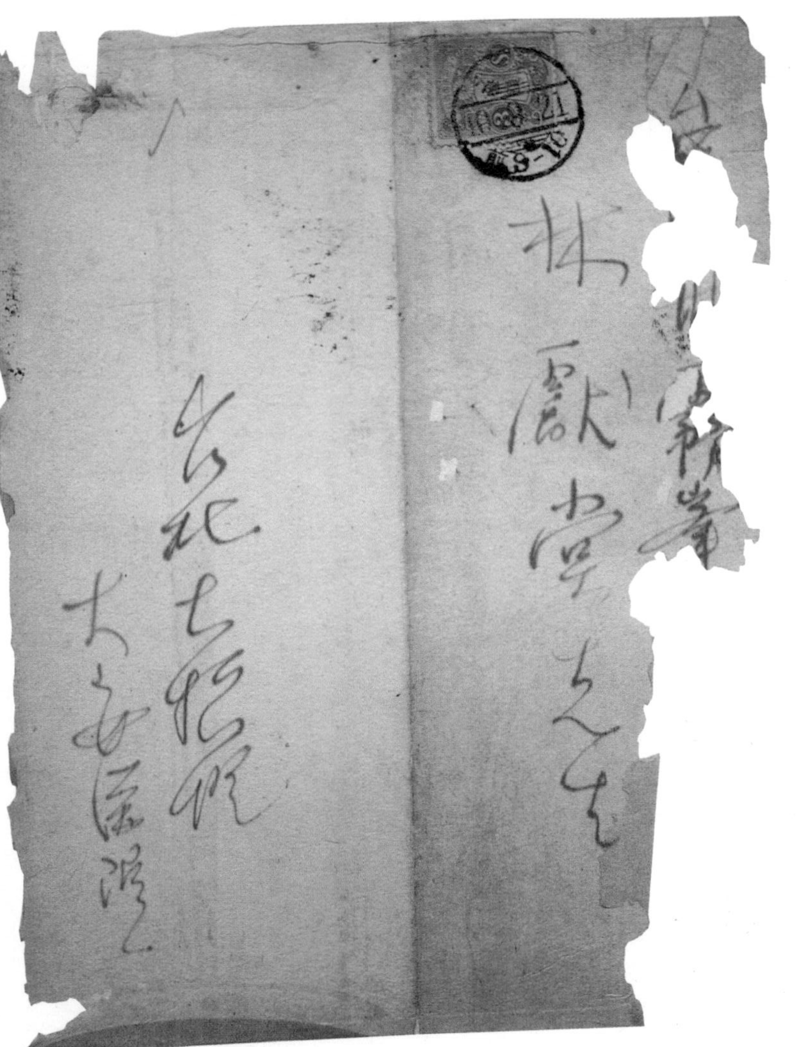

邀請林獻堂參加臺灣文化協會創立大會信封

／國立臺灣歷史博物館提供

大正 10 年（1921）9 月 21 日，蔣渭水由大稻埕大安醫院寄信給林獻堂，邀請參加臺灣文化協會創立大會的信封正反面，正面貼有面額 3 錢郵票。

赴霧峰林家商議創立臺灣文化協會 ／蔣渭水文化基金會提供

大正 10 年（1921） 7 月 9 日，蔣渭水（左起 1）前往霧峰，商議臺灣文化協會創立事宜，並與林幼春、 林獻堂、莊太岳、林資彬合影（左 2、3、4、5）。

No.　泰和用箋

獻堂先生英鑒　前聞令祖母仙逝　定增悲悼
昂宗電弔唁　諒已達　[illegible]　因此[illegible]
先生定多繁忙　故至今不敢馳書報告鄙會之事也
爾來會員募集之成績　新舊總共已達五百餘名　[illegible]
十數名　重要都市如臺北則陳[illegible]　花蓮港亦
有加入會者　如大[illegible]　彰化吳汝祥　台中
王學潛　嘉義徐杰夫　[illegible]之入會與[illegible]意想外
之收獲　又如台南市[illegible]沈氏秋[illegible]女士單獨要[illegible]
入會書及會費五円　[illegible]
[illegible]之五百人都是[illegible]
[illegible]

大正　年　月　日

No.　泰和用箋

施行之備[illegible]　而一般意志薄弱　[illegible]者早已被
[illegible]遷為[illegible]
[illegible]
[illegible]
先生[illegible]上北[illegible]事　不[illegible]至
[illegible]
再者[illegible]
如其他[illegible]
[illegible]
[illegible]

大正十年九月廿[illegible]日

邀請林獻堂參加臺灣文化協會創立大會信函／國立臺灣歷史博物館提供

大正 10 年（1921）9 月 21 日，蔣渭水函請林獻堂參加臺灣文化協會創立大會。此信為臺灣文化協會籌辦經過的重要文獻之一，內容為：

獻堂先生英鑒：前聞令祖母仙逝，實堪悼惜，隨即發電吊〔弔〕慰，諒已登臺覽，因此體察先生定多繁忙，故至今不敢馳書報告協會之事也。爾來會員募集之成蹟〔績〕，新舊總共已達五百餘名，女子十數名，重要都市姑勿論，則恆春、臺東、花蓮港亦概有入會者，如大溪簡阿牛、彰化吳汝祥、臺中王學潛、嘉義徐杰夫、莊啓鏞之入會，可謂意想外之收穫。又如臺中市錦町沈氏秋金女士，單獨寄到入會書及會費三圓，亦屬熱血之女士，頗強吾人之意。此雖區區五百人，卻是全島內之金剛石（培火君稱同志為金剛石，其他醉生夢死者為石頭、土砂）。乃托察官施行預備試驗，而一般意志薄弱、觀望不前者，早已被警官選為落第點之列。故此五百名之錚錚者，可當五千名之會神經者。但發會式予〔預〕定評議會開會中舉行之，未知先生都合如何？先生於何日上北乎？同人等希望先生節哀，上北統理發會式諸事，不勝企望之至。伏乞先生鑒察，速賜佳音為盼。

再者，現已〇〇敝院可得宿泊，上北之際，祈直光臨敝院，當掃室以待之。如其他諸同志欲出席於發會式，祈招其到敝〔院〕投宿，發會式之時，將敝院病室全部提供為宿舍，可免客氣招其來泊是幸。

泰和用箋 （三）

台灣文化協會之歌

常時用蘇武牧羊之譜（ケムリモミエズクモモナク）行式之時用敬紀念日之譜（フジオノソーラニ）

我等都是	亞細亞	黃色的人種
介在漢族	一血脈	日本的百姓
所以天降	大使命	囑咐緊實行
發達文化	振道德	造就此才能
欲謀東洋	永和平	中日要親善
我等須當	作連鎖	和睦此兄弟
糾合東亞	諸民族	締結大同盟
發揚文明	比西洋	兩兩得並行
可免黃白	起戰爭	世界就和平
我等一舉	天下利	豈可自暴棄
但願最後	完使命	樂為世界人
世界人類	萬萬歲	台灣名譽馨

右記之歌祈共患他諸先生研究修正
行[illegible]之為所

No. 大正 年 月 日

臺灣文化協會會歌手稿 ／國立臺灣歷史博物館提供

大正 10 年（1921）9 月 21 日，蔣渭水在邀請林獻堂參加臺灣文化協會創立大會的信末，附上了自己創作的《臺灣文化協會會歌》，請林獻堂雅正。當時臺灣人才剛摸索西洋音樂，因此歌曲是套用現成的政治歌曲的曲調。平常時用《黃海戰》之譜（煙も見えず雲も無く〔看不見煙，雲也沒有〕）；儀式時用《始政紀念日》之譜（扶桑の空に〔扶桑的天空〕）。該會會歌雖然延用日本曲調，歌詞卻隱藏要超越同化，凌駕日本人之上，並成為世界人的偉大胸襟之意，歌詞為：

（一）　我等都是亞細亞黃色的人種，介在漢族一血脈日本的百姓
　　　　所以天降大使命囑咱緊實行，發達文化振道德造就此才能

（二）　欲謀東洋永和平中日要親善，我等須當作連鎖和睦此弟兄
　　　　糾合東亞諸民族締結大同盟，啓發文明比西洋兩兩得並行

（三）　可免黃白起戰爭世界就和平，我等一舉天下利豈可自暴棄
　　　　但願最後完使命樂為世界人，世界人類萬萬歲臺灣名譽馨

會歌歌詞充分揭示蔣渭水創立文化協會的動機，大意是：以漢民族的臺灣人作為日本國民，天生就帶著連繫與媒介日華親善的使命。日華親善是亞細亞民族同盟的前提，世界大同的前提是東西文化融合。如此以來就能避免黃種人與白種人之間的戰爭而保持世界和平。臺灣人身處關鍵的角色，不能夠自暴自棄。希望最後能夠完成身為世界一份子的使命，讓世界長保和平，維持臺灣人的名譽。

敬啓者茲本會定十月二日(日曜)午前九
時在創立事務所開打合會協議發會式
諸事屆期伏乞撥冗臨席是荷
豫定十月九日舉行發會式確定之時當再通知
大正十年九月廿五日
臺北市大稻埕得勝街(大安醫院)
臺灣文化協會創立事務所

臺灣文化協會協調會通知書 ／劉克全提供

臺灣文化協會創立大會協調會議通知書，會議定大正 10 年（1921）10 月 2 日在創立事務所大安醫院舉行，並於 10 月 9 日舉行文化協會發會式。

文化協會籌備會前，7 月 18 日，蔣渭水、吳海水及林麗明，事先訪問警務局長官邸，向局長尋求文化運動的諒解。8 月 11 日，川崎局長召見，再三闡明當局的諒解是對文化運動的諒解，而非對政治運動的諒解。顯見當局非常注意文化協會的走向。

依據蔣渭水在文化協會創立大會的報告，發起人、贊成人協調會在大安醫院樓上舉行，計有女 3 人，男 21 人參加，其中，臺中林子瑾、洪元煌（林獻堂代理人）、桃園鄭永南、基隆蔡玉麟、宜蘭吳挺技，不嫌路途遙遠特來參與。協調會議決會則修正，役員訂正為總理、協理、理事，預選林獻堂當總理，創立大會定 10 月 17 日，派蔣渭水前往霧峰邀請林獻堂受任總理，本日截止之入會人數 529 人。《臺灣總督府警察沿革誌》記載協調會中討論了開會儀式的次序、邀請的來賓。

白蘋紅葉玉露金風際此天高馬肥正吾人當奮起之秋也爰
是本會決定以左記方法舉行發會式典希冀貴會員撥冗賁
臨共表熱誠以壯聲氣曷勝禱盼
一、期日 新曆十月十七日(神嘗祭)
午後正一時 創立總會
午後正三時 發會式
一、場所 臺北大稻埕靜修女學校
有準備宿舍出席者祈直到本會事務所自當迎接凡欲出席者祈回信
示知為荷
十月十日
臺北市大稻埕(大安醫院)
臺灣文化協會創立事務所

臺灣文化協會創立大會通知書 ／劉克全提供

大正 10 年（1921）10 月 10 日，蔣渭水寄出文化協會創立大會通知書，日期訂在 10 月 17 日，同時告知提供自宅做為宿舍。

大稻埕靜修女學校 ／莊永明提供

大正 10 年（1921）10 月 17 日下午 1 時，臺灣文化協會在臺北大稻埕的靜修女學校禮堂召開成立大會，蔣渭水報告創立經過並陳述將來願景。靜修女學校由西班牙道明教會於大正 5 年（1916）創立。臺灣文化協會是日治時代臺灣第一個本土結社，同時也是最具影響力的社會運動團體；在臺灣文化協會成立以後，臺灣的社會運動開始得以組織化的實踐。根據報導，臺灣文化協會創始會員 1,032 人，當日出席者共 300 多人，其中以醫學專門學校、師範學校、商工學校、中央研究所農業部的學生佔大多數，與會來賓則有 30 餘人，包括臺灣總督府醫學專門學校的堀內次雄校長、高木友枝博士（蔣渭水就讀臺灣總督府醫學校時的校長）等人，甚至連臺北北警察署長近藤滿夫、萬華分署長毛利平十郎都到場致意。

臺灣文化協會第一回理事會

臺灣文化協會第一屆理事會 ／蔣渭水文化基金會提供

第一屆理事會成員。前排左起（1、3、4、5）：洪元煌、蔣渭水（專務理事）、林獻堂（總理）、連溫卿。後排左起（1、2、7、8、9、10、11、13、14、15）：蔡培火、陳虛谷、丁瑞圖、林資彬、林幼春、王敏川、鄭汝南、陳逢源、賴和、謝春木。

臺灣文化協會是本島第一個有組織、有系統、有目標的民族自救團體，也是非武裝抗日運動的策源地與總機關。蔣渭水是臺灣文化協會的倡議者。臺灣文化協會也是臺灣菁英第一次的大團結。臺灣文化協會成員中，除了臺灣政治社會運動第一指導者蔣渭水、臺灣議會之父林獻堂，臺灣民族運鋪路人蔡惠如，臺灣議會設置請願運動的倡議者林呈祿，臺灣新文學之父賴和，臺灣羅馬字運動的推手蔡培火，最早提出臺灣話文保存的連溫卿，海南才子林幼春，臺灣社會主義的先驅王敏川，以及臺灣新文學作家謝春木等人都名列理事名單之中。

差當り當局の力の及ばざる所、而も實行容易なる社會教育方面より著手したいと思ふのである。教育には補習教育、成人教育、幼稚園圖書館等種々ありますが目下本會に於て著手したいのは左の如きものである。

一、本會々報の發行、
一、各市街地に於て讀報社（新聞雜誌閱覽所の設立）
一、幼稚園の設立
一、補習教育機關の創設
一、體育訓練機關の設置
一、文化宣傳隊の組織
一、簡易圖書館の設立
一、漢文研究所の設立
一、活動寫眞及文化劇
一、各種講演會

以上は本會創設の動機及其當分著手すべき事業の一般を述べたがこれからは其創立の經

蔣渭水規劃文化運動 10 項方針 ／蔣渭水文化基金會提供

蔣渭水在成立大會提出文化協會 10 項運動方針致力於社會教育，包括《會報》的發行、讀報社、幼稚園、補習教育機關、體育訓練機關、組織文化宣傳隊、簡易圖書館、漢文研究所的設立、電影及文化劇，舉辦各種演講。

◉文化協會發會式　既如所報。文化協會。去十七日午後三時半起。假靜修女學校舉行發會式。臺南吳海水氏。說明設立趣旨臺北蔣渭水氏。報告創立經過。臺中洪元德氏。代林獻堂氏。朗讀祝詞。高木博士。演述所感。同五時半閉會。當日來賓。爲高木。堀內兩博士。近藤北警察署長。暨他數名。會衆數百名。多學生云。

◉全臺擊鉢聯吟會　此次由瀛社發起。定來廿三日午後一時始。假春風得意樓爲會場。開全臺詩社擊鉢吟會。已由其幹部柬知各詩社主腦者。囑爲招呼。約如期來會。又不論何社詩人。若有發柬不到。或招呼不及。閱報之後。可直接通知本漢文部。以便準備。又聞翌日午後三時。田督憲將於官邸開茶菓會。招待各詩人懇話云。

《臺灣日日新報》報導文化協會創立大會 ／取自《臺灣日日新報》

大正 10 年（1921）10 月 19 日，《臺灣日日新報》報導文化協會在靜修女學校的創立大會，參與會眾多達數百人，其中以學生占多數。

臺灣文化協會　▲十七日舉發會式

臺灣文化協會發會式。以月十七日。假臺北市大稻埕靜修女學校舉行。下午一時復於該校。開創立總會。選舉役員。及修正會則。以林獻堂氏爲總理。下午三時舉發會式。來會者約三百餘名。島婦亦來與會。凡五六名。先由高木堀內兩博士。及外數名等起爲宣言。次臺南吳海水氏起述開會之辭。又次黃元煌氏。代理林獻堂氏起述祝辭。蔣渭水氏報告會況。已而木村、高木、之演說。黃元煌之謝辭。蔡氏阿信之閉會辭遂告畢。以午後五時退散。

《臺南新報》報導文化協會創立大會 ／取自《臺南新報》

大正 10 年（1921）10 月 19 日，《臺南新報》報導文化協會創立大會。文中提到的吳海水是臺南人，臺灣總督府醫學校畢業，後入臺灣總督府醫學專門學校攻讀熱帶醫學，曾在臺灣文化協會的創立大會上致辭。大正 12 年（1923）年底因「治警事件」被捕，後來二審被判無罪。

臨牀講義

臺灣と云ふ患者に就て

一、姓名　臺灣島
一、性　男
一、年齡　現住所に移轉してより二十七才
一、原籍　○○○○○○○○○○○
一、現住所　大日本帝國臺灣總督府
一、番地　東經一二〇─一二二、北緯二二─二五
一、職業　世界平和第一關門の守衛
一、遺傳　黃帝周公孔子孟子等の血統を受けたる遺傳性著し
一、素質　前記の如き聖賢の後裔なる故素質强健天資聰明
一、既往症　幼少の時即ち鄭成功の時代には身體頗る强壯にして頭腦明晰意志堅實品性高尚動作快活であつたが、清朝時代に入つてより政策中毒の爲め漸次身體衰弱し意志薄弱となり、品性卑劣節操低下した。日本帝國に轉居して以來不完全なる對症療法を受けて稍稍恢復に向つたが何分二百年の長きに亙る慢性中毒症なる故容易に治癒の見込立たず。
一、現症　道德頽廢、人心澆漓、物質的欲望に富み、精神的生活に乏し、風俗醜陋、迷信深く、頑迷不拔、衞生全く缺乏し、智慮淺く、永久の大計を立つることを知らず、只管眼前の小利を爭ふ、墮落怠惰、腐敗、卑屈、怠慢、虛榮、破廉恥、四肢倦怠、惰氣滿滿意氣消沈にして全く生氣なし。
一、主訴　頭痛眩暈腹內飢餓感

先づこの樣な患者であるが之れを診察するに頭部は身體の割合に大きくて思考力大なるべき筈なるも二三の常識的質問を試みれば其返答は不得要領である。して見ると此患者は愚かで低腦兒であることが想像される。これは頭骨が大きい代りに未だ內容空虛にして腦髓充實せないからである。夫故に少し難しい哲學なり、數學なり、科學なり又は世界の大勢論を聽くと目眩して頭痛する。

それから手と足が大へん大きく太く發達してゐる。是れは過度に勞働した爲めであらう。次ぎに腹部を觀診するに腹圍に細く凹んでゐる。腹壁は皺だらけで恰も經產婦の如く、白線を有す。是れは大正五年來の歐洲大戰の一時的僥倖に由つて、一時頓に腹を肥やしたが、昨年夏より講和風を引いて腸感冒を起し、大へんな下痢を催した爲め極度に張りつまつた腹壁が急に縮んだのであると想像される。

一、診斷　世界文化における低腦兒
一、原因　智識の營養不良
一、經過　慢性病なる故經過長し
一、豫後　素質純良なる故適當なる療法を施せば速やかに治療すべし。之れに反し療法を誤り、又は荏苒遷延することあれば病膏肓に入り死亡する虞あり。
一、療法　原因療法即ち根治療法

處方

正規學校教育　極量
補習教育　極量
幼稚園　極量
圖書館　極量
讀報社　極量

右合劑調和し速用すると二十年にして全治すべし。
其他效くべき藥品あるも之れを略す。

大正十年十一月三十日

臨牀講義 ／蔣渭水文化基金會提供

蔣渭水以醫學專長及平易近人的醫學術語，為臺灣把脈診療，大正 10 年（1921）11 月 30 日，在臺灣文化協會《會報》第 1 號，發表〈關於名為臺灣的病人──臨牀講義〉，診斷出臺灣人患了「知識營養不良症」，並開出文化與教育營養療方的處方箋。在病歷上的原籍本來是寫「中華民國福建省臺灣道」，而這樣的文字觸犯了當局忌諱，因此第一號《會報》被禁止發行。最後發行到臺灣讀者面前的版本，原籍的部分被用〇取代。蔣渭水認為在日本帝國主義愚民統治的歧視教育下，臺灣人成了「世界的文化低能兒」，在〈臨牀講義〉中開立了正規教育、補習教育、幼稚園、圖書館、讀報社等 5 劑最大量的治療藥方；以這些處方為主軸，臺灣文化協會展開促使民族覺醒的知識啟蒙活動。

〈臨牀講義〉一文構思別出心裁，以臨牀診斷書的格式，用平易淺近的醫學術語譬喻，蘊含對臺灣同胞的勸諫。

入會宣言書

鄙人此次贊同貴會宗旨願入會中以爲會員自當遵守會則以及決行事件竭其心力以盡責任特此宣言

大正　年　月　日

現住所

臺灣文化協會公鑒

臺灣文化協會入會申請書 ／六然居資料室提供

臺灣文化協會大正 2 年（1921）10 月 17 日創立，昭和 2 年（1927）初分裂。依該會會則第八條：凡贊同本會主旨之有志者，得直接報名入會，但是否能夠入會，還是要由臺灣文化協會幹事決定。

大正十一年一月五日(林總理送別會)

本日午後一時在春風得意樓開林總理送別會因臨時決定故發柬甚遲有多數會員過刻尚未接得通知書所以出席會員僅百數十名耳蔣專任起述送別辭並紹介總理上京係爲研究政治次林總理起述謝辭謂此行將要半載工夫願會員諸君對本會竭力扶持後有洪我財君洪元煌君蔡玉麟君林麗明君周桃源君等相繼演說各出一品精神料理以敬總理至鐘鳴五下始盡歡而散

一月十四日

會報第二號本日發送於各會員刊行部數一千三百五十冊

一月十五日

屏東讀報社本日開始會員孔德輿君楊伯顯君極力奔走並印宣傳單二千枚散配屏東各戶

一月二十九日

由蔡阿信女理事發起組織演說隊赴新莊郡鷺洲庄基督教堂講演男女聽衆八十餘名頗呈盛況會之後該地新學青年張清霞君外十數人特冒雨送至輕便車驛且贈許多名產蜜柑是日演題如下

一、改良家庭　許天送君

一、分娩時的救急療法　蔡阿信女士

一、德智體三育　曾旭如君

一、要改良的行動　蔣渭水君

參加蔡阿信組織的演講隊 ／蔣渭水文化基金會提供

在成立臺灣文化協會時，蔣渭水邀請了臺灣第一位女醫師蔡阿信擔任理事。大正 11 年（1922）1 月 29 日時，蔡阿信組織了演說隊到蘆洲教堂演講，蔡阿信演講的題目是「分娩時的救急療法」，而蔣渭水主講的題目是「要改良的行動」。

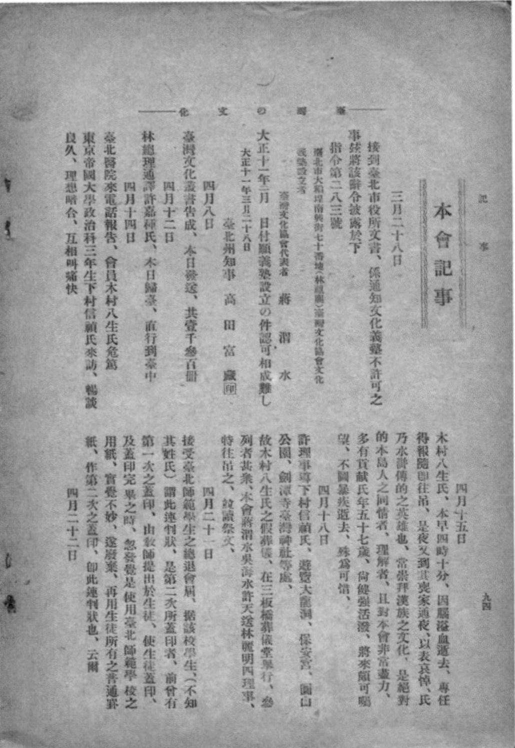

——臺灣の文化——

記事

本會記事

三月二十八日

接到臺北市役所文書、係通知文化義塾不許可之事狀將該辭令披露於下

指令第二八三號

臺北市大稻埕南街第七十番地林麗明外二名臺灣文化協會文化義塾設立者

臺灣文化協會代表者 蔣渭水

大正十一年三月 日付願義塾設立の件認可相成難し

大正十一年三月二十八日

臺北州知事 高田富藏 印

四月八日

臺灣文化叢書告成、本日發送、共壹千參百冊

四月十二日

林總理通譯許嘉種氏、本日歸臺、直行到臺中

四月十四日

臺北醫院來電話報告、會員木村八生氏危篤

東京帝國大學政治科三年生下村信貞氏來訪、暢談良久、理想暗合、互相呼痛快

九四

四月十五日

木村八生氏、本早四時十分、因腦溢血逝去、專任得報隨即往吊、是夜又到其喪家通夜、以表哀悼、氏乃水滸傳的之英雄也、常崇拜漢族之文化、是絕對的本島人之同情者、理解者、且對本會非常盡力、多有貢獻氏年五十七歲、尚健强活潑、將來頗可囑望、不圖暴疾逝去、殊爲可惜、

四月十八日

許理事導下村信貞氏、遊覽大龍洞、保安宮、圓山公園、劍潭寺臺灣神社等處、

故木村八生氏之假葬儀、在三板橋葬儀堂舉行、參列者甚衆、本會蔣渭水與許水許天送林麗明四理事、特往吊之、並讀祭文、

四月二十一日

接受臺北師範學生之總退會屆、據該校學生（不知其姓氏）謂此連判狀、是第二次所蓋印者、前曾有第一次之蓋印、由教師提出於生徒、使生徒蓋印、及蓋印完畢之時、忽發覺是使用臺北師範學校之用紙、實覺不妙、遂廢棄、再用生徒所有之普通罫紙、作第二次之蓋印、即此連判狀也、云爾

四月二十二日

臺北師範學校學生集體退會 ／蔣渭水文化基金會提供

大正 11 年（1922）4 月 21 日臺北師範學校學生集體申請退出臺灣文化協會，此訊息刊登於 6 月 8 日發行之《臺灣之文化》。該年 2 月，臺北師範學校學生因為交通紀律問題和警察發生爭執，因為爭執擴大，後來導致 45 名學生被逮捕。當局認定學生受到臺灣文化協會影響，因此以輿論聲討臺灣文化協會，《臺灣日日新報》更以社論抨擊。學校也強迫學生退出文化協會，該校有多達 200 多名學生退會。

臺灣文化協會成員在臺中林氏宗祠合影 ／石精華提供

大正 14 年（1925）10 月 17 日，臺灣文化協會在臺中林氏宗祠開第五回總會合影，前排右起 3、4、5、6、9 分別為蔣渭水、蔡培火、林獻堂、陳逢源、楊草仙。

臺灣議會期成同盟會會則

會　則

第一條　本會稱爲臺灣議會期成同盟會
第二條　本會專以促進設置臺灣特別立法議會爲目的
第三條　本會由具有熱誠而能始終協力貫徹前條之目的者組織之
第四條　本會置本部於東京置支部於臺北及島內之重要各處
第五條　本會每年應派代表者提請願書赴帝國議會請願設置臺灣議會
第六條　凡欲入會者應由會員二名以上之介紹須提出入會書
第七條　會員如有不得已事由自欲退會者須將實情具呈本會
　　　　會員如有汚損本會之名譽或認其對本會有不利之行爲者經理事會決議得除名之
第八條　本會應置理事若干名
　　　　理事係由會員中於通常總會選舉之
　　　　理事任期以一箇年爲限但滿期後不妨再選
　　　　理事互選五名爲專務理事
第九條　理事各得代表本會
　　　　專務理事掌理一切會務
第十條　本會得置顧問若干名
　　　　顧問須具有政治學識經驗者經理事會推薦之
第十一條　每年十二月應由專務理事招集通常總會
　　　　但理事會如認爲有必要或有會員半數以上之請求時專務理事應招集臨時總會
　　　　總會由理事報告會務之概況
第十二條　理事會由專務理事認爲有必要時或理事三名以上之請求時隨卽招集之
　　　　理事會議決重要之會務
第十三條　議事以出席者過半數之同意決之
第十四條　本會經費以會員及有志者自由捐欵充之
第十五條　本會々則非經總會之決議不得變更之
第十六條　關於本會則施行細則於理事會定之

職　員

專務理事
東京 林呈祿　臺北 蔣渭水　臺中 林幼春
臺南 蔡培火　福建 蔡惠如

理事
東京 鄭松筠　基隆 邱德金　臺北 石煥長
新竹 蔡式穀　臺中 林麗明　彰化 林篤勳
清水 蔡年亨　北斗 林伯廷　臺南 陳逢源
臺南 簡仁南　高雄 石錫勳

大正十二年二月十六日
東京市牛込區若松町一三八番地
臺灣議會期成同盟會本部

臺灣議會期成同盟會會則 ／國立清華大學典藏

蔣渭水等人向臺北北警察署申請設立「臺灣議會期成同盟會」不被許可，改以林呈祿擔任總幹事在東京設立。蔣渭水因為列名專務理事之一，被總督府認為是主謀。

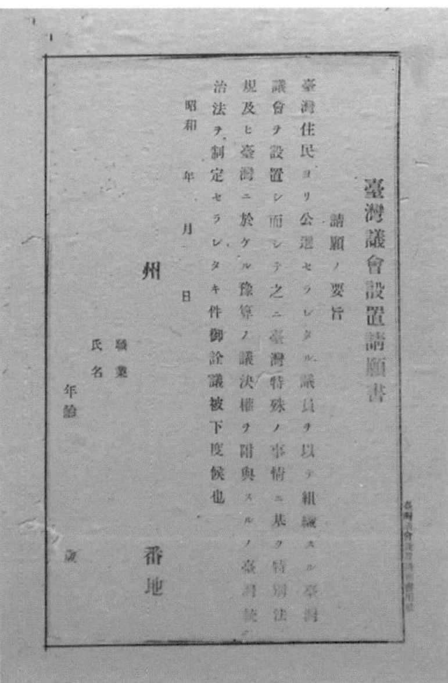

臺灣議會設置請願書

請願ノ要旨

臺灣住民ヨリ公選セラレタル議員ヲ以テ組織スル臺灣議會ヲ設置シ而シテ之ニ臺灣特殊ノ事情ニ基ク特別法規及ビ臺灣ニ於ケル豫算ノ議決權ヲ附與スルノ臺灣統治法ヲ制定セラレタキ件御詮議被下度候也

昭和　年　月　日

州　番地

職業

氏名

年齡

臺灣議會設置請願運動書 ／莊明正提供

自第七次請願起，臺灣議會設置請願運動連署，改為一張格式的請願用紙。

臺灣議會設置を帝國議會に請願

△臺灣には三百六十万の中華民族が居る。故に臺灣統治の問題は日華親善の前提たる重要の問題である。臺灣統治の善否如何は獨り日本のみならず東洋の大局に甚大なる影響を有するは多言を待たない。

△現在の臺灣統治は立法司法行政の三權を臺灣總督に一任して極端なる專制政治を行つて居る。之がために官權專橫秕政百出臺灣島民は塗炭の苦に陷つて居るばかりでなく外に對しては日華親善を阻碍して東洋平和のため實に遺憾に堪へない。

△玆に於て乎吾々臺灣人は現在の統治に對して袖手傍觀することも能はず即ち第三回臺灣議會設置請願をしたのである。臺灣議會設置の目的は臺灣人をして臺灣に必要なる特別立法に參與せしめ並に臺灣の豫算を議定せしむるに在る。之に依て現在に於ける臺灣統治の缺陷を補正したい。

△吾等の要求たるや合理適法にして正義人道に協ひ俯仰天地に愧ぢないものである。願はくば愛國愛世の人士よ！來りて後援せられよ!!

臺灣議會期成同盟會

臺灣議會制設請願宣傳單 ／劉克全提供

蔣渭水擔任第三次議會請願代表，以「臺灣議會期成同盟會」散發的宣傳單。大正12年（1923）1月16日，臺灣議會期成同盟會依《治安警察法》向臺北北警察署申請結社，2月2日被禁止結社；蔣渭水等人趁擔任第三次臺灣議會設置請願代表之際，2月21日，於東京臺灣雜誌社成立臺灣議會期成同盟會。

第三次議會請願在林獻堂辭去請願代表之後舉行，由蔡惠如、蔣渭水、蔡培火、陳逢源擔任請願委員，請願簽署人數由第二次的512名降至278名，但官方的打壓反而促使此次請願呈現歷年來最活潑示威氣勢；臺灣第一位飛行員謝文達還在東京上空散布五色傳單。經由眾議院議員田川大吉郎、清瀨一郎，貴族院議員山脇玄介紹，大正12年（1923）2月12日、3月12日分別向帝國議會貴族院、眾議院提出請願，結果兩院均不採納。

文化講演後被丟泥巴 ／蔣渭水文化基金會提供

蔣渭水在演講結束後，突然遭警察唆使的流氓丟擲泥巴，不過他不以為意，還將泥巴印記視為勳章，特別請攝影師拍照作為對抗殖民體制的紀念。蔣渭水的講演，經常遭警察嚴陣以待。

臺北港町文化講座、讀報社現址 ／蔣渭水文化基金會提供

臺灣文化協會港町文化講座原址現為南興茶行（今臺北市貴德街 49 號），是蔣渭水擔任文化協會專務理事時向茶行租用設立。該講座傳播現代性知識及宣揚自覺思想，前區為讀報社，備有臺灣各地報紙及雜誌；後方則是講演空間，裡面掛有顏智（甘地）圖像，臺北青年體育會、臺北青年讀書會曾設本部於此。港町文化講座講演活動頻繁，文化協會除在此舉辦講演會、長短期講習會外，其他社會運動家與社會團體也經常在此講演、開講座或舉辦紀念會，例如反擊御用紳士的「無力者大會」、日人稻垣藤兵衛的「陋風打破講演會」、臺北無產青年講演會、勞働祭講演會以及反對始政紀念日的講演會等。在這裡舉辦的活動中以孫中山先生追悼大會和蔣渭水講演孫中山生平及主義最為盛大，都吸引了上千人參與。

不過，在這舉辦的眾多演講中也不乏因為觸及敏感議題而遭到中止，例如大正 15 年（1926）6 月 17 日的反對「始政紀念日」講演會。

蔣渭水與如夫人陳甜至宜蘭文化講演 ／石精華提供

當地鄉親及青年學子在火車站歡迎蔣渭水與如夫人陳甜（前排中）及石煥長（前排手拿大衣者）至宜蘭進行文化演講。

臺灣文化協會 會則及役員氏名

（大正十五年度）

臺灣文化協會會則

第一章　總則

第一條　本會稱為臺灣文化協會

第二條　本會以助長臺灣文化之發達為宗旨

第三條　本會以贊同本會宗旨之男女而組織之

第四條　本會設置本部於臺南市衛設支部於重要地方

第五條　本會々報附刊於臺灣民報社之出版物

第六條　本會事業及重要會務皆由幹部會議々定經總理裁決施行

第七條　本會維持費由會費及有志者之寄附而充之

第二項　會員

第八條　贊同本會宗旨之有志者得本會會員一名之介紹可直接對本會報名入會但入會之取捨一任於本會幹部

第九條　會員每年須納會費金參圓每年作一回繳納但對於會員之家族而為本會々員並無力可負擔會費之義務者先向專務理事聲明皆可免除會費之義務

第十條　本會々員如有怠慢會員之義務或有污辱本會之行為時經幹部會議決除名

第三章　幹部

總理　一名

協理　一名

專務理事　一名

理事　若干名

總理係由總會出席之會員公撰

幹部係由總理推薦組織之

以上役員之會議稱為幹部會

第十二條　役員之任期權限

總理裁決一切會務

協理補佐總理總理有事故時代為裁決一切會務專務理事補佐總理協理擔任一切會務

理事分擔本會及支部會務

總理協理任期以二箇年為限理事一箇年但任滿不防再撰重任

第四章　評議員及名譽會員及顧問

第十三條　本會設評議員若干名應總理之召集評議會評議員務係由總理於會員中推薦任期定二箇年

第十四條　本會可由幹部會推薦名譽會員及顧問但對名譽會員及顧問不徵會費

第五章　會合

第十五條　本會每年開定期總會一次及幹部會認有必要之時得開臨時大會其期日場所概由幹部會指定幹部會每六箇月定開一次但本會理事認有必要經總理同意之時得開臨時幹部會其期日場所亦概由總理指定

第六章　支部

第十六條　支部經營概以地方自治為原則但其所行事業不得違反本會方針

第十七條　支部內理事互選一名為支部主任處理支部一切事務

第十八條　支部可組織委員會凡支部所屬理事皆為支部委員其他委員概由支部所屬會員公選

第十九條　支部各得自定細則

第七章　脫會

第二十條　會員欲脫會時應先提出脫會屆但脫會或被除名之時從前繳納之會費及寄附金概不發還

附則

如遇本會則所定以外事項之時總理得任意裁決施行但所行之事不得違背本會宗旨

欲改變或加減本會則之時必先得會員十名之贊成然後提出總會得出席會員三分之二贊成為可決

以上

大正十五年度役員如左

總理　林獻堂

協理　林幼春

專務理事　蔡培火

理事芳名

（共八十三名）

蔣渭水　蘇璧輝　蔡式穀　連溫卿
邱德金　王敏川　林篤勳　顧合
吳衡秋　陳滿盈　賴和　李山火
丁瑞圖　林麗明　施至善　石錫勳
黃呈聰　林資彬　黃朝清　鄭汝南
李君曜　蔡惠如　蔡年亨　楊濱嶽
楊肇嘉　陳煌　杜清　黃清波
賴金圳　洪元煌　林野　林裁創
蔡江濤　黃凌波　張慶章　李聰章
林伯庭　洪維章　王甘棠　黃金火
陳逢源　高再得　吳海水　王受祿
吳秋微　王氏彩繁　吳昌　楊振福
莊嫣江　李兆傑　李瑞雲　石煥長
洪石柱　林棚　黃川　林瑞西
郭禮　林呈祿　黃運元　楊良
戴双喜　林溶沂　林火木　郭大經
方泉松　蕭石基
鄭耀東　許嘉種　林[illegible]明　楊木　鄭松筠　蔡先於　蔡敏庭　洪清江　楊辛生　王鍾麟　韓石泉　鄭氏希[illegible]　林松　陳勝物　陳聯玉　呂新進　李珪璋

評議員芳名

（共三十九名）

張思源　林得象　蘇先致　張錦章　楊宗成
楊克明　李崇禮　甘得中　吳清波　陳欣
陳劍方　張棟樑　陳茂提　林彬堂　林階堂
林根生　林茂生　曾佑章　黃國棟　劉青雲
林明海　洪獻章　傅春魁　李淀川　吳淮水
蘇維樑　郭戊己　陳南輝　許紀龍　陳煥圭
吳石麟　方錦祥　彭清泉　李傳興　楊朝華
周懷恭　鄭孤仔　劉明哲　吳文龍

以上

大正十四年十月二十三日

臺灣文化協會

大正 15 年（1926）臺灣文化協會會則 ／賴和文教基金會提供

大正 12 年（1923）10 月 17 日，蔣渭水改任臺灣文化協會理事，主持臺北支部。這一時期，臺灣文化協會臺北支部仍為引領新文化運動的重心。

既經受諾的中國々權恢復主義

由中露協約的方面看來

中露協約中中國所得利權有八項

中國由今回所成立的中露協約，有什麼所得呢，就是中國自前到今，所念切焦慮要對露國回收的利權，一々都得着了，今將協約面上，列舉中國所得的利益錄下，則有八項，

一、從來既迫中國的舊中露的條約和露國與第三國間所締結的條約的全廢，
二、外蒙古的回收，（到今日露國看外蒙古做屬國）
三、航行權的回收，
四、東華鐵道的回收，（中國若有實力，可任意處理東華鐵路）
五、露國所有一切的租界，土地，貿易權，平營等的特權和特許的回收，
六、拳匪賠償金的回收，
七、治外法權和中露裁判權的回收，
八、關稅自主權的回收，

就是今回中國對露國所回收的國權，是自己與露和會議以來，中國對各國所要回收的每遇有機會，都對關係各國要求的，就是

中國的國權恢復主義

關於露國的部分，從是完全貫徹了，這雖是因為中露國際上的地位的變化，中國能得着這樣的協約，算也是大成功了，得着這樣的協約的中國，以之國權恢復論，定必高調起來，必要對各國追逼既得權的回收哩。

高唱對華親善

▲希望新內閣解決二十一條問題

東京朝日新聞社論云，近日風傳加藤子將組織新閣，華人方面遂發生許多懷疑，蓋以加藤子爲二十一條要求之創造者，故一提其名，即足使華人震驚，此固當然者也，唯吾人可向華人保證，日本對華輿論自二十一條要求時代以來已大爲變遷，以後無論何人組閣，大隈內閣之對華政策，絕無復還之機會，華人儘可安心，且對新閣成立不久，華人之疑慮亦即可氷釋也，且吾人保加藤果組新閣，最宜於解決二十一條要求問題，使各方皆滿意，吾人深望其於此點有所努力也，中國抵制日貨運動，粗視之，似已逐漸減退，但在事實上，日本對華貿易仍遭發重之不便，中國報紙前曾互約不登日貨廣告，此約至今尚有效力，其他相與之敵抗徵状到處可見，若無若干事情以安慰華人之心，則排日主義將繼續進行不已，此二十一條要求問題所以應切實解決之理，也，中國人民近年對於新文化運動大有進步，對於新式商品之要求亦大增，若任平時，此種情形將使日本對華貿易大爲發展，然按諸事實，對華貿易退無進，此斷然大半爲排日主義之結果，夫加藤子將因未表示組閣後將復取其二十一條要求時代之對華政策，特彼之態度，正足使人懷疑，憲政會果以國家利益爲念，並欲鞏固日本在遠東之地位者，一俟取得政權後，斷然應決定一新對華政策，以改良日中關係，欲達此目的，則莫妙於滿意的解決二十一條要求問題，憲政會若能依此主義而定政策，即是以卸去其前朝之重負，新閣是否爲純粹憲政會內閣，抑爲混合內閣，今尚不可知，但必須得在野黨之贊助，方能成立，往者政友會與憲政會各唱其互相兩異之對華政策，今後兩黨似須開誠熟商，而協定一相當之對華政策也，

臺灣近情

文協消息

臺灣文化協會臺北支部，自開設文化講座以來，首開短期講習會，及每土曜講演會，啓發民衆的常識，效果很大，其可特筆記錄，供我們同胞的清覽，

短期講習會

第一回　自大正十二年九月十一日起　至九月廿四日
臺灣通史講習會　講師　連雅堂氏
第二回　自大正十二年九月廿八日起　至十月十一日
法律通俗講習會　講師　蔡式穀氏
第三回　自大正十二年十一月廿一日起　至十二月五日
通俗衛生講習會　講師　蔣渭水氏
同　林野氏
同　石煥長氏

通俗學術土曜講座

第一回　大正十二年十二月八日
刑法大要　蔡式穀氏
第二回　大正十二年十二月十五日
詩學淵源　連雅堂氏
第三回　大正十二年十二月廿二日
二重生活　連溫卿氏
第四回　大正十二年十二月廿九日
一、優生學大要　林野氏
二、愛之運動　稻垣藤兵衛氏
第五回　大正十三年一月五日
精神之感化　林野氏
第六回　一月十二日
一、經濟大意　潘欽信氏
二、烏托邦　連溫卿氏
第七回　一月十七日
一、六書概要　連雅堂氏
二、戀愛論　葉榮鐘氏
第八回　一月二十六日
優生之新法　林野氏
第九回　二月二日
社會學概論　稻垣藤兵衛氏
第十回　二月九日
一、生活之意義　連溫卿氏
二、性之研究　林野氏
第十一回　二月十六日
一、家族制度之研究　洪元煌氏
二、孔子大同學說　連雅堂氏
第十二回　二月二十三日
一、家庭改良及家庭教育　許天送氏
二、性之研究（續前）　林野氏
第十三回　三月一日
一、中國古代哲學史　王敏川氏
二、文化主義　蔣渭水氏
第十四回　三月八日
一、結婚問題之研究　許天送氏
二、道德之進化　連溫卿氏
第十五回（臨時）三月十一日
一、道德之進化（續前）　連溫卿氏
二、結婚問題之研究（續前）　許天送氏
第十六回　三月十五日
一、佛教之科學　連雅堂氏
第十七回　三月二十二日
一、明治之文化　蔣渭水氏
第十八回　三月二十九日
一、結婚問題之研究（續）　許天送氏
二、提唱鞋服便裝之要諦　林野氏
第十九回　四月五日
一、中國古代哲學史（續前）　王敏川氏
二、明治時代之政治發達史　蔣渭水氏
第二十回　四月十二日
一、結婚問題之研究（續）　許天送氏
二、原始時代婦人之地位　連溫卿氏
第二十一回　四月十九日
一、釋迦佛傳　連雅堂氏
第二十二回　四月二十三日
一、余之生命觀　蔡培火氏
二、教育之普及　邱德金氏
第二十三回　五月三日
一、日本史概論　蔣渭水氏
第二十四回　五月十日
一、國際語之過去現在及將來　蘇璧輝氏
第二十五回　五月十七日
一、法律上之婚姻觀　蔡式穀氏
第二十六回　五月二十四日
一、社會病　蔣渭水氏
第二十七回　五月三十日（臨時）
一、內地旅行談　連溫卿氏
二、社會病（續）　蔣渭水氏
第二十八回　六月七日
一、酒害的眞相　林野氏

時事短評

（劍）

●日米戰爭說。有人說，日本國每十年就有了一回的戰爭，如日清戰爭是三十年前，日露戰爭是二十年前，日獨戰爭是十年前，今年恰値十年了，所以日米的戰爭大槪是會成了。看了一般的國民也是很憤慨，主戰的人也是多了，但是這個日米戰爭是很重要的，關係我國的死活問題，所以當局也不敢輕舉，而國民也不可妄動，恐怕弄巧會成拙了。且的愛國心不是在表面上喚叫，須要處以冷的將來能忍辱先實內存力是目下的急務了。

●亞細亞聯盟說。聞孫中山大總統特派李烈鈞氏來日本，訪問當局提議亞細亞的聯盟，這個問題如果成立，亞細亞的將來是有希望。印度詩聖泰戈爾氏也極力提倡此說，當此米國排人種差別的偏見，亞細亞人若得團結，以互相共助的精神成立聯盟的時候，我想歐西的人，一定不敢再輕視亞細亞人了。世界的平和，總要撤廢人種的偏見，所以我們亞細亞人必要大發揮其實力，使歐西人覺醒，才能保他們的開理，根除這個偏見了。希望亞細亞的兄弟！決不可抱著苟且偸安的精神，我永遠不能保其面目啦！

●華人改內地式的姓名。六月十日某日紙上報道花蓮港廳下的華人，有四個要改爲內地式的姓名，舉了六七個的實例，並說他們同化至此，實在很可喜的現象了。我們看了這個報道，實在很好笑，怎樣呢？因爲姓名是固有的名詞，於以各人的個性，這樣輕易改他的姓名，某日紙就說是同化的實現，如果同化是這樣的容易，同化的問題就不成議論了，生活上無這樣的模仿，竟然說是同化，難道人不生想好笑不好笑呢？

況且同化也不是全爲可喜的，如果善的同化就是好的，然若與惡同化，這就不是好了。所以同化有善惡的區論，豈是萬事皆以同化爲可喜嗎？

通俗學術土曜講座

第二十九回　大正十三年六月十四日
婦人解放運動之推移　王敏川氏
第三十回　六月二十一日
臺灣違警例　蔡式穀氏
第三十一回　六月二十八日
結婚的進化　林野氏
第三十二回　七月五日
食力論　連雅堂氏
第三十三回　七月十二日
臺灣違警例（續）　蔡式穀氏
第三十四回　七月十九日
有色民族之現狀　蔣渭水氏
第三十五回　七月二十六日
一、咱應該着怎樣　呂靈石氏
二、個人婚姻制之三形式　溫成龍氏
三、產業革命後之勞働者　張聘三氏
四、新臺灣人之生活態度　莊遂性氏
第三十六回　七月廿八日（臨時）
一、家庭教育　林茂生氏
二、文化的意義　陳逢源氏
第三十七回　八月二日
一、就思想而言　陳逢源氏
二、思想的飢荒　蔡培火氏
第三十八回　八月九日
一、個人與社會　石煥長氏
二、社會病（其三）　蔣渭水氏
第三十九回　八月十六日
一、將來的臺灣語　連溫卿氏
第四十回　八月廿三日
阿當氏富國論　黃呈聰氏
第四十一回　八月三十日
社會病（結論）　蔣渭水氏
第四十二回　九月十二日
社會奉仕的眞義　王敏川氏
第四十三回　九月二十日
風俗改良　許天送氏
第四十四回　九月二十七日
東西科學之比較　連雅堂氏

臺灣文化協會臺北支部文化講座

／取自《臺灣民報》1924 年 7 月 1 日 第 2 卷第 12 號第 4 版（左）
及《臺灣民報》1924 年 10 月 21 日第 2 卷第 21 號 第 3 版（上）

臺灣文化協會臺北支部設於大安醫院，由蔣渭水主持，並首開文化講座，其中還分短期講習會及每週六的通俗講座，從大正 12 年（1923）12 月 8 日至大正 13 年（1924）9 月 27 日，共 44 次。資料是大正 13 年（1924）7 月 1 日及 10 月 21 日《臺灣民報》刊登的講座紀錄。大正 12 年（1923）12 月 16 日，蔣渭水因治警事件入獄，在獄中他仍非常關心講習會，曾於大正 13 年（1924）1 月 9 日〈入獄日記〉記載：「寫信致連雅堂先生，請他照豫定進行，開設高等漢文講習會的事，因為我不在，恐怕有阻礙，所以再叮嚀。」

大正 13 年（1924）2 月 18 日蔣渭水假釋出獄，在那之後臺灣文化協會所辦的 33 次的通俗講座中，蔣渭水講授了 9 次，是開設講座最多者。獄中的經驗也讓蔣渭水講演的內容更為深刻。

請看

吾人為欲對附去二十七日所謂全島有力者大會的起見特開全島無力者大會請各界兄弟姉妹快々來會

期日　大正十三年七月三日午后三時

地點　中部　臺中市公園邊林家專祠
南部　臺南市港町文化講座
北部　臺北市港町文化講座

全島無力者大會

辯士　中部　南部　北部
林幼春　蔡惠如　葉榮鐘　陳逢源　吳海水　王敏川　林野　許天送

主催者
林獻堂　鄭汝南　葉榮鐘　林野　韓石泉
林幼春　蔡惠如　王敏川　吳海水　黃金火

無力者大會宣傳單 ／國立臺灣歷史博物館提供

大正 13 年（1924）7 月 3 日，「全島無力者大會」宣傳單。該年 6 月，御用紳士辜顯榮等公益會幹部，舉行「有力者大會」，宣稱該會代表臺灣多數人的聲音，以阻撓蔣渭水、蔡培火、洪元煌及李山火等人正在東京從事的第五回臺灣議會設置請願運動，同時把大會宣言呈給總督內田嘉吉，宣示忠誠。同年 7 月 3 日，文化協會在總理林獻堂號召下，於臺北、臺中及臺南召開「全島無力者大會」反擊，誓言「我們為擁護我們自己的自由與權利、誓必撲滅偽造輿論蹂躪正義而自稱為有力者大會的怪物」，指責辜顯榮等為「廿世紀的敗類」。從此看來，「有力者大會」的召開，反而助長了臺灣文化協會的聲勢，「無力者大會」獲得民眾熱烈的響應，舉著「無力者團結起來」與「無力者快覺醒啊」的大旗，從四面八方趕來參加。

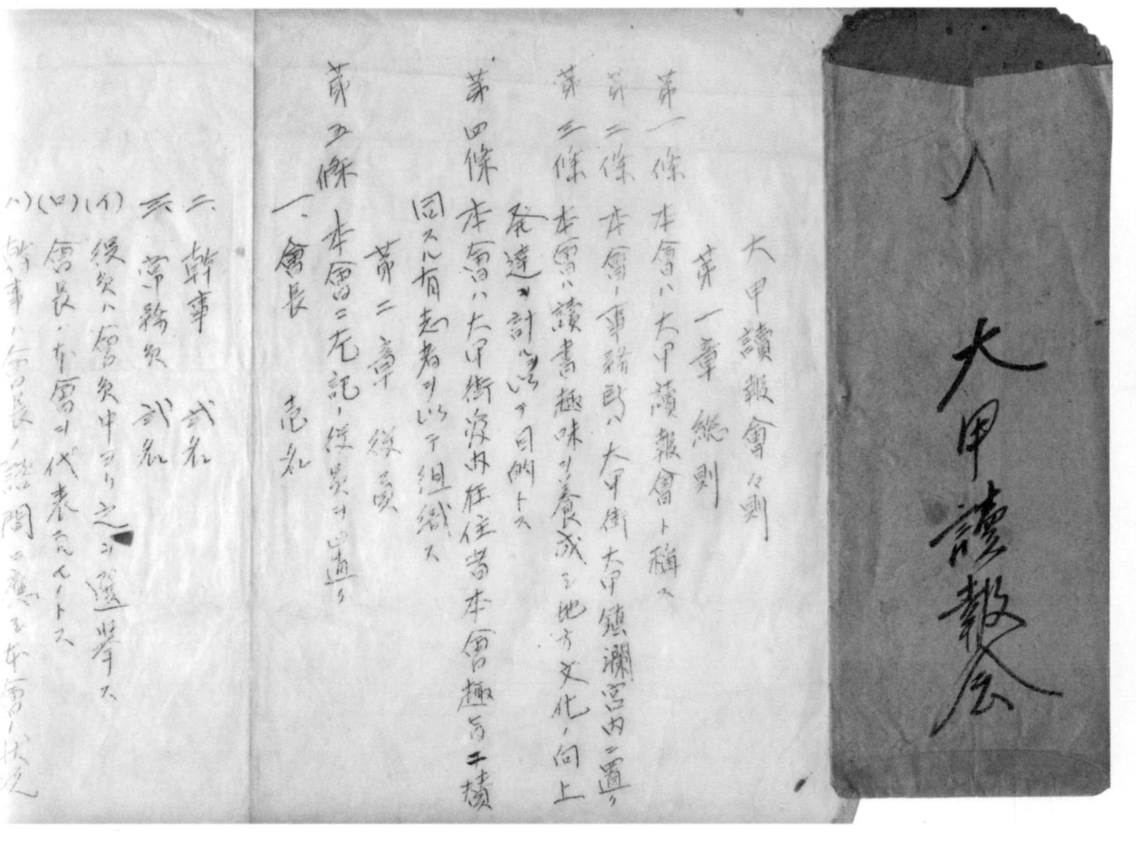

大甲讀報會

大甲讀報會々則

第一章 總則

第一條 本會ハ大甲讀報會ト稱ス

第二條 本會ノ事務所ハ大甲街大甲鎮瀾宮内ニ置ク

第三條 本會ハ讀書趣味ヲ養成シ地方文化ノ向上發達ヲ計ルヲ以テ目的トス

第四條 本會ハ大甲街及附近在住者本會趣旨ニ賛同スル有志者ヲ以テ組織ス

第二章 役員

第五條 本會ニ左記ノ役員ヲ置ク

一、會長 壱名

二 幹事 弐名

三 常務員 弐名

(イ) 役員ハ會員中ヨリ之ヲ選挙ス

(ロ) 會長ハ本會ヲ代表スルモノトス

(ハ) 幹事ハ會長ノ諮問ニ應ヘ本會ノ狀況

大甲讀報會 ／溫文卿提供

大正 13 年（1924）10 月 12 日，黃再愷、杜香國等人於大甲鎮瀾宮成立大甲讀報會，促進地方文化。臺灣文化協會在臺灣各地組織青年會與讀書會等進步團體，加速文化啟蒙腳步。

臺北青年讀書會 ／蔣渭水文化基金會提供

大正 13 年（1924）11 月 3 日起連續 4 日，臺北無產青年在臺北港町讀報社舉辦「打破陋習大演講會」，在大安醫院合影，翁澤生、洪朝宗（前排左 1 戴帽站立、坐 1）、黃周、王敏川（中排執橫旗者起算，右 2、4）；潘欽信、蔣渭水（後排左 2、9 穿白袍者），上方圓圈為翁俊明、圓圈下方戴帽者為王詩琅。右柱有「同胞啊！！來聽！！快來聽！！！無產青年大講演會」海報，豎旗書寫「歡迎無產青年」，橫旗書寫「應打倒特權階級」。

有志青年更赴遠地研學

前屢報被師範學校退學之三十名、其中已有十數人、分爲數次、先赴京都東京廈門上海等處留學、先往者之中、多有學資、故自已得以速整行裝酬其志氣、奈其餘十數名、尙有待學資之援助、是以遲遲未行、今回特志家欲獎勵島人向學之心、並爲培育人才籌謀地方幸福起見、出自發之精神、對於好學之靑年、而奮起援助、遂得使全部留學、洵可爲吾臺前途慶焉。其間未赴留學者、一名因罹疾未痊（痊後亦要往）其餘全部於二月一日之蓬萊丸、將赴東京、先於是日正午起、在臺北市太平町大安醫院樓上、開送別茶話會、開會後、施至善氏王敏川氏蔣渭水氏等相繼述其希望之數點、並祈其學業成就得速爲吾臺文化啓發、以革新文運、而十數名之中有陳植棋君發表其謝詞、深對各地特志家大謝厚意、務決心力求學業成就、以齊努力啓發桑梓文化之向上云云、遂於盛會裡散會、出發之際有志之士多送至驛頭焉。

臺北師範學校退學生赴東京留學的送別茶話會

／蔣渭水文化基金會提供

大正 14 年（1925）2 月 1 日，蔣渭水在大安醫院舉辦臺北師範學校被退學學生赴東京留學的送別茶會。在第二次臺北師範事件當中，臺灣學生不滿學校長期偏坦日本學生，因此有 136 人以缺席來杯葛修學旅行，最後造成了 36 名學生遭到退學。而這群人事後並未完全中斷學業，在臺灣文化協會成員的贊助下，分批前往東京、上海、廈門等地求學，部份人士日後也成了臺灣社會運動的一份子。其中，赴日留學的陳植棋更成為臺灣重量級畫家。

文化講演團赴宜蘭講演宜蘭公園前合影

／蔣渭水文化基金會提供

大正 14 年（1925），蔣渭水偕蔡培火與林獻堂（前右起 5、6）等人抵達故鄉宜蘭進行文化講演，旋於宜蘭公園合影。

文化講演團赴宜蘭講演宜蘭驛前合影

／蔣渭水文化基金會提供

大正 1 年（1925）11 月宜蘭驛前，宜蘭鄉親以鳴爆竹與樂隊演奏方式，歡迎林獻堂和蔣渭水一行文化講演團到昭應宮演講。照片左側有民眾持喇叭與大鼓助陣，也有戴斗笠的農民迎接。這次講演的反應相當熱烈，大正 14 年（1925）12 月 6 日，《臺灣民報》第 82 號報導：「自初回演講後，宜蘭人士對演講及一般文化運動加倍熱心，本月 16 日擬再開講演」，講師是李珪章（宜蘭郡圓山鄉文化協會理事長）、石進源、陳金波、蔣渭水與蔡式穀。臺灣文化協會全島走透透的講演，促進了農民的覺醒而組織為農民爭取權益的農民組合。

來聽大歡迎

◉ 通知

文化大講演會

一、場所　烏日停車場前

一、期日　新曆八月十日 舊曆七月三日 午後七時起

一、演題　未定

一、辨士　王敏川先生　黃周先生　施至善先生　吳清波先生　其他數氏

歡迎

時代的產物文化講演也來了〳〵眞正難得〳〵增長民智改造社會正是此物〳〵請各位勿得棄此好機歡々喜々另早來聽這就是後援者最希望

後援者　烏日青年有志

烏日文化大講演會傳單

／溫文卿提供

烏日青年同志邀請臺灣文化協會講演團講演的宣傳單。講演會是文化協會最重視的活動，當時識字率不若今日，所以臺灣文化協會幾乎全以演講會來達成民眾的智識啟蒙。「治警事件」受難人出獄後，文化講演達到高峰，各地邀請講演應接不暇。

文化書局廣告 ／蔣渭水文化基金會提供

由於《臺灣民報》日益壯大，大正 15 年（1926）6 月 1 日，報社遷至下奎府町（今太原路），蔣渭水在報社原址成立文化書局並親任總經理職。同年 7 月 11 日，蔣渭水在《臺灣民報》刊登書局開業廣告，期許「盡新文化介紹機關之使命」。文化書局是專門引進新文化、新思潮的書店，也是臺灣第一家經營進口漢文新式書籍與日文勞工農民問題與殖民地運動書籍的書店。文化書局也成為蔣渭水提煉政治素養、涵養思想、思考民族運動、以及為臺灣政治社會運動尋找方向的知識寶庫。

王詩琅在〈日據時期之中文書局〉一文中，給予文化書局這樣的評價：「使日據時期漢文書店由黑暗期進入黎明期」。

昭和 6 年（1931），蔣渭水逝世，長子蔣松輝一邊讀高等學校，一邊經營文化書局，因為總督府對民族運動取締逐漸變得嚴格，漢文書銷路銳減，昭和 7 年（1932）便結束營業。

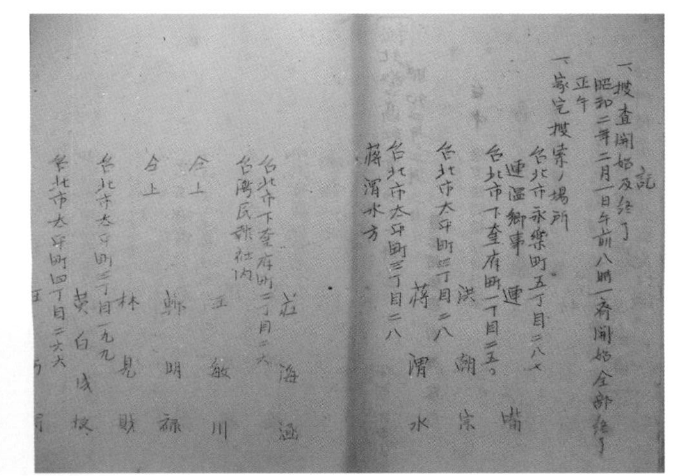

黑色青年事件搜索案 ／法務部司法官訓練所典藏，林伯欣攝影

昭和 2 年（1927）2 月 1 日上午 8 時至正午，臺灣總督府在全島大規模實施搜索蔣渭水等相關人住宅的名錄，以及扣押物品的目錄。資料是臺北州知事呈送臺中地方法院檢察官長關於臺灣黑色聯盟違反治安維持法事件的報告。

臺灣黑色青年聯盟是臺灣島內的無政府主義組織，因宣言書曝光，致使王詩琅等多人遭逮捕。經由臺灣文化協會在各地的文化啟蒙，各地青年團體紛紛成立，蔣渭水等人因而被懷疑與此有關，遭搜查家宅，但是最後查無實證。在此同時，臺灣文化協會已分裂，蔣渭水正在籌組政治結社。

昭和 2 年（1927）2 月 10 日，蔣渭水在林獻堂宅邸中提出「臺灣自治會」的主張，但因為黑色青年事件的影響而無具體決議。蔣渭水返回臺北時，自行付印綱領及政策，但是卻遭臺北州警務局沒收，並令於《臺灣日日新報》刊登中止「臺灣自治會」籌組的廣告。

謹啓者　查十二月五日文協本部發出通告起草委員會之會則改訂案、唯有蔡培火君外五名一案而無列入我之保留案、殊覺詫異。蓋是日起草委員會、林幼春君棄權、其餘出席委員共有七名、蔡培火君外五名爲一案、我將原案保留、又經委員會承諾、然則兩案自有對等効力、本部理當依照委員會之意旨通告會員、方謂不謬。茲爲補正本部之缺漏、將保留案報告會員諸君、伏祈查閱。

大正十五年十二月二十三日

起草委員　連溫卿啓

臺灣文化協會々則改訂案

綱領

促進實現大衆文化

第一章　總則

第一條　本會稱爲臺灣文化協會、置本部於臺北

第二條　本會之目的在實現本會之綱領、決議、宣言

第二章　組織

第三條　本會設支部於各州廳設分部及地方部於市、郡、支廳、在中央委員會統制之下處理一切事務、其規則由支部、分部、地方部規定、經中央委員會承認之

第四條　支部以州廳（須有分部二個以上）組織之、分部以市、郡、支廳有會員二十名以上者組織之

但會員不滿二十名者得暫時設地方部、在中央委員會統制之下處理一切事務

第三章　機關

第五條　本會設左記之機關

一、大　會

二、中央委員會

三、中央常任委員會

一、大　會

第六條　大會爲本會之最高決議機關

但出席代議員數不滿五分之三時不得開會

第七條　定期大會每年開會一次由中央委員會召集、其期間及場所於前年大會議定之

但有左記事情發生時、中央委員會得召集臨時大會

一、中央委員會認有必要時

一、支部或分部二個以上要求之時

第八條　大會由支部、分部、地方部選出代表組織之

但中央委員有被選爲代議員之資格而中央委員中央常任委員及中央委員長在大會則有發言權無決議權

第九條　支部分部地方部以會員每五名選出一名之比例選出大會代議員

第十條　大會每回選舉議長一名、副議長一名、議長選任大會書記並各種大會委員若干名、類別如左

一、資格審查委員　二、預算審查委員　三、會計審查委員　四、議事委員　五、其他

第十一條　大會之議決以出席代議員半數以上同意方能有效

但可否同數之時、由議長處決、而對此議決有出席代議員五分之二以上異議時、可再行採決、而此時各代議員之投票各以其代表之會員數計算採決之、若再同數時由議長處決之

二、中央委員會

第十二條　以中央委員會爲次期大會之最高機關

第十三條　中央委員長、中央委員組織之中央委員會負有執行大會決議及實現本會綱領、決議、宣言之責任

第十四條　中央委員會以左記爲選舉區由各部委員會選出中央委員

一、支　部

一、分　部

一、地　方　部

中央委員之選舉比例如左

一、支部分部以會員每二十名選出一名

一、地方部不論其會員多少只得選出一名

第十五條　中央委員長由中央委員會選出

第十六條　中央委員會每年定期開會三次

但中央委員會認有必要時或中央委員三分之一以上要求時得開臨時會

三、中央常任委員會

第十七條　中央委員會互選若干名爲常任委員、以中央委員長爲委員長組織中央常任委員會

第十八條　中央常任委員會有負執行中央委員會決議之責、

中央委員會之下設左記分部以中央常任委員爲各部長、

庶務部、調查部、會計部、宣傳部、教育部、

第四章　役員

第十九條　本會設左記役員

一、中央委員長　一名

一、部　長　若干名

一、委　員　若干名

第二十條　中央委員長照本則第十二條、第十五條、第十七條規定代表本會、統理一切會務

第廿一條　部長照本則第十七條、第十八條、規定處理會務、

第廿二條　役員或有給或無給由中央委員會商定之、

第五章　支部、分部、地方部

第廿三條　支部、分部、地方部以會員大會爲最高決議機關、但支部、分部、地方部大會閉會後、支部、分部、地方部委員會代表之

第廿四條　支部、分部、地方部以會員每五名選出委員一名之比例選舉委員組織委員會、由委員會選出常任委員若干名組織常任委員會以統制處理其部內一切事務、中央、支部、分部、地方部委員會委員由各支部、分部、地方部會員或其選出之委員會認有不能代表其會員意志之時、不論何時、得由其各部會員大會或其選出之委員會解任再選、

第六章　會員與規律

第廿五條　本會々員以贊成本會之綱領由本會々員二名以上介紹、經中央委員承認

第廿六條　大會或中央委員會認有必要時、對支部、分部、地方部或對會員個人勸告、警告、而有左記行爲者得以除名

一、背馳本會之綱領、宣言、規約並大會及中央委員會之決議

一、其他乖離文化運動之精神者

第廿七條　支部、分部、地方部、根據前條得以勸告或警告會員或對中央委員會申告除名

第廿八條　對中央委員會除名之會員得上訴於大會、但上訴期間中暫停其會員之權利義務

第廿九條　除名之決議要定員三分之二以上之出席、出席者三分之二以上之同意成立之

第七章　會計

第三十條　本會之經費以會員所納之費及其他收入充之

第卅一條　本會々員每年應納會費二圓四十錢、分四期繳納、但會員未得分部或地方部委員會允許、而滯納會費一年以上時、即停止其會員之資格

第卅二條　本會收入支出之預算及決算要附議大會、經其承認

第卅三條　本會々計年度由每年九月一日起至翌年八月三十一日止

但大會期日變更時以大會二個月前爲前年度之終期

第卅四條　關於本會財產管理及會計監查、中央委員會有連帶責任

第八章　附則

第卅五條　本則自大正　年　月　日施行發生効力

臺灣文化協會會則改定案 ／溫文卿提供

昭和 2 年（1927）1 月 3 日，連溫卿所提臺灣文化協會會則改定案通過，廢除總理制，改成集體領導的中央委員制。因為意見上的分歧，導致臺灣文化協會分裂。蔣渭水等部分舊幹部退出，另行籌組臺灣民眾黨。

北港讀報社
煙草
1927 5 16
北港讀報社発会式紀念撮影

北港讀報社發會式 ／蔣渭水文化基金會提供

昭和 2 年（1927）5 月 16 日，林麗明（前排右 3）與蔡少庭籌設北港讀報社和讀書會，邀請鄭松筠及蔣渭水（前排左 5、6）參加啟用式。照片右上有許多參加讀報社的農民，可見讀報社的設立得以觸及中下階層。

除了各地自發性成立的讀報社，臺灣文化協會在全島系統性的設置了 13 處讀報社。而且，讀報社還可以兼做文化講演場地。在大正 12 年（1923）到大正 15 年（1926），四年之間文化講演次數達到 798 次，平均一年將近 200 次。讀報社備有海內外之報刊、雜誌及科學、教育與小説等，或可稱之為傳播新思想的小型圖書館。而報章雜誌當中有關殖民地解放運動與民族自決的消息還特別用紅筆標示。《臺灣民報》發行後，除了受新聞檢查外，恣意剪除塗銷禁止發行外，警察更經常干擾壓迫訂報者，致使幾乎懷「報」有罪；讀報社的設立不僅可以提供民眾閱讀，即便是不識字者也有專人幫忙讀報。昭和 2 年（1927）臺灣文化協會分裂以後，讀報社也隨著各項文化運動的萎縮而逐漸沒落。

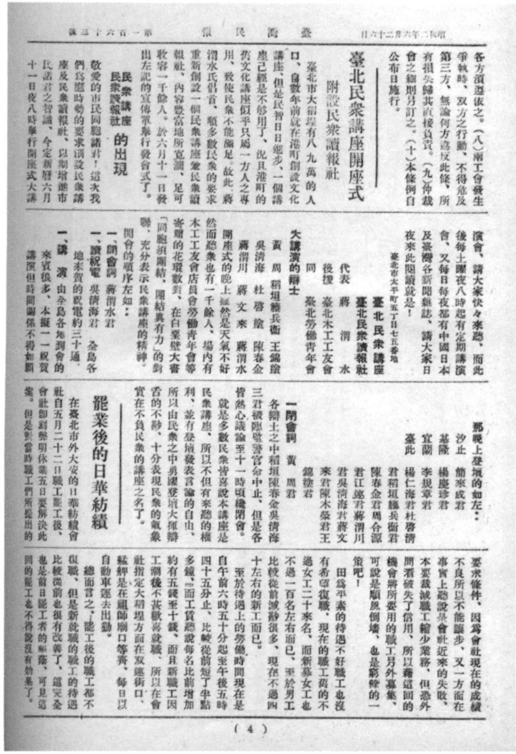

昭和二年六月二十六日　臺灣民報　第一百六十三號

各方須遵依之。（八）兩工會發生爭執時、双方之行動、不得危及第三方、無論何方違反此條、所有損失歸其直接負責。（九）仲裁會之細則另訂之。（十）本條例自公布日施行。

臺北民衆講座開座式
附設民衆讀報社

臺北市大稻埕有八九萬的人口、自數年前就在港町創設文化講座、但是民智日日進步、一個講座已經是不够用了、況且港町的舊文化講座似乎只屬一方人之專用、致使民衆不能滿足。故此蔣渭水氏倡首、順多數民衆的要求重新創設一個民衆講座兼民衆讀報社、內容豐富地所寬濶、足可收容一千餘人。於六月十一日發出左記的宣傳單舉行發會式了。

民衆講座 民衆讀報社 的出現

敬愛的市民同胞諸君！這次我們爲應時勢的要求創設民衆講座及民衆讀報社、以期增進市民諸君之智識、今定新曆六月十一日夜八時舉行開座式大講演會、請大家快々來聽、而此後每土曜夜八時起有定期講演會、又每日每夜都有中國日本及臺灣各新聞雜誌、請大家日夜來此閱讀就是！

臺北市太平町五丁目七五番地
臺北民衆講座
臺北民衆讀報社
代表　蔣渭水
後援　臺北木工工友會
同　臺北勞働青年會

大講演的辯士
黃周　稻垣藤兵衛　王錫銓
吳清海　杜啓綸　陳春金
蔣渭川　蔣文來　蔣渭水

開座式的晚上雖然是天氣不好然而聽衆也有一千餘人、場內有木工工友會店員會勞働青年會等寄贈的花環數對、在白堊壁大書「同胞須團結、團結眞有力」的對聯、充分表示民衆講座的精神。

開會的順序左如：
一、開會詞　蔣渭水君
一、讀祝電　吳清海君
全島各地來賀的祝電約三十通。
一、講　演　由全島各地到會的來賓很多、本擬一一祝賀講演但時間關係不得如願

那晚上登壇的如左：
汐止　簡來成君
基隆　楊慶珍君
宜蘭　李規章君
臺北　楊仁海君杜啓清君稻垣藤兵衛君陳春金君周合源君江進君蔣渭川君吳清海君蔣文來君陳木榮君王錫銓君

一閉會詞　黃周君

各辯士之中稻垣陳春金吳清海三君被臨監警官命中止、但是各皆熱心議論至十一時頃纔閉會。就是多數民衆皆喜說本講座是民衆講座、所以不但有來聽的權利、並有登壇發表言論的自由、所以由民衆之中勇躍登壇大揮辯舌的不尠、十分表現民衆的氣象實在不負民衆的講座之名了。

罷業後的日華紡績

在臺北市外大安的日華紡績會社自五月二十二日職工罷工後、會社卽刻發明休業五日要解決此案。但是對當時職工們所提出的要求條件、因爲會社現在的成績不良所以不能讓步、又一方面在事實上聽說是會社近來的失敗、本要裁減職工縮少業務、但恐外間看破失了信用、所以藉這回的機會將所要用的職工另外募集、可說是順風倒墻、也是窮餘的一策吧！

因爲平素的待遇不好職工也沒有希望復職、現在的職工舊的不過女工二十來名、而新募女工也不過一百名左右而已、至於男工比較從前減縮很多、現在不過四十左右的新工而已。

至於待遇上的勞働時間現在是自午前六時五十分起至午後五時四十五分止、比較從前短了半點多鐘、而工資聽說每名比前增加約有五錢至十錢、而且新職工因工潮後不甚歡喜就職、所以在會社指定大稻埕方面在双連街口、艋舺是在龍師廟口等齊、每日以自動車運去出勤。

總而言之、罷工後的職工都不復職、但是新就職的職工的待遇比較從前也很有改善了、這究全也是前日罷工者的庇蔭、可見這回的罷工也不得說沒有效果了。

（4）

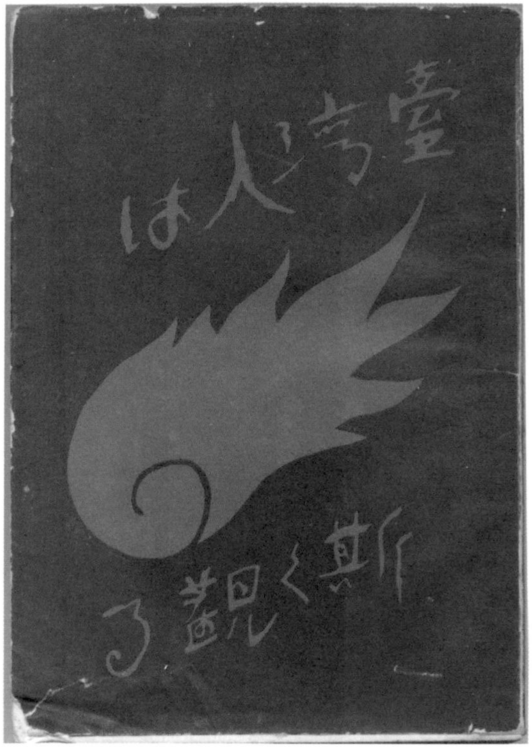

設臺北讀報社 ／蔣渭水文化基金會提供

昭和 2 年（1927）6 月 11 日，在臺北木工工友會、臺北勞働青年會後援下，蔣渭水於太平町 5 丁目 75 番地麵線埕（今延平北路二段，保安街與歸綏街間）設置「臺北民眾講座」，並附設「臺北讀報社」。現場的聽眾，也可以自由登壇發表言論。

文化書局經銷《臺灣人は斯く觀る》 ／蔣渭水文化基金會提供

昭和 5 年（1930）1 月 7 日，臺灣民報社發行謝春木所著《臺灣人は斯く觀る》（臺灣人如是觀），批判日本殖民體制，蔣渭水的文化書局是該書北部的經銷處。謝春木在〈自序〉中表明，這是一個臺灣人對臺灣島內、日本內地及中國的看法與感想，道出臺灣人的立場。

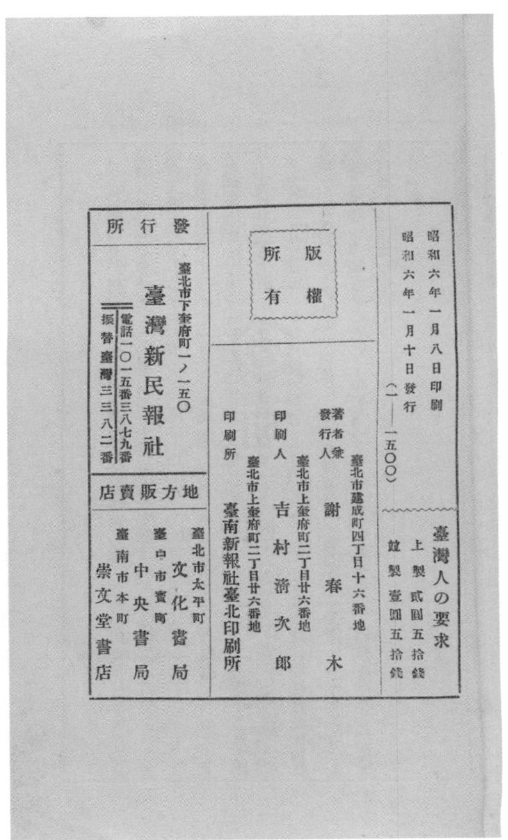
臺灣人の要求
上製 貳圓五拾錢
並製 壹圓五拾錢

昭和六年一月八日印刷
昭和六年一月十日發行
(一——一五〇〇)

版權所有

著者兼發行人 臺北市建成町四丁目十六番地 謝春木
印刷人 臺北市上奎府町二丁目廿六番地 吉村濟次郎
印刷所 臺北市上奎府町二丁目廿六番地 臺南新報社臺北印刷所

發行所 臺北市下奎府町一ノ一五〇 臺灣新民報社 電話一〇一五番三八七九番 振替臺灣三三八二番

地方販賣店
臺北市太平町 文化書局
臺中市寶町 中央書局
臺南市本町 崇文堂書店

文化書局經銷《臺灣人の要求》 ／蔣渭水文化基金會提供

昭和 6 年（1931）1 月 10 日，《臺灣新民報》發行謝春木執筆的《臺灣人の要求》，文化書局是北部經銷店。時任臺灣民眾黨中央常務委員與勞農會主席的謝春木，透過《臺灣人の要求》一書闡明臺灣民眾黨的發展，探討臺灣人政治、經濟、社會的要求。

chapter 3

第三章

用紙筆喚醒沉睡世代：針砭時政蔣渭水

在民眾沒有覺悟之前，任憑社會運動家如何呼喚，民眾還是沉睡不醒。因此，社會運動理念的推動，有賴媒體宣傳與發聲。

然而，日本採二元政策，在內地行立憲主義，在殖民地則行專制主義，臺灣總督府對媒體管制採「許可制」，不允許辦理「臺灣人的報紙」。上有政策，下有對策，有識者運用法域的不同，將臺灣雜誌社（前身為臺灣青年雜誌社）設在東京，臺灣支局設在蔣渭水的大安醫院，雜誌印行之後，運回臺灣，經過警政單位的新聞檢查才能發賣。

臺灣文化協會成立後，蔣渭水創辦機關刊物《會報》，擔任發行人、編輯及作家。因為報紙較能掌握時效，更能引領輿論、監督施政，於是，大正 12 年（1923）蔣渭水曾參與同志在東京創立純白話漢文的《臺灣民報》之籌畫，也曾擔任社論主筆，並主持「婦女衛生」、「晨鐘暮鼓」專欄，對政治、社會、文化與公共衛生提出批判與改革之道。

《臺灣民報》還報導治警事件、二林事件、向國際聯盟控訴鴉片政策等消息，促進民眾對時政的討論，刊登的作品更曾引起臺灣新舊文學的論戰。

不過，這些具有臺灣意識的刊物，經常受到當局的箝制，無論是直接遭到查禁或開天窗。例如，蔣渭水最有名的作品〈臨牀講義〉，發表在臺灣文化協會《會報》第 1 號，因為提到臺灣原籍屬中華民國福建省臺灣道，不承認臺灣屬於日本，觸犯當局的忌諱，而被處以禁止處分。

蔣渭水身為《臺灣民報》的保母，持續爭取及捍衛言論自由。他認為，《臺灣民報》是臺灣人的靈魂、思想的先導，應立足於臺灣，積極爭取《臺灣民報》移回臺灣發行，從他發表的社論〈豈有不許言論自由的善政嗎？〉指出，「言論的自由和束縛，是善政與惡政的分歧點。行善政的，必先允許民眾自由言論，行惡政的必先束縛民眾的言論」，可見一斑。

除了創辦報章雜誌之外，蔣渭水還創立文化書局，將各式著作與思想引進臺灣。作家、歷史學者王詩琅曾在〈日據時期之中文書局〉一文中，給予文化書局極為正面的評價——「使日據時期漢文書店由黑暗期進入黎明期」。

蔣渭水透過不同的出版媒介推動文化啟蒙，扮演「文化鐘鼓手」，敲醒臺灣人的靈魂，向臺灣總督府爭取心中的理想價值，這條漫長久遠的言論自由之路，直到昭和 6 年（1931）蔣渭水逝世，都還沒抵達終點。

東京的臺灣雜誌社 ／蔣渭水文化基金會提供

坐落於東京牛込區若松町 138 番地的臺灣雜誌社。門上亦懸掛臺灣議會期成同盟會、東京臺灣青年會、臺灣新民會的看板。
臺灣總督府不准臺人在臺灣發行政論性報紙與雜誌，反殖民運動的宣傳刊物都在東京登記發行。
大正 9 年（1920）7 月 16 日，《臺灣青年》發刊創刊號（期次第 1 年第 1 號），發行所「臺灣青年雜誌社」設於東京市麴町區飯田町四の十二。

臺灣文化協會《會報》第 3 號《臺灣文化叢書》

／中央研究院近代史研究所典藏，蔣伯欣攝影

大正 11 年（1922）4 月 6 日，臺灣文化協會《會報》第 3 號改以單行本《臺灣文化叢書》出版。《會報》由蔣渭水編輯與發行，此號《會報》刊有：談論、智囊、隨筆、文苑、創作、報告、調查及通信等各專欄。

「漢」、「和」文合編的《會報》，因第 1 期被禁止發行，改訂之後才獲准出版，從第 2 號起，原稿須先受檢閱。《會報》發行共 8 期，不過目前出土的只有第 3 號《臺灣文化叢書》以及第 4 號《臺灣之文化》。如果其他《會報》能夠陸續出土，或許有機會充實臺灣新文化運動史。

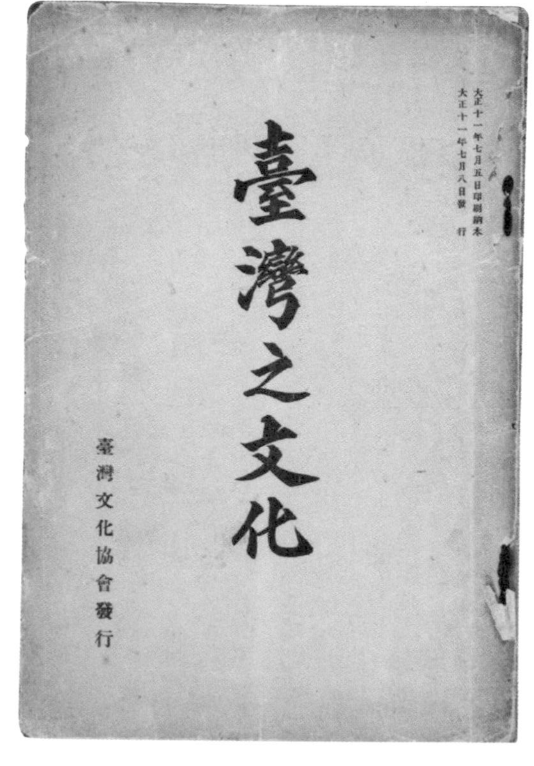

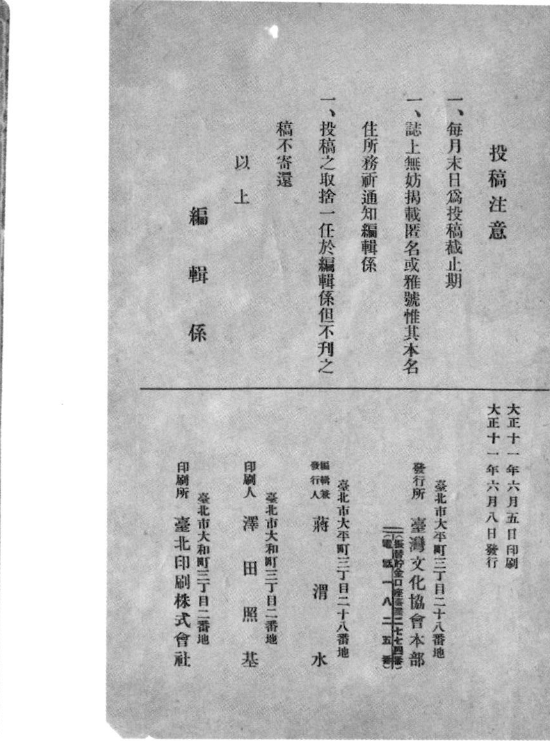

投稿注意

一、每月末日爲投稿截止期

一、誌上無妨揭載匿名或雅號惟其本名住所務祈通知編輯係

一、投稿之取捨一任於編輯係但不刋之稿不寄還

以上

編輯係

大正十一年六月五日印刷

大正十一年六月八日發行

發行所 臺北市大平町三丁目二十八番地 臺灣文化協會本部

編輯兼發行人 臺北市大平町三丁目二十八番地 蔣渭水

印刷人 臺北市大和町三丁目二番地 澤田照基

印刷所 臺北市大和町三丁目二番地 臺北印刷株式會社

臺灣文化協會《會報》第 4 號《臺灣之文化》 ／蔡滄龍捐贈，蔣渭水基金會提供

大正 11 年（1922）7 月 8 日，臺灣文化協會發行《會報》第 4 號《臺灣之文化》。本書仍以單行本方式出刊，此期《會報》因刊登時事，牴觸不得刊登時事的〈臺灣新聞紙令〉，而被禁止發行。《會報》因受到殖民政府的思想箝制，數度受到行政處分，在發行 8 號後，於大正 12 年（1923）10 月 17 日，由文化協會第三次總會決議改以《臺灣民報》為機關報，報導會務及文化訊息，不再發行《會報》。

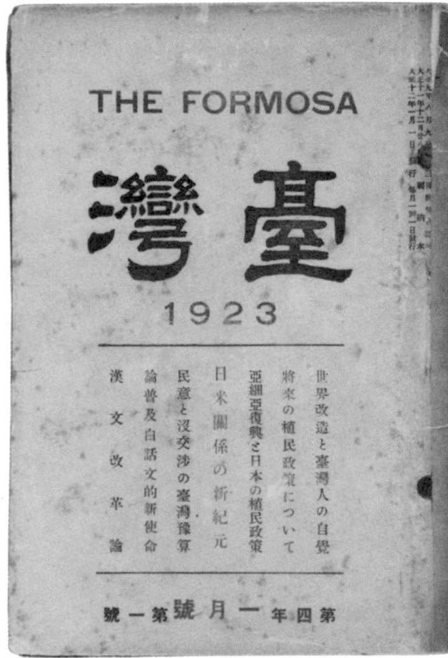

《臺灣》雜誌 ／蔣渭水文化基金會提供

大正 12 年（1923）1 月 10 日發刊的《臺灣》第 4 年第 1 號，其中刊登黃呈聰的〈論普及白話文的新使命〉，體認白話文是「文化普及的急先鋒」，闡述白話文的價值及便利傳播之處；另有黃朝琴的〈漢文改革論〉，詳述漢文改革的必要性和迫切性，這兩篇文章被認為是新文學革命的先聲。

《臺灣青年》在大正 9 年（1920）7 月 16 日創刊，大正 11 年（1922）4 月 10 日改名《臺灣》，大正 12 年（1923）6 月 24 日再改為公司組織，即成立「株式會社臺灣雜誌社」，將以往的募款捐助，改為公司募股經營。《臺灣》共發行 19 期，當中有兩期被禁止發行機關「株式會社臺灣雜誌社」將臺灣支局設於大安醫院，蔣渭水除了是臺灣雜誌社董事以外，也是執筆的作家之一。

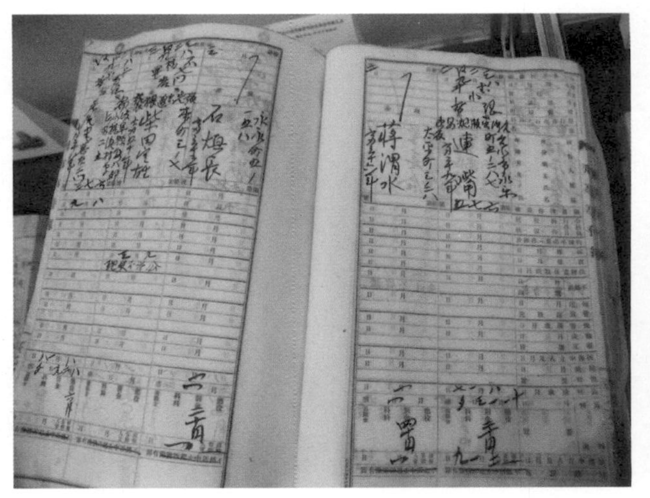

違反出版規則法院登錄 ／司法博物館典藏，蔣朝根攝影

法院登錄簿中記載蔣渭水、石煥長、連嘴（連溫卿）違法〈臺灣出版規則〉；這是蔣渭水在「臺灣社會問題研究會」印刷發放未經核准的旨趣書，違反當時出版法的法院登載卷冊。

大正 11 年（1922）7 月，蔣渭水、石煥長、連溫卿等組織「臺灣社會問題研究會」；繼而又在 10 月 18 日，基於「為社會人類、為永久和平」而發起組織臺灣第一個政治結社「新臺灣聯盟」，在大安醫院舉行創會儀式。

東京創立《臺灣民報》 ／蔣渭水文化基金會提供

大正 12 年（1923），蔣渭水、蔡培火與陳逢源（左 1、2、4）趁擔任第三次臺灣議會設置請願委員赴東京請願之便，偕同在東京的蔡式穀、林呈祿、黃呈聰、黃朝琴、蔡惠如（左 3、5、6、7、8）等人，創立純白話文的《臺灣民報》，這是創立時的照片。因為日治時期對於新聞媒體採取許可制，蔣渭水等人選擇在東京發行《臺灣民報》。

《臺灣民報》於大正 12 年（1923）4 月 15 日發刊，並在蔣渭水執業的大安醫院成立「臺灣支局」，總攬發行業務及編輯工作。該報於臺灣編輯後送往日本印刷，通過內地與臺灣雙重檢查才能公開販售，不過還是經常遭到被禁止發賣或開天窗的處分。

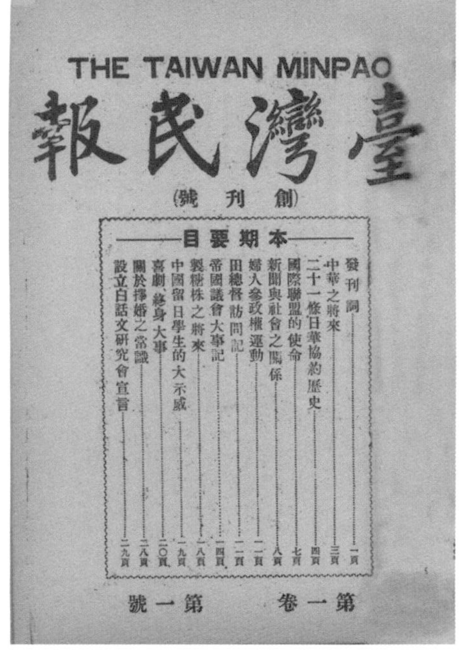

THE TAIWAN MINPAO

臺灣民報

（創刊號）

本期要目

發刊詞	一頁
中華之將來	三頁
二十一條日華協約歷史	四頁
國際聯盟的使命	七頁
新聞與社會之關係	八頁
婦人參政權運動	一一頁
田總督訪問記	一二頁
帝國議會大事記	一四頁
製糖株之將來	一八頁
中國留日學生的大示威	一九頁
喜劇、終身大事	二〇頁
關於擇婚之常識	二八頁
設立白話文研究會宣言	二九頁

第一卷　第一號

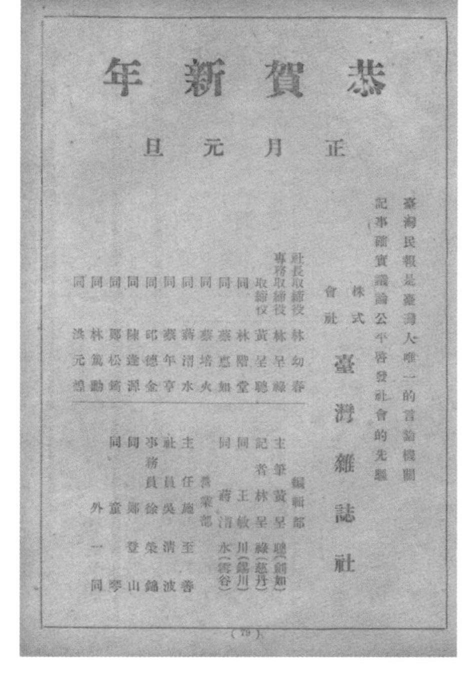

恭賀新年

正月元旦

臺灣民報是臺灣大唯一的言論機關
記事確實議論公平啓發社會的先驅

株式會社 臺灣雜誌社

社長取締役 林幼春
專務取締役 林呈祿
取締役 黃呈聰
同 林階堂
同 蔡惠如
同 蔡培火
同 蔣渭水
同 蔡年亨
同 邱德金
同 陳逢源
同 鄭松筠
同 林篤勳
同 洪元煌

編輯部
主筆 黃呈聰（劍如）
記者 林呈祿（慈舟）
同 王敏川（錫川）
同 蔣渭水（雪谷）

營業部
主任 施至善
社員 吳清波
事務員 徐榮鎬
同 鄭登山
同 童
外一同

（70）

《臺灣民報》創刊號 ／蔣渭水文化基金會提供

1923 年 4 月 15 日，《臺灣民報》發刊，發行機關臺灣雜誌社位在東京，在太平町 3 丁目 28 番地蔣渭水大安醫院設立臺灣支局及總批發處。

臺灣總督府對報紙申設採許可制政策，許可日人在臺灣辦報；不許可臺灣人辦報。蔣渭水曾抨擊一切言論機關，全由內地人獨攬包辦。就是在朝鮮，朝鮮人也有了 5 種報紙，而雜誌更不下四、五十種了，然而唯獨臺灣人連一種也沒有，這可以算是言論自由的壓迫。

主持《臺灣民報》編輯部，重用張我軍 ／蔣渭水文化基金會提供

大正 13 年（1924）7 月，《臺灣民報》編輯部移至臺灣支局，由蔣渭水、王敏川負責。蔣渭水重用在北京受到新文化運動洗禮，返臺住在大安醫院的張我軍，介紹白話文新文學作品，促成臺灣新文學運動的開展。此刊載於大正 14 年（1925）1 月 1 日發行的《臺灣民報》。

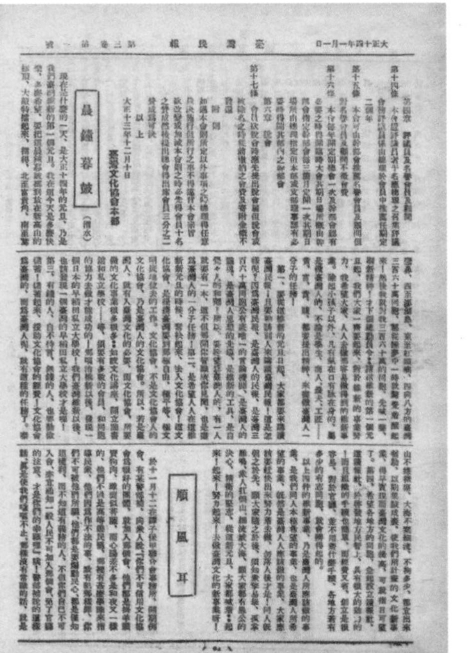

「晨鐘暮鼓」專欄主持 ／圖取自《臺灣民報》

大正 13 年（1924）10 月 11 日至大正 14 年（1925）6 月 1 日，蔣渭水在《臺灣民報》主持「晨鐘暮鼓」專欄，探討政治、社會與文化的種種病徵，提出應興應革之道。蔣渭水觀察入微，能言人所不敢言。除了主持「晨鐘暮鼓」專欄外，蔣渭水也在大正 13 年（1924）7 月 1 日《臺灣民報》第 2 卷第 12 號起，開始連載「婦女衛生」，在當時保守的社會可以算是首開風氣。

THE TAIWAN MINPAO

臺灣民報

新年特大號

迎臺灣的新新年

第參卷（旬刊）第壹號

《臺灣民報》社論主筆 ／圖取自《臺灣民報》

蔣渭水是《臺灣民報》社論主筆之一，常常批評時政，戳破殖民統治假象；以苦口婆心殷切之情，喚醒民族自覺；以清晰有力的論述，闡述社會運動的主張與原理。歷來指認發現，《臺灣民報》有許多未署名的社論其實是由蔣渭水執筆。蔣渭水除了筆名「雪谷」、「渭水」之外，還以「維漢」、「睡魔」發表。紙、筆與口舌是蔣渭水反殖民運動最有力的武器，大正 13 年（1924）與大正 14 年（1925）是蔣渭水大量創作時期，經常 1 日之內有 2 篇或 3 篇文章同時在《臺灣民報》發表。

大安醫院

內科 花柳科

臺灣民報發送實況

大正十四年一月六日

大安醫院前《臺灣民報》發送 ／蔣渭水文化基金會提供

大正 14 年（1925）1 月 6 日，《臺灣民報》以人力車發送，蔣渭水、王敏川、張我軍（後排左 1、6、7）與車夫林寶財（前排左 1）在《臺灣民報》總批發處大安醫院前合影。

圖中可見亭仔腳（騎樓）貼有臺灣文化協會活動的佈告。《臺灣民報》是引燃新舊文學大戰的火藥庫，捍衛新文學的堅強堡壘與推動新文學的火車頭。此張照片刊登於大正 14 年（1925）3 月 1 日的《臺灣民報》第 3 卷第 7 號特別號。此時，正是新舊文學大戰方酣時，論戰頭號戰將張我軍還加入蔣渭水等人發起的臺北青年體育會與臺北青年讀書會。

蔣渭水逝世後，林木土和盧丙丁等 9 人商議打算由同志集資，預計以募股方式承繼大安醫院；不過，行動並未成功，日治時期社會運動史上最具影響力的精神堡壘從此成為歷史。

THE TAIWAN MINPAO

臺灣民報

本期題目

豈有不許言論自由的善政嗎?

第參卷　（旬　刊）　第參號

捍衛言論自由 ／蔣渭水文化基金會提供

大正 14 年（1925）1 月 21 日，蔣渭水在《臺灣民報》發表社論〈豈有不許言論自由的善政嗎？〉批評臺灣總督府對言論的壓制，其中提到每次要求解放言論，都會得到尚在研究的回應；此外，他也呼籲政府既然已經允許《臺灣民報》輸入臺灣，何不直接允許在臺灣發行。

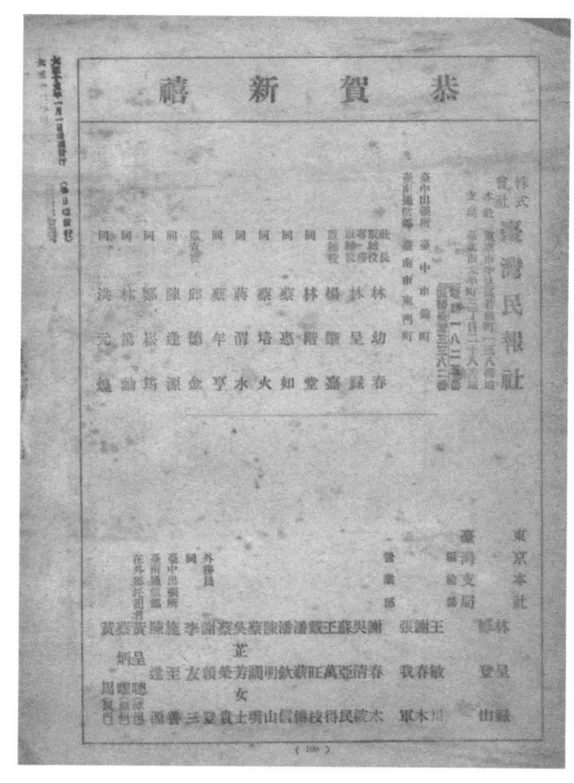

恭賀新禧

株式會社 臺灣民報社

林幼春

林呈祿

楊肇嘉

林階堂

蔡惠如

蔡培火

蔣渭水

蔡年亨

邱德金

陳逢源

鄭松筠

林篤勳

洪元煌

東京本社

臺灣支局

任《臺灣民報》取締役 ／蔣渭水文化基金會提供

「株式會社臺灣民報社」臺灣支局、編輯部設於蔣渭水大安醫院，蔣渭水任《臺灣民報》取締役（董事），其他董事還包括了林階堂、蔡培火、蔡惠如等。此刊載於大正 15 年（1926）1 月 1 日發行的《臺灣民報》。

《臺灣民報》總批發處前同仁合影

／蔣渭水文化基金會提供

大正 14 年（1925）8 月，臺灣雜誌社為了紀念創立五週年，與《臺灣民報》發行量達一萬冊，社員在總批發處大安醫院前合影留念。前排：車夫林寶財、張我軍、蔣渭水、王敏川、施至善、黃周、林伯廷（左起 2、3、4、5、6、7、8）。圈內：謝春木、連溫卿、陳逢源、林幼春、黃呈聰、林呈祿（左起 1、2、3、6、7、8）。

大正 13 年（1924）2 月 18 日，蔣渭水於治警事件假釋出獄後，致力於《臺灣民報》的推廣；一年中，銷路由 3,500 冊增為 10,000 冊，在當時僅次於臺灣總督府支持的《臺灣日日新報》與《臺南新報》二大御用新聞，高於另一御用新聞《臺灣新聞》。在 8 月 26 日《臺灣民報》發行了「創立五週年、發行一萬部突破」的臨時增刊號，刊載了許多人的祝賀與感言。

週刊 臺灣民報

臺灣人唯一之言論機關

每星期日定期刊行

昭和二年五月八日發行

第一百五十六號要目

臺灣鐵工所的勞資爭議

天下本無事 愚人自擾之

《臺灣民報》 ／孫亞光捐贈，臺北二二八紀念館典藏

純白話文發刊的《臺灣民報》，為臺灣人言論機關，頁面蓋有取次人蔣渭水戳章。

餘

▲開臺北師範己決定分離日臺人各獨立一校、可見假共學的招牌己撤回了。大凡愚民政策的政治大都如此而已。

▲高倡政治倫理化的後藤子、曾做了政本仲裁人、這番又想入憲本爲頭兄、他面又望做政友內閣的外相、無主無義、惟利是從。嗚呼！賣名的倫理者出現、眞是澆季之世了。倫理云乎哉、功利已矣乎。

▲若槻引責辭首相之前日、受伊東樞密院顧問官在玉座之下漫罵。這回憲本野黨因抱怨而草一彈劾樞府的上奏案、其中有謂「他弄了市井無賴所恥之言……暴露他不忌至尊之不逞心事云々」。哈々、罵來罵去、大人和小人竟無差別、無賴與不逞的形容詞、已可以通用於支配階級、請弱者放心。

▲本報臺灣的取次人、上月改換爲蔣渭水氏。

蔣渭水任《臺灣民報》取次人 ／原收藏者孫亞光，臺北二二八紀念館提供

昭和2年（1927）5月8日《臺灣民報》第一五六號，正面蓋有「取次人（經銷人）蔣渭水」戳章；最後一頁有蔣渭水任取次人的通告。斯時法令規定「欲為取次人者亦要受許可，許可與否由總督認定」，臺灣總督府訂定許可制是思想控制的手段之一。蔣渭水身兼《臺灣民報》創辦人之一、董事、主筆及專欄主持並兼記者，又自稱《臺灣民報》「保母」；因此，楊肇嘉曾說蔣渭水是與《臺灣民報》因緣最深的人。《臺灣民報》以中文白話文發行，除了語言選擇上的抗爭外，該報一直抱持批判統治者的言論立場，號稱為「臺灣人唯一之言論機關」，是非武裝抗日及社會運動團體的代辯總機關，也是社會運動家們宣揚理想的廣場，對臺灣總督府帶來強大的輿論壓力。

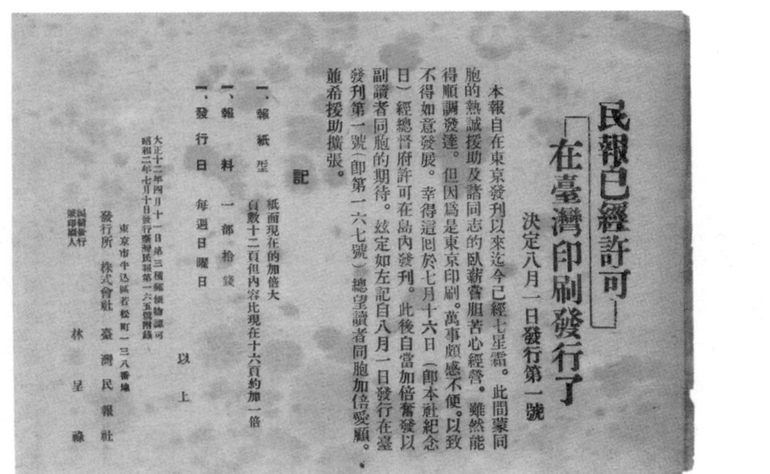

民報已經許可
在臺灣印刷發行了
決定八月一日發行第一號

本報自在東京發刊以來迄今已經七星霜。此間蒙同胞的熱誠援助及諸同志的臥薪嘗胆苦心經營。雖然能得順調發達。但因爲是東京印刷。萬事頗感不便。以致不得如意發展。幸得這回於七月十六日（卽本社紀念日）經總督府許可在島內發刊。此後自當加倍奮發以副讀者同胞的期待。茲定如左記自八月一日發行在臺發刊第一號（卽第一六七號）總望讀者同胞加倍愛顧。並希援助擴張。

記

一、報紙型　紙面現在的加倍大　頁數十二頁但內容比現在十六頁約加一倍
一、報料　一部拾錢
一、發行日　每週日曜日

以上

大正十二年四月十一日第三種郵便物認可
昭和二年七月十日發行臺灣民報第一六五號附錄

東京市牛込區若松町一三八番地
發行所　株式會社　臺灣民報社
編輯兼發行印刷人　林呈祿

臺灣新民報

人權擁護座談會

四月六日開於本社

出席者

林茂生氏　施炳訓氏　郭廷俊氏　蔡式穀氏　蔣渭水氏　林呈祿氏　謝春木氏　黃周氏　何景寮氏

《臺灣民報》許可在臺灣發行

／原收藏者孫亞光，臺北二二八紀念館提供

昭和 2 年（1927）7 月 16 日，《臺灣民報》獲准在島內發刊，預定昭和 2 年（1927）8 月 1 日正式在臺灣印刷，此為其夾報通知。

臺灣總督府終以增加日文版面為條件，核准《臺灣民報》在島內發刊；而背後可能的因素，還包含了避免因為路線之爭而分裂的臺灣政治社會運動者再次匯流。

人權擁護座談會

／取自《臺灣新民報》

昭和 6 年（1931）4 月 6 日，《臺灣新民報》主辦人權擁護座談會，與會者包括：右起黃周、謝春木、蔣渭水、蔡式穀、郭廷俊、林茂生、施炳訓、林呈祿（主持人，左 2）、何景寮。

昭和 6 年（1931），日本已經著手侵略中國，新聞檢查日趨嚴格，每次座談會關於政治人權之討論內容常常遭到當局刪除。以《臺灣新民報》關於人權擁護座談會的報導來說，就有約莫半版的文字開了天窗。

chapter 4

第四章

無法囚禁的靈魂：蔣渭水的獄中書寫

蔣渭水一生中因「治警事件」兩度入獄，即便身處窄牢高牆之中，仍將獄中所感、所見、所聽，用筆寫下，發表於《臺灣民報》，開啟監獄報導文學的新頁。

明治 33 年（1900），臺灣總督府為了壓抑各式自由民權運動，對政治結社、集會、示威運動予以限制，並規定勞工運動及農民運動的取締規範；大正 11 年（1922）12 月 28 日又頒布《治安警察法》。

大正 12 年（1923）12 月 16 日，臺灣總督府以違反《治安警察法》的名義，在全島大檢舉「臺灣議會期成同盟會」會員，拘押 41 人，實施搜索住宅及傳訊 58 人，同時封鎖相關新聞報導及對外電信。臺灣陷入風聲鶴唳，政治社會運動人士人人自危，史稱「治警事件」。

檢察官三好一八認為，想設立臺灣議會是違反憲法的要求，是追求獨立的妄想。然而，大正 13 年（1924）8 月 18 日，第一審宣判全體無罪，出乎臺灣總督府意料之外。裁判長堀田真猿認為，被告表達的不過是代表 360 萬臺灣島民試圖向日本帝國陳述的期盼。

大正 13 年（1924）10 月 29 日的第二審，蔣渭水等 13 人被臺北地方法院判決有罪；隔年 2 月 20 日第三審定讞，維持二審宣判，以蔣渭水和蔡培火被判 4 個月徒刑最重，被關進臺北監獄。

臺北監獄位在古亭的福住町，蔣渭水稱它為「古亭村大旅館」，因為「治警事件」，他得以在此「休養」兩次共 144 日，暫停馬不停蹄的講演。如此一來，監獄反而成了蔣渭水讀書寫作修身養性的道場。

入獄更加深蔣渭水抗日的決心，在判決尚未確定的羈押期間還有寫作的自由，他以仿古文寄寓心境，並以「治警事件」為背景，創作〈臺灣之獅子狩〉、〈獵獅和獵犬的會話〉，另也創作 60 餘張格紙的寓言〈獄中夢〉。至於每天書寫的〈入獄日記〉，更真實呈現監獄中的情景。

雖然獄中伙食分量不足，但有趣的是，因心境調適得宜，蔣渭水身軀還稍微發福，豫審假釋出獄時，前來迎接的同志甚至差點認不出來，當時，《臺灣民報》報導「渭水氏獄中增胖第一名」。

大正 14 年（1925）2 月 20 日為判決確定後第二次入獄，蔣渭水原本計畫將醫學校時期策畫毒殺袁世凱的行動寫成小說，但是這次入獄無法取得紙筆，蔣渭水仍不放棄，在出獄後憑著記憶創作〈獄中隨筆〉數篇。

因文化講座和政治結社觸及日本當局敏感神經，蔣渭水成為臺北北警察署經常「關照」的常客。他將北署的拘留所戲稱為「政治別莊」、「日新旅館」，若是遇上身體不舒服，還會自嘲是因為好久沒到別莊「調養」。

蔣渭水曾著文〈訬人（閩南語「瘋子」之意）大會記〉，諷刺每逢日本皇親國戚蒞臨臺灣，他與其他當局被認為會影響社會觀感的人，就被檢束在拘留所。另一篇文章〈女監房的一夜〉，則感嘆男監客滿，被塞入女監房，而女監房也是男囚爆滿的情況。蔣渭水還以醫師的角度探討監獄的公共衛生及人道問題，可說是臺灣文學史上獨樹一格的獄中文學。

即使在獄中無法身體力行參與文化運動，蔣渭水仍然以他的雙眼持續觀察這個世界，並將之記述下來，呈現了少見的視野，入監期間反成為蔣渭水散文創作最豐富的時期。

治警事件地方法院登記簿 ／司法院典藏，蔣朝根攝影

大正 12 年（1923）12 月 16 日的「治安警察法違反」事件，被稱為「治警事件」。臺北地方法院檢察局的刑事紀錄簿最上欄，日期記載大正 12 年（1923）12 月 14 日，推測是事先認定犯罪日期。

登錄治警事件的法院刑事事件簿

／臺北地方法院提供，吳中鐘攝影

登錄蔣渭水違反《出版法》、《治安警察法》大正 12 年（1923）的刑事事件簿。

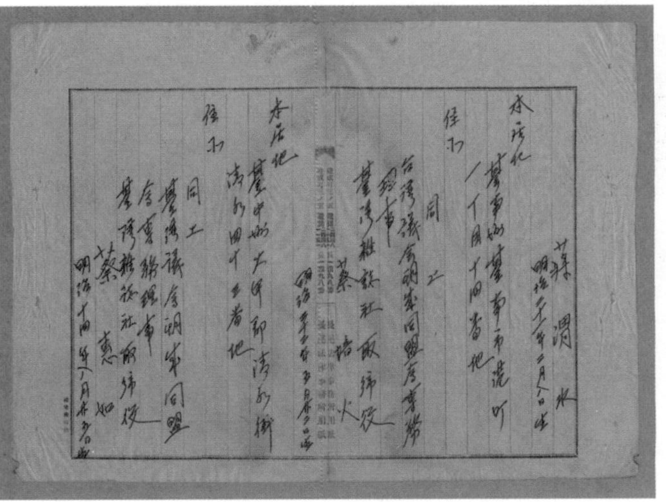

《治安警察法》違反事件豫審記錄

／中央研究院臺灣史研究所檔案館提供

《治安警察法》違法事件中的相關文書。登記有蔣渭水的名字。其他本居地、住所以及職務等其他個人資料登記在前一頁當中。

一九二四年二月十八日出獄紀念撮影

脫帽者為出獄人 戴帽者為出迎人

治警事件假釋出獄 ／蔣渭水文化基金會提供

治警事件預審後，大正 13 年（1924）2 月 18 日，受難者假釋出獄，出獄人與迎接人合影，背景為臺北監獄警察為被拘留者遞送便當的代辦所龍口亭分店。照片中男性脫帽者為出獄人，左起鄭松筠、石煥長、蔣渭水、蔡培火。戴帽者為迎接人，前排坐者為陳甜（左 2），立者林幼春、蔡式穀、王敏川、林呈祿（左起戴帽者 5、8、10、12）為日前先出獄者。站在最後方的臺灣文化協會總理林獻堂（左 11）因沒有加入議會期成會，成了「治警事件」的「漏網之魚」。

本島の內治獨立を畫策せる

一味の十四名起訴さる

臺灣議會設置請願運動をなす祕密結社

治安警察法の槍玉に擧る

一昨年十一月下旬臺北市太平町醫師蔣渭水、臺南市港町蔡培火外數名主唱の下に臺灣議會期成同盟會を組織し會員は數十名を得て臺北北警察署に組織後の屆出でをした事があつた。此會に就いては其當時から臺灣に於ける政治的の會として注目を惹て居たものであるが此同盟會は臺灣に施行する特別法律と臺灣豫算の協賛權を有つ特別議會設置運動を唯一の目的とし隨所で此會の主義を宣傳するので問題とされて居たが當局では彼等結社の行動は臺灣統治の大策上治安を攪亂するものとし主腦者に向つて組織を中止する樣諭した事があつたが頑として應ぜず主義の宣傳に努めるので昨年二月二日遂に治安警察法に依つて期成同盟會は禁止されたのである、然るに六日に至つて主唱者である蔡培火、蔣渭水、陳逢源の三名が第三回臺灣議會設置請願委員として上京し著京後間もなく禁止された結社と同一の名稱目的で

蔣渭水

石煥長

蔡培火

本島內治獨立 14 位被起訴

／國立清華大學圖書館葉榮鐘全集、文書及文庫資料館提供，大正 13 年（1924）3 月 2 日《臺灣日日新報》剪報

媒體全版報導高舉《治安警察法》，起訴策劃本島內治獨立祕密結社的一夥 14 名，被起訴者蔣渭水肖像被刊載於第一位。

該日新聞以聳動標題「本島の內治獨立を畫策せる一味の十四名起訴さる臺灣議會設置請願運動をなす祕密結社治安警察法のに槍玉舉る」警告。遭起訴者有蔣渭水、蔡培火、林呈祿、石煥長、林幼春、陳逢源、鄭松筠、蔡年亨、林篤勳、石錫勳、林伯廷、吳清波、韓石泉、吳海水等 14 位，蔡惠如、王敏川、蔡先於、蔡式穀則免訴，三好檢察官抗告再審，4 月 10 日取消原免訴駁回，4 人仍付之公判。

反被告事件につき當職は豫審決定をなすこと左の如し

主文

被告、林呈祿、蔣渭水、蔡培火、林幼春、陳逢源、石煥長、鄭松筠、蔡年亨、林篤勳、林伯廷、石錫勳、吳清波、吳海水、韓石泉の治安警察法違反被告事件を臺北地方法院の公判に附す

被告蔡惠如、蔡式穀、王敏川蔡先於の治安警察法被告事件を各々免訴す

理由

大正九年十一月の交第四十四議會に六三法の繼續法たる法律第三號の法案提案せられんとするや政治知識に目覺めたる一部有識の本島人間並に東京留學中の本島人學生間に繼續法案撤退を論議するものと英國自治領たる濠州其他の植民地自治を憧憬して內政の獨立を叫ぶものと相生じ東京に於ける各種本島人の會合の席上屢々建討せられ以來當時留學生中重きをなし居たる被告林呈祿蔡培火等は林獻堂其他の有力者と共に現時に於ける帝國勢力と本島行政に鑑みて今遽かに內政獨立を叫ぶ如きは時宜に適せざるものなれば暫く隱忍自重するものなれども六三法の繼續法案撤退の如きは不徹底のことにして寧ろ臺灣に特別議會を設置して臺灣總督の豫算と特別立法に干與し行政機關の監督を爲すの優れるに若かずとなし此處に同志相集り臺灣議會設置請願の運動を興し同じく四十四議會を初めとし爾來每年帝國議會に臺灣議會設置の請願書を提出し來りたるものなることろ大正十二年一月中本島に治安警察法施行せらるゝや廣く林呈祿、蔡培火蔣渭水等は他の同志に共に臺灣議會期成同盟會と稱する結社を組織し一團の結束を固め請願運動に從事すること共に同結社を運動主體として演說會其他諸種の會合を催し氣勢を舉げ事を企て大正十二年一月三十日社名を臺灣議會期成同盟會事務所を臺北市永樂町五丁目一五八番地主管者を石煥長として臺灣議會の設置を目的とする結社を組織し即日此れを臺北北警察署に屆出で被告蔡惠如蔡式穀王敏川、蔡先於の四名を除きたる本件被告十四名其他二十數名の同志と共に其の結社の社員となれり然るに臺灣總督は被告等從來の行動は常に臺灣議會設置請願なる憲法上の請願權の下に陰れて或は總督政治に失當なる批判を試み或は植民地自治領の歡樂を夢み徒らに官憲に對する拮抗心を高潮して臺灣の治安を害せるより前規屆出の結社も亦此れを存續せしめるに於ては治安を害する虞れありとなし大正十二年二月の二日治安警察法第八條に基き同結社の禁止處分をなし同時に此れを告示せり

林呈祿、蔣渭水、蔡培火、林幼春陳逢源、石煥長、鄭松筠、蔡年亨、林篤勳、林伯廷、石錫勳、吳清波、吳海水、韓石泉は右臺灣總督の禁止處分の後この禁止の事實を知り乍ら之れに從はず蔡培火陳逢源蔣渭水の三名は禁止後四日の後結社並びに議會請願に關する一切書類を携へ急遽上京し當時在京中の被告林呈祿等と協議ノ末秘密結社の解散を爲さずその儘繼續維持するに拘らず臺灣と內地と法域を異にし行政機關を別にするを奇貨とし恰かも新たに東京に於て同名同質の秘密結社を組織したる如くに裝ひ主幹者林呈祿は事務所を東京市牛込區若松町一三八番地とし所轄早稻田警察署に政治結社屆を提出して表面を繕ろひ前現臺灣總督の結社に違反したものなり

右被告林呈祿、蔣渭水、蔡培火、林幼春、陳逢源、石煥長、鄭松筠、蔡年亨、林篤勳、石錫勳、吳清波吳海水、韓石泉などの結社禁止違反の事實は公判に附するに足る嫌疑あり法に照す：尚被告等の罪は治安警察法第二十三條第二項第八條第二項に該當するを以つて刑事訴訟法第三百十二條に從ひ同法院の公判に附すべく被告蔡惠如、蔡式穀、王敏川、蔡先於は前記被告等と共に前述違反の罪を犯したる控訴はこれを審案するに公判に付するに足る嫌疑なきを以つて刑事訴訟法第三百十三條に從ひ免訴の言渡を爲すべきものとす依つて主文の如く決定す

大正十三年二月二十九日

臺北地方法院豫審判官

緒方清繼

豫審法官判決文

／國立清華大學圖書館葉榮鐘全集、文書及文庫資料館提供，大正 13 年（1924）3 月 2 日《臺灣日日新報》剪報

《臺灣日日新報》刊登治警事件豫審判決文。

大正 13 年（1924）2 月 29 日，豫審法官緒方清繼將林呈祿、蔣渭水等 14 名依刑事訴訟法第三一二條交付公判（法院公開審判），蔡惠如、蔡式穀、王敏川、蔡先於依三一三條免訴。

獄中報導文學 ／取自《臺灣民報》

大正 13 年（1924）4 月 11 日，蔣渭水的〈入獄日記〉開始在《臺灣民報》進行連載，〈入獄感想〉則自 21 日起連載，〈獄中隨筆〉遂於大正 14 年（1925）7 月 1 日起連載，首開臺灣人權文學與獄中報導文學的新頁。

上告趣意書

臺北州宜蘭郡宜蘭街巽門二百七十八番地

當時臺北市太平町三丁目二十八番地

醫師

蔣渭水

當三十七年

外十二人

右被告十三名ニ對スル治安警察法違反事件ニ

付上告趣意ヲ述フルコト左ノ如シ

上告ノ趣意ヲ述フルニ先ケ第二審ニ於テハ

上告趣意書 ／中央研究院臺灣史研究所提供

大正 13 年（1924）12 月辯護士渡邊暢為蔣渭水等 13 名被告向高等法院上訴《治安警察法》違反事件的趣意書。渡邊暢除了協助蔣渭水等人上訴以外，在臺灣人進行臺灣議會設置請願運動時，渡邊暢也是貴族院中將法案介紹進入議會的議員之一。

大正十三年二月十一日　臺灣民報　第二卷第五號

送王君入監獄序

（倣送李愿歸盤谷序）

於臺北監獄　蔣渭水

臺北之東。有監獄監獄之中。久住而體肥。衛生進步。居囚不少。或曰謂其如地獄。故曰獄。或曰是獄也宅幽而墻高罪者之監禁。友人王君入之。王之言曰人之稱凡俗夫者。我知之矣。利權求於官。名聲奧於時。走於衙門。諂媚百官。而佐桀爲虐。其在外則檣狗熊。飼爪牙。使其亂吠。愚者盲從。傭用之人。各助其非。巴結而附和。喜有賞。怒有罰。臭類滿前。道奸巧而譽才情。入耳而不煩。曲眉豐頰。清聲而便體。秀外而惠中。穿高鞋着短衣。塗粉點臙脂。列屋爲藝妓。嫖來又嫖去。肉林而酒池凡俗夫之得寵於官府。活動於當世者之所爲也。吾非愛此而難求。是不義焉。不屑食而致也。窮居於牢舍。追思而懷想。坐佛禪以終日。讀詩書以自修咏於聲。心可慰寫於文。意可舒。起居有時。推慣之安。與其有譽於官。孰若無毀於其民。與其有財於身。孰若無害於其心。官飯不食。紳士不爲。藝姐不嫖。酒肉不葷。大丈夫爲民請命者之所爲也。而我則行之。伺候於高官之門。奔走於權勢之途。足將進而趑趄。口將言而囁嚅。處汚穢而不羞。觸民怨而罹刑。徼幸於萬一。得富而且貴者。其於爲人正不正何如也。蘭陽渭水聞其言而壯之。與之酒。而爲之歌曰。獄之中。惟子之宮。獄之床。可坐禪。獄之窓可讀可咏。獄之餞。誰敢去獲。窈而深。門戶重疊。牢而固。蠑亦難逃。嗟獄之樂兮。樂且無憂。同胞贈遺兮。親朋告慰。獄吏守護兮。監禁不鬆。飲且食兮。壽而康。無不足兮。奚所望。離吾妻兮別吾母。從子於獄兮。終吾生以學禪。

快入來辭

於臺北監獄　蔣渭水

倣歸去來辭試作一篇藉以報平安信也但獄中無古文只憑腦根抽出恐有錯誤幸祈諒之。

快入來兮心園將蕪胡不入已自以身爲奴役奚惆悵而獨悲悟已往之不入知來者猶如仙實迷途其未遠覺今是而昨非（入即是不入即非）日遙々以昇揚（朝日東昇映入獄房）風飄々而吹芥（風吹房內塵芥日映盞明）問獄吏以前道恨餘日之虛微（放出一部餘日無幾）乃整原稿再閱再書同囚送湯看守候門（舊囚人送湯看守必先開門守係）科學就荒腦力猶存禪坐在室有書盈房（房小書多）開卷讀以自修低吟詩以怡懷（獄裡禁聲不許高吟）倚鐵窗以恁傲稔牢舍之易安住日久以成趣（慣勢成自然）門雖設而常關（且加鎖）時散步以休憩（讀書作文時出庭園散步）則遙首而遐觀雲無心以出岫我有志而難成景翳々以將暮撫短鬢而盤桓快入來兮請息交與絕遊世與我而相違復志言兮焉求悅同胞之情意（贈物慰問者多）樂書詩以養心獄吏告余以春及（初一日送粿至）將有事於筆曉或命牘紙或握管書（執筆寫字）既冥思與默想又奇智而天開心欣々以跳躍文彬々如水流覺萬事須精進感吾生之將休（學問基礎薄弱小器不成大事而將老矣）急起乎乾坤一擲復幾時曷不決心大勇爲直追乎遲々欲何之富貴非吾願故鄉不可居懷抱負以孤往向中原而問津登金陵以憑弔臨赤壁而賦詩策士同以歸正（世界大同々歸正義）共扶人道復奚疑。（一月十一日作）

獄中仿古文

／取自《臺灣民報》

年少時，蔣渭水師從宜蘭宿儒張鏡光以學漢文。入獄以後，蔣渭水以臺灣志士的豪情壯志創作了仿古文，文中藉古諭今，自述獄中生活。首先發表了仿〈歸去來兮〉所作的〈快入來辭〉，接著發表仿〈送李愿歸盤古序〉的〈送王君入監獄序〉，而後又於大正 14 年（1925）2 月 1 日在《臺灣民報》同時發表〈入獄賦〉、〈春日集監獄署序〉、〈牢舍銘〉等仿古文 3 篇。

治警事件出獄紀念章 ／原捐贈者林凱南醫師提供，臺大醫學院典藏

臺灣同志致贈治警事件受難者三審定讞，第二次入獄的紀念章。紀念章正面鐫刻泰美斯女神（Themis）雕像。泰美斯女神是希臘神話中法律和正義的象徵。手持天秤，代表了公義與法律；背面鐫刻大正 14 年（1925）2 月 20 日第二次入獄日。假釋出獄後，檢察官提起公訴，蔣渭水、蔡培火、蔡惠如、林呈祿、石煥長、林幼春、陳逢源等遭判刑期者，再次入獄服刑。

36

七月二十六日 台灣日日新報

治警法違反事件の公判
本島の内治獨立を畫策し
輕擧盲動する一味十八名
三百枚の傍聽券 十分間に出捌る
被告等入廷 係官著席

《臺灣日日新報》報導治警事件公判
／國立清華大學圖書館葉榮鐘全集、文書及文庫資料館，大正 13 年（1924）7 月 26 日《臺灣日日新報》剪報

大正 13 年（1924）7 月 25 日，治警事件第一審第一次法庭公判在書院町臺北地方法院舉行，蔣渭水帶頭走入法庭，客氣地向聽眾一揖後坐下，態度鎮靜；陳逢源在法官位升庭前，從口袋抽出雜誌閱讀，泰然自若。

治安警察法違反嫌疑事件第一審公判紀念撮影

治警事件第一審與辯護律師合影 ／蔣渭水文化基金會提供

大正13年（1924）8月6日，治警事件第一審公判後，蔣渭水等與辯護律師合影。前排辯護士團是臺灣首位法學博士葉清耀（左1），其餘是渡邊暢（左4，曾任東京地方裁判所長，朝鮮高等法院長，時任貴族院議員，白十字會會長）等日籍辯護士。中排：林篤勳、蔡年亨、林幼春、蔡式穀、林伯廷、林呈祿、陳逢源、石煥長、吳海水（左1、3、4、5、6、7、8、9、10），後排：韓石泉、鄭松筠、蔡培火、王敏川、蔣渭水（左1、2、3、4、6）；蔡惠如（左圈內）。

判決
臺北州宜蘭郡宜蘭街
艮門二百七十八番地
當時臺北市太平町三丁目
二十八番地
醫師
蔣渭水
當三十七年
臺南市港町二丁目十九番地
株式會社臺灣雜誌社
取締役
蔡培火
當三十六年
臺中州大屯郡霧峰庄
霧峰字霧峰二百四十七番地
貸地業
林幼春
當四十五年
臺南市東門町二丁目

治警事件第一審判決書 ／吳中鐘拍攝，蔣渭水文化基金會提供

第一審自大正 13 年（1924）7 月 25 日起至 8 月 7 日止，歷經 9 次公判庭激辯，於同年 8 月 18 日，裁判長堀田真猿以證據不足，宣判全體無罪。此判決書第三次臺灣議會設置請願委員蔣渭水、蔡培火、陳逢源被列為首要關係人，被起訴人之一的王敏川，當時設籍於臺北市太平町 3 丁目 28 番地蔣渭水家宅。

THE TAIWAN MINPAO

臺灣民報

大正十三年八月廿九日印刷納本（每月三回一日十一日廿一日發行）
大正十三年九月一日發行
大正十二年四月二十一日第三種郵便物認可

臺灣議會期成同盟會

治安警察法違反嫌疑事件

第一審公判特別號

檢察官論告△辯護人辯論△被告人陳述

正義和權力

民衆的智識、追隨時勢、日日漸進步、官僚的思想、靠着威權年年都不變、爲這緣故、所以在世界上無論東西古今、皆有民衆和官權衝突之歷史。

試看我臺改隸以來、既經過了三十年、民衆之新智、雖未曾過淺進、已有相當的進步、立志之後生、雖欠自治訓練、也知政潮的趨向、但是官界之空氣、鬱積不流通、優越的心理、混沌未釐去、所謂少所見多所怪、用舊官治新民、思想相離太遠、時代已甚錯誤、因此以致生起種々的恐怖、猜疑、誤解、軋轢之不好現象。

雖然、我臺有心自覺的新人、擁有滿腔的熱血、憑正義、遵公理、作社會之犧牲、謀人類之幸福、所以對於有力執權的階級、決不假力以抗爭、斷無怕力而退縮、惟有堅持主義、一貫精神、明樹立憲之旗幟、循行平等之軌道、守法令、聽司直、順潮躍進期達最後之目的而後已、史上既無阻止時勢得住之權力、自知正義必無不收最後之勝利了。（慈）

第貳卷（旬刊）第拾六號

治警事件第一審公判特別號 ／國立臺灣歷史博物館提供

大正 13 年（1924）9 月 1 日，《臺灣民報》第 2 卷第 16 號，報導臺灣議會期成同盟會違反《治安警察法》事件（治警事件）公判特別號，內文全程報導檢察官論告、辯護律師的辯論與被告人的陳述。社論〈正義與權力〉開宗明義指出：「民眾的智識，追求時勢，日日見進步，官僚的思想，靠著威權，為這緣故，所以世界上無論東西古今，皆有民眾和官權衝突之歷史，史上既無阻止時勢得住之權力，自知正義必無不收最後之勝利了。」觀諸歷來《臺灣民報》發行特別專刊的只有「治警事件」與「二林事件」，足見治警事件在近代臺灣政治運動史上的重要性。

檢察官論告中指出：「被告的主張，是唱民族的解放，民族自決，自由平等，排斥內地延長主義，是日漸增長的不遜行為。」

蔣渭水先批評檢察官的論告是沒有價值的饒舌，義正辭嚴得呼籲放棄法國式的同化政策，改採英國式的自治政策，反對同化並不是叛逆，臺灣的統治不是用法律或政策做得成，而要用無我的愛，讓各民族十分發揮其天性，臺灣人不論如何豹變自在，做了日本國民，便隨即變成日本民族，臺灣人明白的是中華民族，即漢民族。蔣渭水不卑不亢地說：「我要感謝神明，使我生做臺灣人。」

治警事件被起訴者與清瀨一郎法學博士合影 ／蔣渭水文化基金會提供

大正 13 年（1924）10 月，治警事件受難者蔣渭水（後左）、陳逢源（前左）、蔡培火（前右）與跨海來臺為治警事件辯護的眾議員清瀨一郎法學博士（前排中）合影。

清瀨一郎於大正 9 年（1920）起連續當選 14 次日本帝國議會眾議員，是支持臺灣議會設置請願運動的開明派；也曾擔任過 13 次的議會請願介紹人；他在治警事件時任辯護律師，曾為被告揮淚熱辯。清瀨認為蔣渭水等向帝國議會請願是憲法賦予的權利，當庭指責：「本辯護人未到臺以前，就聽臺灣種種的苦情，說常用官權來壓迫人民。本辯護人以為不免言過其實，正在半信半疑中，及至前次拜讀三好檢察官的論告，才知道臺灣的官吏，竟是這樣的心理，……現在臺灣的狀態好像 20 年前的內地，人民有種種的要求，官憲有種種的壓迫，但是民氣勃勃，無法抑制……，同化臺灣，這是不可能的，可謂不知時勢，是舊頭腦的統治法。」

治警事件第二審與辯護律師合影 ／蔣渭水文化基金會提供

大正 13 年（1924）10 月 18 日，違反《治安警察法》高等法院覆審公判辯論結束後，被告與律師合影。後排左起依序：蔣渭水、石煥長、王敏川、鄭松筠、蔡年亨。中排左起依序：蔡先於、石錫勳、蔡惠如、林呈祿、蔡式穀、韓石泉、吳海水、陳逢源、林伯廷、林篤勳。前排辯護士團：葉清耀（左 5）、渡邊暢、清瀨一郎（左 3、4）等日籍辯護士。圈內則為林幼春（左 1）、蔡培火（右 1）。治警事件第二審中，上內檢察官論告認為：「文化協會藉文化促進之目的，卒先煽動無智之人民，使其思想惡化，雖糾其不法仍亦不見改，因無特別之取締方法，故不得已用治安警察法禁止之」。然而，部分當時日本朝野人士，特地跨海來臺聲援辯護。清瀨一郎律師認為民氣勃勃、無法抑制，「當局對臺灣的統治，可謂不知時勢，很舊頭腦的統治法了」。不過，第二審公判中，仍將原來一審的無罪改判成有罪。

治警事件第二審判決文

／國立臺灣圖書館典藏，蔣渭水文化基金會提供

治警事件蔡先於的二審判決文。治警事件的二審推翻了一審的無罪判決，被起訴的 18 人中 13 人被判有罪（禁錮 7 人、罰金 6 人），第二審檢察官求刑 5 個月，蔣渭水、蔡培火 2 人被判 4 個月徒刑是罪刑最重的 2 人。

蔡先於，明治大學法科畢業，在留學生時代即加入「新民會」，並投身政治運動，同時也是平民律師的先驅。《臺灣民報》第二二八號即報導：「辯護士的民眾化，可說是以蔡辯護士為嚆矢。」蔡先於在治警事件被判無罪後，仍以文化協會理事身份四處演講，並評論時政，以喚醒民智。臺灣議會期成同盟會是爭取參政權的運動組織，被總督府視為民族運動與殖民地自治運動，而以違反《治安警察法》第八條禁止條款制裁之。

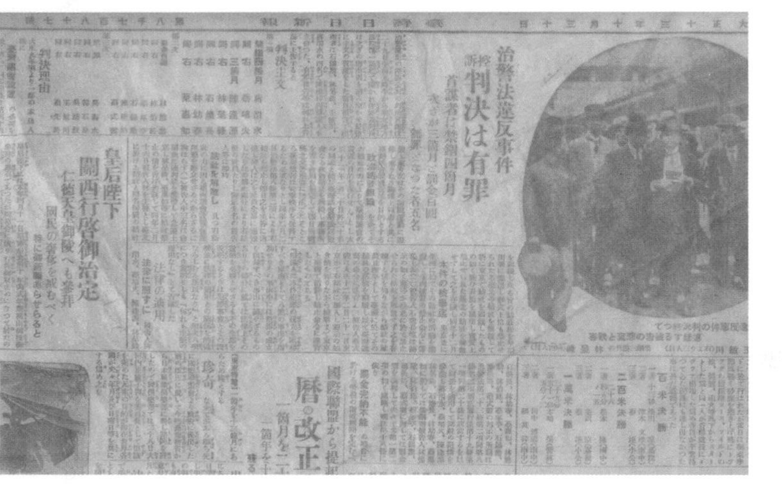
治警法違反事件
控訴判決は有罪
皇后陛下
關西行啓御治定
暦の改正

治警事件第二審判決新聞

／蔣渭水文化基金會提供

大正 13 年（1924）10 月 30 日，《臺灣日日新報》刊登治警事件首謀蔣渭水和蔡培火判刑 4 個月。

1930 年代的臺北北警察署 ／臺北市文獻館提供

臺北北警察署轄區內的臺灣文化協會臺北港町文化講座，是傳播新知的民眾講座，蔣渭水即常因講演會被中止，而與北署鬥智；臺灣民眾黨是政治結社，創立後蔣渭水更是臺北北警察署常客，其所著的〈北署遊記〉、〈再遊北署〉、〈三遊北署〉、〈舊友重逢〉、〈兩個可憐的少女〉、〈女監房的一夜〉、〈診人大會記〉等文章便是用逗趣的文字抒發入北署拘留所心得。

北署遊記 ／取自《臺灣民報》

大正10年（1921）10月17日臺灣文化協會創會當日，臺北北警察署署長近藤滿夫及萬華分署長到場關切，蔣渭水自此與北署結了不解之緣。蔣渭水一生共進出北署達十餘次。日新町的臺北北警察署是大稻埕社會運動人士經常被拘禁的地方，蔣渭水亦常「到此一遊」，並先後將「遊記」發表；昭和2年（1927）12月11日（左）、18日（中）、25日（右），〈北署遊記〉分三次在《臺灣民報》186號、187號、188號刊登，該文曾因違反新聞政策，而開天窗，留下空白。

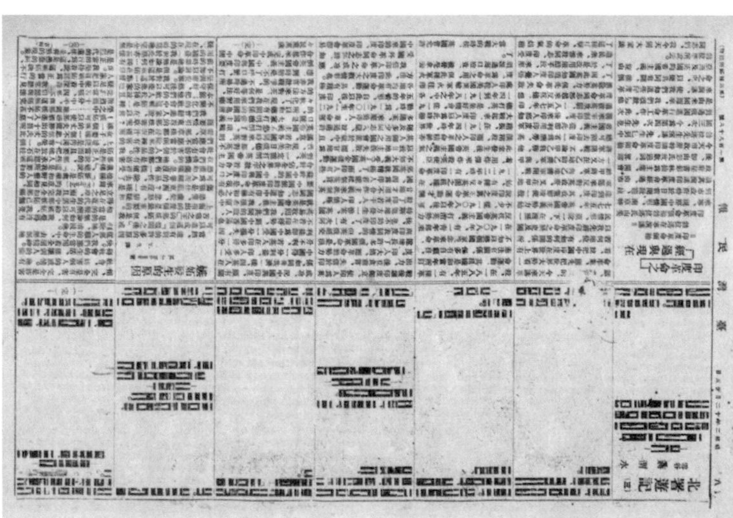

三遊××（上）
蔣渭水

三遊××（中）
蔣渭水

三遊××（下）
蔣渭水

三遊北署 ／取自《臺灣民報》

昭和3年（1928）11月18日（上）、25日（中）、12月2日（下）的《臺灣民報》分段刊載了蔣渭水的〈三遊北署〉，但是因觸犯當局禁忌，「北署」兩字被以「××」代替。這是殖民當局「此地無銀三百兩」新聞檢查證據。在發表〈三遊北署〉之前，蔣渭水也曾在《臺灣民報》上發表〈舊友重逢〉和〈兩個可憐的少女〉等文，這些都是蔣渭水被關在臺北北警察署羈留所時的所見所聞。

chapter 5

第五章

開創政黨史的新頁：政治先驅蔣渭水

臺灣文化協會歷經長期以來的左右派之爭，即使蔣渭水喊出「同胞須團結，團結真有力」，呼籲社會運動應統一戰線，最終仍由左派色彩濃厚的幹部主導，改組成左傾的臺灣文化協會（新文協）。蔣渭水、林獻堂、蔡培火3位靈魂人物則另籌組「政黨」；爾後經歷多次轉折，成立「臺灣民眾黨」。它不僅是臺灣歷史上第一個政黨、臺灣人解放運動的總機關，也是第一個被解散的政黨。

日本統治時期，在臺組黨結社可說是難如登天。臺灣總督府嚴厲的審查阻撓，數次要求修改黨綱，歷經「臺灣自治會」、「臺灣同盟會」、「解放協會」、「臺政革新會」、「臺灣民黨」的更名，終於在宣布「不是民族運動的結社」條件下，得以組成「臺灣民眾黨」，於昭和 2 年（1927）7 月 10 日，在臺中市新富町聚英樓召開成立大會，開啟臺灣政治運動的新頁。

為了取得合法結黨，臺灣民眾黨創立之初的三大綱領為：政治的自由、經濟的解放、社會的平等，但與蔣渭水派幹部的想法相差甚遠。於是，藉著昭和 4 年（1929）第三次全島黨員大會，修正原先的三大綱領。隔年 1 月 7 日，為了實現第三次黨員大會的宣言，黨中央常務委員將原綱領改成：一、改除政治、經濟、社會的束縛；二、擁護並伸張民眾日常的利益；三、反對總督專制，並努力獲得政權；後來卻又因日本當局嚴禁發表而再度修改。

隨著社會運動的推展，臺灣民眾黨體認，臺灣的解放運動不能只停留在資產階級及知識分子的慈善事業，必須走向以占臺灣人口絕大多數，且被壓迫最厲害的農工階級為中心的全民運動。此舉卻加深黨內地主、資產階級創黨之初的歧異，林獻堂、蔡培火等人另組溫和路線的「臺灣地方自治聯盟」。

儘管當時經費拮据，蔣渭水仍義不容辭擔任臺灣民眾黨的財政部主任，努力克服萬難，為組織籌措經費、支持社會運動，最後甚至散盡家財。

在日本的高壓統治下，臺灣民眾黨提出制定臺灣憲法、三權分立、普選制度、撤廢抑壓殖民地惡法、實施國家賠償法、陪審制度、實現男女平等、保障言論、出版、集會的絕對自由等先進政策，並經常批判時政，訴諸媒體輿論、日本內閣，給臺灣總督府帶來莫大壓力。

臺灣民眾黨的重要事蹟還有在昭和 5 年（1930）1 月 2 日發出電報，向日內瓦的國際聯盟控訴日本政府特許臺灣人吸食阿片（鴉片），獲得國際聯盟覆電。同年 12 月，臺灣民眾黨向日本帝國議會與內閣總理大臣揭露霧社事件中，臺灣總督府違反國際公約，以毒瓦斯殘殺原住民，導致臺灣總督、民政長官、臺中州知事、警務局長下臺。

自成立以來，臺灣民眾黨不斷受到日本當局刁難，加上黨內對運動方針的見解有歧異，以致黨的綱領、政策一再修改。昭和 6 年（1931）2 月 18 日，臺灣民眾黨舉行第四次全島黨員大會，通過修改綱領及政策時，遭臺北警察署當場取締，新任的太田政弘總督下令禁止結社，並逮捕蔣渭水等幹部 16 人。

警務局長發表禁止的理由為運動日趨過激，反母國、反官、領導權由激進分子掌握、綱領修改為絕對的反對總督政治及主張民族自決，這些罪名使臺灣民眾黨不得不走向解散之路。

曇花一現的臺灣民眾黨雖然倉促被迫終止結社，但是做為臺灣政黨史的先驅，轟轟烈烈戰鬥 3 年 7 個月，為臺灣人帶來了不曾有過的嶄新政治體驗。

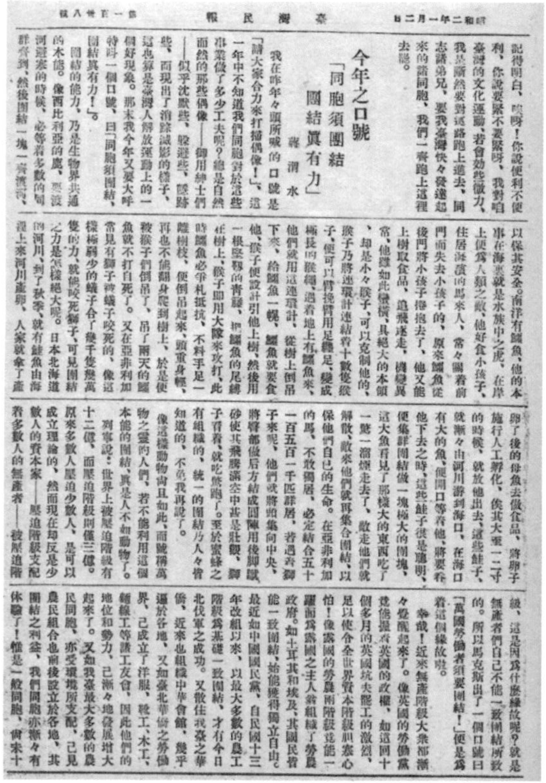

昭和二年一月二日　臺灣民報　第一百卅八號

記得明白、唉呀！你說便利不便利、你說要緊不要緊呀、我對咱臺灣的文化運動、若會効些微力、我是斷然要對這路跑上進去、同志諸弟兄、要我臺灣快々發達起來的諸同胞、我們一齊跑上這裡去罷。

今年之口號
「同胞須團結
團結真有力」
蔣渭水

我在昨年々頭所喊的口號是「請大家合力來打掃偶像！」、這一年中不知道我們同胞對於這些事業做了多少工夫呢？總是自然而然的那些偶像——御用紳士們——似乎沈默些、躲避些、隱跡些、而現出了消除滅影的樣子、這也算是臺灣人解放運動上的一個好現象。那末我今年又要大呼特呼一個口號、曰「同胞須團結、團結真有力！」。

團結的能力、乃是生物界共通的本能。像西比利亞的鷹、要渡河避寒的時候、必等着多數的同群齊到、然後團結一塊一齊渡河、以保其安全。南洋有鱷魚、他的本事在海裏就是水族中之虎、在岸上便為人類之敵、他好食小孩子、住居海濱的馬來人、常々囑着前門而失去小孩子的、原來鱷魚從後門將小孩子擄抱去了、他又能上樹取食品、追飛逐走、機變異常、他雖如此縱橫、具絕大的本領、却是小々猴子、可以克制他的、猴子乃將連環計連結着十數隻猴子、便可以臂挽臂用足纏足、變成極長的猴繩、遇着地上有鱷魚來、他們就用這連環計、從樹上倒吊下來、給鱷魚一嘷、鱷魚就要食他、猴子便設計引他上樹、然後用一根堅靭的青藤、把鱷魚的尾縛在樹上、猴子即用大隊來攻打、此時鱷魚必爭扎抵抗、不料手足一離樹枝、便倒吊起來、頭重身輕、再也不能翻身爬到樹上、於是便被猴子們倒吊了、吊了兩天的鱷魚就不打自死了。又在亞非利加常見有獅子被蟻子咬死的、像這樣極弱少的蟻子合了幾千幾萬隻的力、就能咬死獅子、可見團結之力是怎樣絕大呢。日本北海道的河川、到了秋季、就有鮭魚由海溯上來河川產卵、人家就拿了產卵了後的母魚去做食品、將卵子施行人工孵化、俟其大至一二寸的時候、就放他出去、這些鮭子、就漸々由河川游到海口、在海口有大的魚、便開口等着他、將要吞他下去之時、這些鮭子們是聰明、便集群團結做一塊極大的團塊、這大魚看見了那樣大的東西吃了一驚一溜煙走去了、趕走他們就解散、敵來他們就再集合團結、以保他們自已的生命。在亞非利加的馬、不敢獨居、必定結合五十一百五百一千匹群居、若遇着獅子來呢、他們就將頭集向中央、將臀部做后方結成圓陣用後腳蹴砂使其飛騰滿空中甚是壯觀、獅子看着、就吃驚跑了。至於蜜蜂之有組織的、統一的團結乃人々皆知道的、不免我再說了。

像這樣動物尚且如此、而號稱萬物之靈的人們、若不能利用這個本能的團結、真是人不如動物了。

列事說：世界上被壓迫階級有十二億、而壓迫階級則僅三億。原來多數人壓迫少數人、是可以成立理論的、然而現在却反是少數人的資本家——壓迫階級支配着多數人的無產者——被壓迫階級、這是因為什麼緣故呢？就是無產者們自己不能一致團結所致的。所以馬克斯出了一個口號曰「萬國勞働者須要團結！」便是為着這個緣故哩。

幸哉！近來無產階級大衆都漸々覺醒起來了。像英國的勞働黨覺悟握着英國的政權、如這回十個多月的英國炭夫罷工的激烈、足以使合全世界資本階級胆寒心怕！像露國的勞農兩階級竟能一躍而為露國之主人翁組織了勞農政府。如土耳其和埃及、其國民皆能一致團結、始能獲得獨立自由。最近如中國國民黨、自民國十三年改組以來、以最大多數的農工階級為基礎一致團結、才有今日北伐軍之成功。又散住我臺之華僑、近來也組織中華會館、幾乎遍於各地、又如臺北華僑之勞働界、已成立了洋服、鞋工、木工、鐵線工等諸工友會、因此他們的地位和勢力、已漸々地發展增大起來了。又如我臺最大多數的農民同胞、亦受環境所支配、已見農民組合也雨後設立於各地、其團結之利益、我們同胞亦漸々有体驗了！惟是一般同胞、尚未十

同胞須團結 團結真有力 ／蔣渭水文化基金提供

昭和2年（1927）1月2日，臺灣文化協會面臨分裂之際，蔣渭水在《臺灣民報》發表〈今年之口號「同胞須團結，團結真有力」〉專文，呼籲全島400萬同胞以團結之力求幸福。

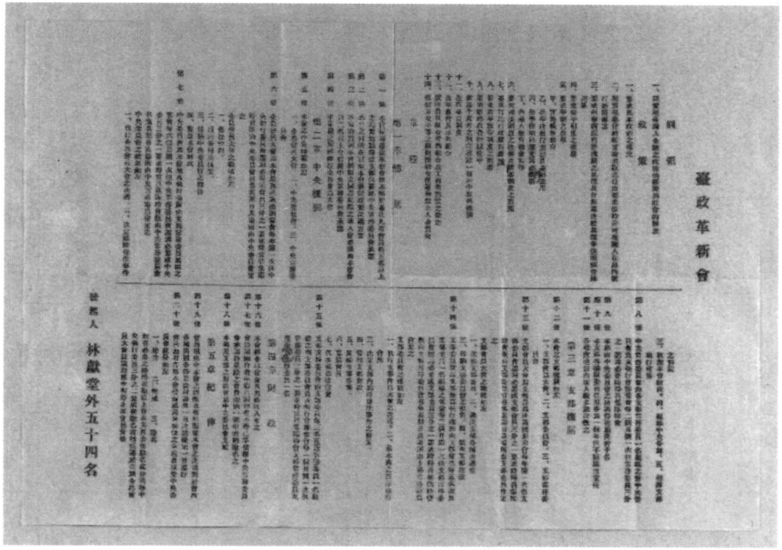

臺政革新會組織相關文件 ／中央研究院臺灣史研究所檔案館提供

臺政革新會的綱領、政策與章程。昭和2年（1927）脫離臺灣文化協會的幹部計畫另組團體。蔣渭水提議的臺灣自治會、臺灣同盟會都遭到禁止。蔣渭水、蔡培火等人與林獻堂會商，會名改為解放協會，後來又再度改為葉榮鐘提議的臺政革新會。臺政革新會還是在5月29日舉辦成立大會，在會中改名為王鐘麟提議的臺灣民黨，不過仍然難以逃過被禁止的命運。

孫中山逝世兩週年臺北華僑紀念會 ／蔣渭水文化基金會

昭和 2 年（1927）3 月 12 日，臺北華僑在蓬萊閣舉辦孫中山逝世兩週年紀念會，蔣渭水分享孫中山的履歷及三民主義。

ヱビスビール
神戸
昭和弐年五月廿九日
臺灣　創立紀念撮影

臺灣民黨成立 ／陳博馨提供

昭和 2 年（1927）5 月 29 日，臺灣民黨在臺中市新富町聚英樓（今臺中市中正路三民路口）創會式紀念攝影，其中可見蔣渭水、洪元煌、王鐘麟、彭華英、蔡式穀、蔡培火、黃朝清、廖進平、邱德金（前排左起 2、4、6、7、8、9、10、12、13）；韓石泉、王受祿、盧丙丁、葉榮鐘（2 排左起 9、10、14 戴墨鏡、最右）；林篤勳與黃旺成（後排 2，16）。

臺灣民黨綱領為期「實現臺灣人全體之政治的、經濟的、社會的解放」，由於阻礙「內臺融和」，昭和 2 年（1927）6 月 3 日臺灣總督府依「《治安警察法》第八條第二項」禁止其結社。

臺灣民黨是臺灣民眾黨的雛形，臺灣人的第一次政黨結社歷經了臺灣自治會、臺灣同盟會、解放協會、臺政革新會與臺灣民黨等籌組階段，皆以「標舉殖民地自治主義」、「標榜民族主義」、「違反治臺基本精神」、「唆使民族反感」被解散或禁止。

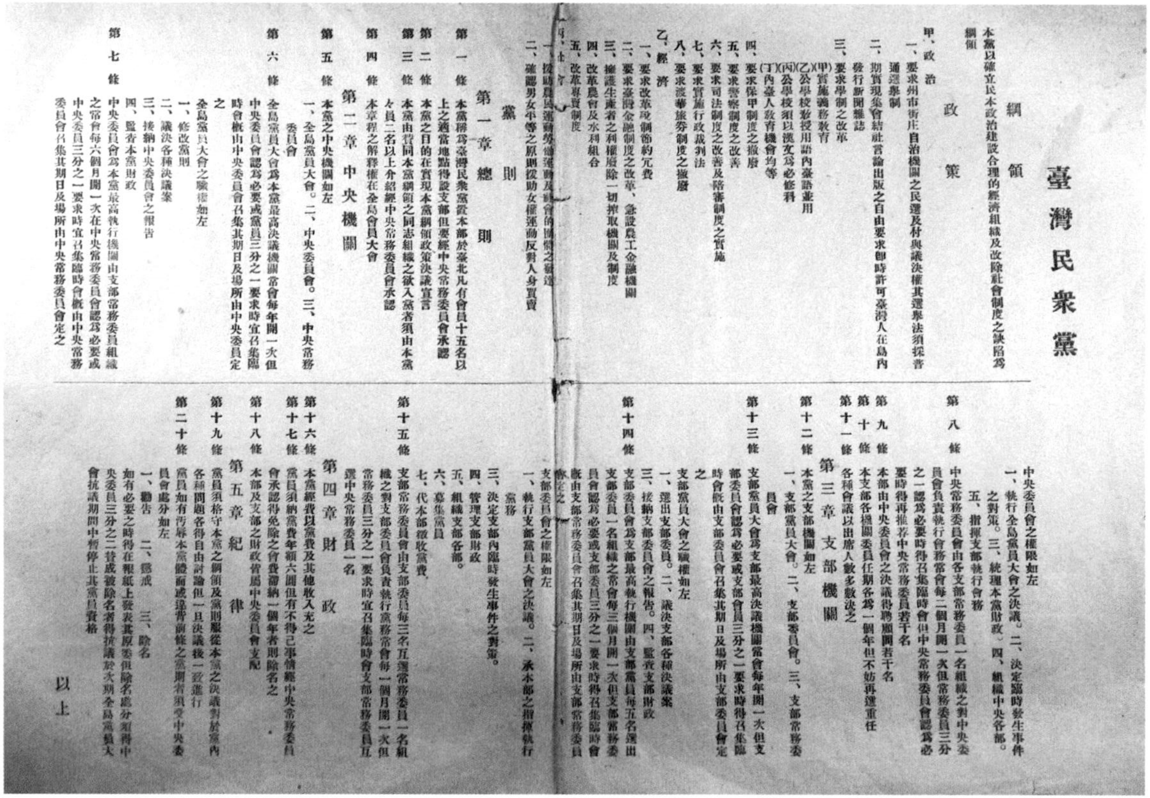

臺灣民衆黨

綱領

本黨以確立民本政治建設合理的經濟組織及改除社會制度之缺陷爲綱領

政策

甲、政治

一、要求州市街庄自治機關之民選及付與議決權其選擧法須採普通選擧制

二、期實現集會結社言論出版之自由要求即時許可臺灣人在島內發行新聞雜誌

三、要求學制之改革

(甲)實施義務教育

(乙)公學校教授用語內臺語並用

(丙)公學校須以漢文爲必修科

(丁)內臺人敎育機會均等

四、要求保甲制度之撤廢

五、要求警察制度之改善

六、要求司法制度之改善及陪審制度之實施

七、要求實施行政裁判法

八、要求渡華旅券制度之撤廢

乙、經濟

一、要求改革政制節約冗費

二、要求臺灣金融制度之改革、急設農工金融機關

三、擁護生產者之利權廢除一切搾取機關及制度

四、改革農會及水利組合

五、改革專賣制度

丙、社會

一、援助農民運動勞働運動及社會的團體之發達

二、確認男女平等之原則援助女權運動反對人身買賣

黨則

第一章 總則

第一條 本黨稱爲臺灣民衆黨置本部於臺北凡有會員十五名以上之適當地點得設支部但要經中央常務委員會承認

第二條 本黨之目的在實現本黨綱領政策決議宣言

第三條 本黨由贊同本黨綱領之同志組織之欲入黨者須由本黨々員二名以上介紹經中央常務委員會承認

第四條 本章程之解釋權在全島會員大會

第二章 中央機關

第五條 本黨之中央機關如左

一、全島黨員大會。二、中央委員會。三、中央常務委員會

第六條 全島黨員大會爲本黨最高決議機關當會每年開一次但中央委員會認爲必要或黨員三分之一要求時宜召集臨時會概由中央委員會召集其期日及場所由中央委員定之

全島黨員大會之職權如左

一、修改黨則

二、議決各種決議案

三、接納中央委員會之報告

四、監査本黨財政

第七條 中央委員會爲本黨最高執行機關由支部常務委員組織之常會每六個月開一次在中央常務委員會認爲必要或中央委員三分之一要求時宜召集臨時會概由中央常務委員會召集其期日及場所由中央常務委員會定之

第八條 中央委員會之權限如左

一、執行全島黨員大會之決議。二、決定臨時發生事件之對策。三、統理本黨財政。四、組織中央各部。

五、指揮支部執行會務

第九條 中央常務委員會由各支部常務委員一名組織之對中央委員會負責執行會務常會每二個月開一次但常務委員三分之一認爲必要時得召集臨時會但中央常務委員會認爲必要時得再推荐中央常務委員若干名

第十條 本部由中央委員會之決議得聘顧問若干名

第十一條 本支部各機關委員任期各爲一個年但不妨再選重任

各種會議以出席人數多數決之

第三章 支部機關

第十二條 本黨之支部機關如左

一、支部黨員大會。二、支部委員會。三、支部常務委員會

第十三條 支部黨員大會爲支部最高決議機關常會每年開一次但支部委員會認爲必要或支部會員三分之一要求時得召集臨時會概由支部委員會召集其期日及場所由支部委員會定之

支部黨員大會之職權如左

一、選出支部委員。二、議決支部各種決議案

三、接納支部委員會之報告。四、監査支部財政

第十四條 支部委員會爲支部最高執行機關由支部黨員每五名選出支部委員一名組織之常會每三個月開一次但支部常務委員會認爲必要或支部委員三分之一要求時得召集臨時會概由支部常務委員會召集其期日及場所由支部常務委員會定之

支部委員會之權限如左

一、執行支部黨員大會之決議。二、承本部之指揮執行黨務

三、決定支部內臨時發生事件之對策。

四、管理支部財政

五、組織支部各部。

六、募集黨員

七、代本部徵收黨費

第十五條 支部常務委員會由支部委員每三名互選常務委員一名組織之對支部委員會負責執行黨務常會每一個月開一次但常務委員三分之一要求時宜召集臨時會支部常務委員互選中央常務委員一名

第四章 財政

第十六條 本黨經費以黨費及其他收入充之

第十七條 黨員須納黨費年額六圓但有不得已事情經中央常務委員會承認得免除之會費滯納一個年者則除名之

第十八條 本部及支部之財政皆屬中央委員會支配

第五章 紀律

第十九條 黨員須格守本黨之綱領及黨則服從本黨之決議對於黨內各種問題各得自由討論但一旦決議後一致進行

第二十條 黨員如有污辱本黨體面或違背前條之黨則者須受中央委員會處分如左

一、勸告　二、懲戒　三、除名

如有必要之時得在報紙上發表其原委但除名處分須得中央委員三分之二贊成被除名者得抗議於次期全島黨員大會抗議期間中暫停止其黨員資格

以上

臺灣民眾黨黨綱 ／國立臺灣歷史博物館提供

創會時通過的臺灣民眾黨綱領、政策及黨則。昭和 2 年（1927）6 月 3 日，「臺灣民黨」被查禁後，蔣渭水、蔡培火、謝春木、彭華英與黃周等人等重整旗鼓，改以「臺灣民眾黨」為政治結社，修改綱領為「確立民本政治、建設合理的經濟組織及去除社會制度之缺陷」，將殖民當局最敏感的「臺灣人全體」與「解放」等七個字摘除提出申請。

然而，當時警務局卻提出二條件：「一、蔣君不參加。二、蔣君若參加，須於宣言書等保障蔣君不能支配大勢，並聲明不奉民族主義的團體。」蔣渭水洞悉總督府的陰謀，指出：「左右的分裂是政府喜歡的，今更要使之分為右之左及右之右。」

最後將組織定為合議制，加上宣布不表明民族主義，因而得到臺灣總督府的首肯。不過，合議制也為日後的臺灣民眾黨分裂埋下了伏筆。

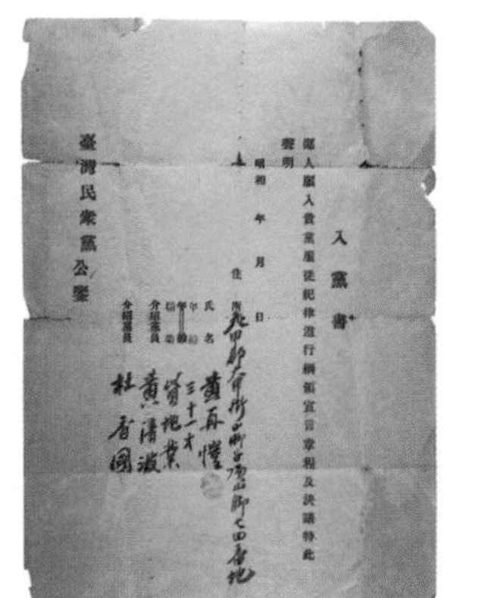

入黨書

臺灣民衆黨 公鑒

黃再愷入黨書 ／溫文卿提供

昭和 2 年（1927）8 月 15 日，臺灣民眾黨大甲支部成立，當時從事土地出租業的黃再愷遞交臺灣民眾黨入黨書，由黃清波以及杜香國擔任入黨介紹人。臺灣民眾黨為政治團體，黨員常遭警察特別關照，公職者甚至會被迫辭職，黨員須有堅定信念。申請加入臺灣民眾黨須有 2 名黨員擔任介紹人，並經中央常務委員會承認後生效。

黃清波，臺灣總督府國語學校國語部畢業，曾任公學校教員，後改行經商，任大甲信用組合理事、帽席同業組合監事等職，熱心地方文化的啟蒙運動，加入文化協會，後來擔任臺灣民眾黨大甲支部創始黨員，臺灣文化協會支持團體大甲日新會主幹。

杜香國，國語學校畢業不久辭去教職，轉入實業界，任臺灣株式會社專務及大甲商工會長。。大正 13 年（1924）10 月 5 日，黃再愷發起大甲讀報會，邀請杜香國參加。

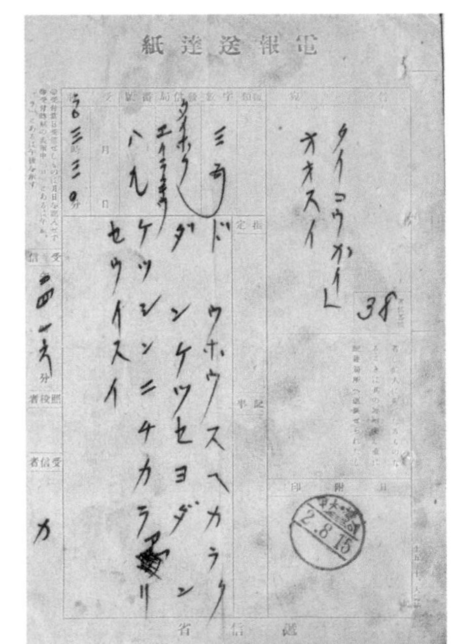

電報送達紙

蔣渭水電賀臺灣民眾黨大甲支部創立 ／溫文卿提供，蔣智揚翻譯

昭和 2 年（1927）8 月 15 日大甲支部成立，各地賀電紛至沓來，蔣渭水以「同胞須團結，團結真有力」作為賀電。

電報內容：

大甲　王錐　著信番號三十八　昭和二年八月十五日

發信局　臺北永樂町

同胞須らく、團結せよ團結真に力有り。　　渭水

「同胞須團結，團結真有力」這句口號是昭和 2 年（1927）1 月 2 日臺灣文化協會分裂前，蔣渭水對社會運動統一戰線提出的呼籲，後來成為勞工運動的精神支柱。其後，蔣渭水亦於〈臺灣的農民運動〉文中提出這樣的想法。日本勞働農民黨顧問布施辰治來臺為「二林事件」被捕農民辯護後，巡迴講演時無警察臨監，而同場蔣渭水的講演則有臨監；《臺灣民報》曾批評警察當局政策，臺北州警察當局趕忙解釋說：「布施氏的講演是『階級鬥爭』，在臺灣不甚厲害，而蔣氏的講演『同胞須團結，團結真有力』是煽動民族的反感，這在臺灣是很厲害的。」

團結是弱者唯一的武器，因此這句口號也被總督府視為非武裝抗日最厲害的武器，臺灣總督府不准以此標語演講，以免破壞分化政策。

第貳回臺灣社會改造講演會

時日 新曆九月十八日
◎晝間自午後一時半起
◎夜間自午後七時半起

辯士
蔣渭水（臺北） 謝春木（臺北）
黃周（臺北） 陳旺成（新竹）
陳逢源（臺中） 彭華英（臺中）
盧丙丁（臺南）

場所 臺南市公會堂
◎來聽大歡迎!!

主催 臺灣民衆黨臺南支部

臺灣民眾黨新竹支部發會式 ／臺北市立文獻館提供

昭和2年（1927）8月28日，臺灣民眾黨新竹支部在新竹公會堂舉行創立大會黨員合影。前排左起：彭華英、蔣渭水、謝春木、蔡式穀、蔡培火與新竹支部主幹黃旺成（8、9、10、13、14、18）以及何漢津（2排左9）。大會中蔣渭水、蔡培火及蔡式穀先後致詞政治結社的必要，勉勵黨員今後需更加努力。

「第貳回臺灣社會問題改造演講會」講演 ／楊永智提供

昭和2年（1927）9月18日，蔣渭水參加臺灣民眾黨臺南支部在臺南公會堂舉辦的「第貳回臺灣社會問題改造講演會」。

式六月三日被禁止

一、一九二七年七月十日文協舊幹部等組織臺灣民衆黨在臺中醉月樓舉行結黨式

一、一九二八年七月十五日在臺南開第二次全島黨員大會出席全島黨員百二十八名發表重大的宣言書及對階級問題的態度確定以農工階級爲中心勢力聯絡農工商學爲共同戰線之原則

一、一九二九年十月十七日在新竹開第三次全島黨員大會全島出席黨員百七十五名

一、其重要決議有修改黨則改正年度及發表重大的宣言

全黨員數（一九二九年十月現在）

七百五十七名

一〇

本黨本部及各支部

本　　部	臺北市日新町二ノ一〇
宜蘭支部	宜蘭街壽門
基隆支部	基隆市後井子一七
汐止支部	汐止街
臺北支部	臺北市太平町三ノ二八
桃園支部	桃園街公館頭三六
新竹支部	新竹街北門三三
竹南支部	竹南郡中港
苗栗支部	苗栗街
大甲支部	大甲街山脚黃清波方
清水支部	清水街
臺中支部	臺中市榮町一ノ一五
南投支部	南投郡草屯庄番子田洪元煌方

一一

臺灣民眾黨本部通達書 ／溫文卿提供

昭和 3 年（1928）1 月 6 日，臺灣民眾黨通知各個支部，本部由臺灣民報社遷移至日新町（今臺北市民生西路新芳春茶行附近）。

臺灣民眾黨臺北支部 ／取自《臺灣民眾黨》特刊，莊永明提供

臺灣民眾黨臺北支部設於蔣渭水的大安醫院。昭和 2 年（1927）9 月 6 日，臺灣民眾黨臺北支部舉行發會式，由蔣渭水任議長。會中推選吳青海任主幹，蔣渭水、吳青海、謝賜福及謝春木任常務委員。

昭和貳年九月貳拾五日
臺灣民衆黨臺中支部發黨式紀念撮影

臺灣民眾黨臺中支部成立 ／蔣渭水文化基金會提供

昭和 2 年（1927）9 月 25 日，臺灣民眾黨臺中支部在臺中公會堂舉行結黨式合影。臺中支部主幹為黃朝清（左 2），當日與會者包括許嘉種、蔣渭水、洪元煌、葉清耀、謝春木、陳逢源、黃賜、廖進平（前排左 3、4、5、6、11、12、13、14），莊遂性、陳炘與張聘三（2 排左 3、5、9），來賓則有日人二瓶、渡部與泉風浪。晚上的政談講演會，聽眾約 3,000 名，會堂幾無立錐之地，多名辯士講演，其中蔣渭水的講題為〈民族問題與階級問題〉。臺中支部是臺灣民眾黨第 10 個支部，以中部士紳地主為主。

臺灣民眾黨宜蘭支部舉行發會式的文昌廟

／林其英攝；宜蘭縣史館提供

昭和 2 年（1927）9 月 22 日，臺灣民眾黨宜蘭支部於文昌廟舉行結黨式，陳金波任議長，蔣渭水也登壇演講。圖片是文昌廟的舊照。在戲園舉行的政談講演會，聽眾有千餘人；蔣渭水的講題是〈民眾黨的政治政策和經濟政策——合理的經濟組織的說明〉。

艋舺民眾講座被捕

／蔣渭水文化基金會提供

昭和 2 年（1927）9 月 28 日及 29 日，臺灣民眾黨艋舺民眾講座被檢束者合影，蔣渭水與如夫人陳甜（前排左 3、4）也成了臺北南警察署的座上客。因為昭和 2 年（1927）9 月 28 日的艋舺政談演講會屢遭中止，蔣渭水決定 29 日上午 10 時起再繼續演講。早上 9 時，臺北南警察署就先將辯士 23 名檢束。而 10 月 2 日的《臺灣民報》便以〈不法的檢束〉一文批評臺北南警察署的不當執法。

蔣渭水電賀臺灣民眾黨大甲支部成立一週年

／溫文卿提供，蔣智揚翻譯

昭和 3 年（1928）7 月 7 日，蔣渭水從臺北永樂町的郵便局發給大甲臺灣民眾黨支部的電報，祝賀成立一週年。電文為「一年間の戰跡を顧みつつ、同志と共に一層奮闘誓う。渭水」，電報送達紙上日文為電信局收報員字跡。右邊漢譯的「回顧一年間的戰跡，誓與同志一層奮闘。蔣渭水」之文，是蔣渭水爾後赴大甲支部所簽寫留念字跡。

成商行
興商行
堂印舖
台南市大宮町二丁目
電話四三六番
台南市本町
株式會社
代表
仙
台南市永樂町
書記席
議長席
司會者席

臺灣民眾黨第二次黨員代表大會 ／蔣渭水文化基金會提供

昭和 3 年（1928）7 月 15 日，臺灣民眾黨第二次黨員代表大會在臺南南座舉行。議長王受祿、副議長韓石泉（議長席中、左）、司會（司儀）盧丙丁、主幹（秘書長）彭華英（立者）、政務部王鐘麟、社會部洪元煌（議長席後白髮者）、財政部蔣渭水（議長席與主幹後方埋首抄寫者）等工作報告。議臺上有小商家行號支持的旗幟與記者席、書記席及高等特務（對付社會運動的警察）的臨監席，並包含正服、私服及通譯。

這次黨員大會，因為蔣渭水所提根據耕者有其田原理，獎勵自耕農之發達，防止大地主之發生等議案，影響中部仕紳地主利益甚鉅，因而產生激辯。黨員大會終究未全盤通過蔣渭水所提中央委員會綱領解釋案，修正後改以「民眾黨的指導原理」通過：

1. 確立民本政治。

   說明根據立憲之精神，反對總督專制政治，使司法、立法、行政三權完全分立，使臺灣人擁有參政權。

2. 建設合理的經濟組織。

   說明提高農工階級的生活水準，使貧富趨於平等。

3. 改除社會制度之缺陷。

   說明改革社會陋習，實行男女平等之權，確立社會生活之自由。

臺灣民眾黨第二次黨員代表大會會後合影 ／林文哲家族提供

上圖為第二次全島黨員大會會後合影，洪元煌、蔡年亨、彭華英、韓石泉、蔣渭水、許嘉種、陳旺成、謝春木（花圈左起 3、4、5、8、9、18、22、24）、盧丙丁（排佐 2 戴墨鏡）等出席黨員一百五十餘名。

臺灣民眾黨竹南支部成立 ／蔣渭水文化基金會提供

昭和 3 年（1928）10 月 14 日，張晴川、廖進平、盧丙丁、黃旺成、蔣渭水與李友三（前排左、2、3、4、5、6、7）等人參加臺灣民眾黨竹南支部在中港媽祖宮召開的成立大會，蔣渭水為該支部顧問。依據報導，會場由黨員合力造就一個壯觀的綠門，掛起發黨式的匾額，夜間點上電燈，開會前、閉會後施放數發的煙火，相當熱鬧；開會前有牧司法主任帶著多位穿著正服、私服的巡查與通譯正式臨監。當天在竹南支部事務所陳萬濡的住宅開辦民眾讀報所，準備了各種新聞雜誌以供閱讀。在同日的講演，蔣渭水的題目是〈民眾黨綱領政策與工作〉。

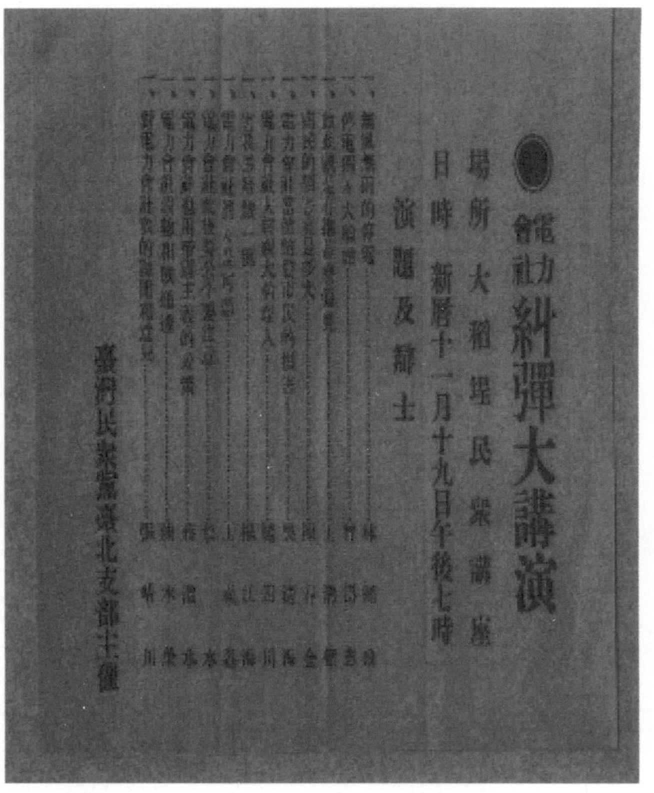
電力會社糾彈大講演
場所 大稻埕民衆講座
日時 新曆十一月十九日午後七時
演題及辯士
臺灣民衆黨臺北支部主催

電力會社糾彈大講演傳單 ／六然居資料室提供

昭和 3 年（1928）11 月因為電力會社突然提高收費，引起各地用戶的反對。臺灣民眾黨各支部也展開反對運動。講者和講題包含蔣渭水的「電力會社也用帝國主義的政策」。

蔣渭水於基隆中華會館 ／蔣渭水文化基金會提供

昭和 3 年（1928）11 月 8 日，蔣渭水（中穿漢服者）在基隆中華會館講演，中華會館由在臺「華僑」成立。

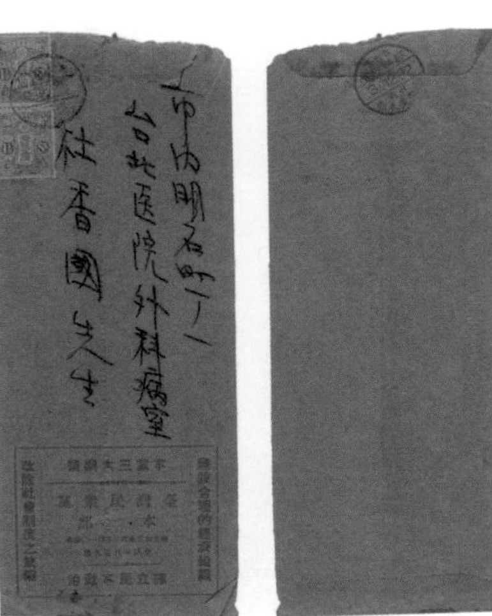

寄杜香國臺灣民眾黨專用信封 ／蔣渭水文化基金會提供

昭和 3 年（1928）12 月 22 日，臺灣民眾黨寄中央常務委員、經濟委員會委員杜香國的信封。專用信封印有三大綱領，正面本部地址「臺北市日新町 2 丁目 10 番地」，與背面「臺灣民眾黨本部臺北市下奎府町 2 の 26」的戳記不同。

臺灣民眾黨成立時本部設於下奎府町《臺灣民報》發行所（今太原路），後遷移至臺北市日新町 2 丁目 10 番地（今民生西路），昭和 5 年（1930） 3 月，臺灣民眾黨與臺灣工友總聯盟本部及臺北區本部遷移至自建本部臺北市建成町 1 丁目 244 番地（今天水路 45 號），合署辦公。

臺灣民眾黨第九次中常會 ／溫文卿提供

昭和 3 年（1928）12 月 22 日，臺灣民眾黨中央常務委員會通知書，預定第九次中常會於翌年元月 2 日召開，討論黨旗制定等 10 項議題。此次中央常務委員會通過蔣渭水所提「上青下紅，中央白日」黨旗，並說明「上青下紅，中央白日，青即全民運動，紅即階級運動，白日即太陽，乃表示光明之意義。」該黨旗乃是根據第二次黨員大會通過的《綱領解釋案》，以全民運動與階級運動並行。而從黨旗的提議，也能看出蔣渭水受到孫文的影響。

臺灣民眾黨第一次務礎商會 ／蔣渭水文化基金會提供

昭和4年（1929）1月1日至4日，臺灣民眾黨在本部（臺北市日新町）召開第一次務礎商會，召集各支部委員及中心份子來訓練幹部，並宣揚立黨精神。講師有王鐘麟、謝春木、黃周、蔣渭水（前排坐者左5、7、11、12），與會者有李友三、石圭璋、楊慶珍、黃賜、陳隆發（前排坐者3、6、9、10、13）、盧丙丁、陳春金、黃旺成（2排左1戴墨鏡者、3、9）、梁加升、張晴川（最小拱廊前，最高且戴眼鏡者）。《臺灣總督府警察沿革誌》記載蔣渭水第一日講授「關於黨勢擴張及工作方面，論資本與勞動關係，說明勞動者須以團結力量擔當階級防衛，並以各國的勞動情況及發展數舉例說明」，第二日講「階級運動與社會運動」，第三日講「中央各政黨的狀況」，可見蔣渭水對世界局勢頗為瞭解，且臺灣民眾黨的路線已經從原先的知識分子、資產階級為主的運動漸漸走向以農工為中心的全民運動。

黨報

昭和四年一月一日發行

過去的重要工作

宜蘭魚市歸街營問題
宜蘭水利組合與電燈會社問題
宜蘭山林採伐事件
宜蘭保甲選舉干涉問題
基隆中學校敷地問題
基隆小賣商人行商取締問題
汐止水道料金及共用栓問題
汐止保甲選舉干涉問題
臺北墓地使用料問題
臺北吳海水毆打致死問題
臺北南署壓迫講演問題
臺北辜顯榮對講座訴訟事件
臺北張水成毆打問題
臺北中山標火柴販賣被拘事件
臺北電車問題
臺北電力會社問題
桃園農民毆打問題
桃園罷點電燈干涉問題
新竹州下巡迴講演
新竹事件入獄者家族的救濟
大湖蕃地移住問題
大甲遊技場問題
大甲保甲選舉干涉問題
臺南小賣行商人取締問題
臺南安平復興問題
臺南墓地遷移問題
臺南第二次墓地遷移問題
高雄淺野罷業干涉問題

以上是支部的工作

反對臺灣總督府評議會
警告大寶農林事件
藥品密輸入事件
反對田中內閣對華外交政策
全島巡迴講演
抗議保甲選舉的干涉

以上是本部的工作

黨員分布狀況

支部所在地　計十七處
全黨員數　計七百三十七名

臺北支部	九三名
臺南支部	九〇名
新竹支部	六七名
彰化支部	四八名
基隆支部	四六名
高雄支部	四〇名
臺中支部	三八名
清水支部	三二名
大甲支部	二九名
汐止支部	二九名
南投支部	二六名
宜蘭支部	二五名
桃園支部	二二名
苗栗支部	二二名
嘉義支部	二一名
北港支部	一八名
竹南支部	一七名

本部直屬

本部直屬	人數
能高郡	三二名
北斗郡	一八名
文山郡	一四名
斗六郡	三名
花蓮港廳	三名
員林郡	一名
澎湖廳	一名
臺東廳	一名
海外	一名

以上是昭和三年十二月末日現在

我們的願望　（雪谷）

建設堅固有力的黨
建設代表臺灣人的利益的黨
建設農工商學聯合戰線的黨
建設農工階級為基礎的黨
把持理想凝視現實
防止小兒病老衰症
整理戰線統一陣容
黨外無黨黨內無派
民衆第一主義
到民衆去
喚起民衆
組織民衆
訓練民衆
領導民衆總動員

臺灣民眾黨黨報 ／六然居資料室提供

昭和4年（1929）1月1日臺灣民眾黨發行的《黨報》，其中刊登蔣渭水的文章〈民眾第一主義〉。臺灣民眾黨的《黨報》自第六號起，改以《通達》報導黨務及對支部聯絡事項。

（完整內容可見附錄 II）

臺灣民衆黨々員名錄

（昭和三年七月十五日現在 全黨員七百七十七名 支部十六）

（順序不拘）

臺灣民眾黨黨員名錄 ／六然居資料室提供

昭和 3 年（1928）7 月 15 日臺灣民眾黨黨員名錄。蔣渭水隸屬的臺北支部在第 3 列中間，蔣渭水名列在臺北支部中的第 1 位。（局部放大請見附錄 III）

臺灣民眾黨宜蘭民眾講座開座式 ／石精華提供

昭和 4 年（1929）3 月 1 日，陳金波、蕭阿乖、石壽松、蔣渭水、石珪章、林火木（前排左 1、2、3、5、8、9）、陳廷章、李友三（2 排左 3、4）參加臺灣民眾黨宜蘭支部民眾講座開座式。，並述祝辭，當晚的紀念講演會，蔣渭水的講題則是「印度的解放運動」，聽眾約 500 餘名。

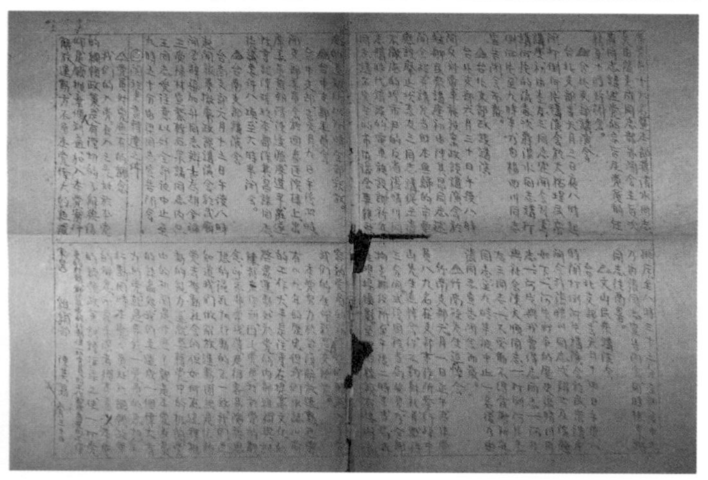

臺灣民眾黨組織部通達書 ／溫文卿提供

昭和 4 年（1929）7 月 8 日，臺灣民眾黨組織部發出〈關於六月份工作報告之件〉的「通達書」，記錄各地召開打倒鴉片、反始政、糾彈市政、撤廢渡華旅券及廢止榨取機關的講演會。全島各地多名黨員遭受檢束，重要幹部赴警署抗議被捕、同時抗議禁開漢文講習所的政策，充分顯示臺灣民眾黨蓬勃的黨務活動。這份通達書與蔣渭水相關的紀錄有：昭和 4 年（1929）6 月 3 日於臺北支部舉行打倒鴉片大講演會，除向北警署抗議暴行事件外，並向臺北州、總督府抗議。6 月 15 日，在汐止支部事務所開黨員訓練會，講述黨的宗旨及黨員任務。

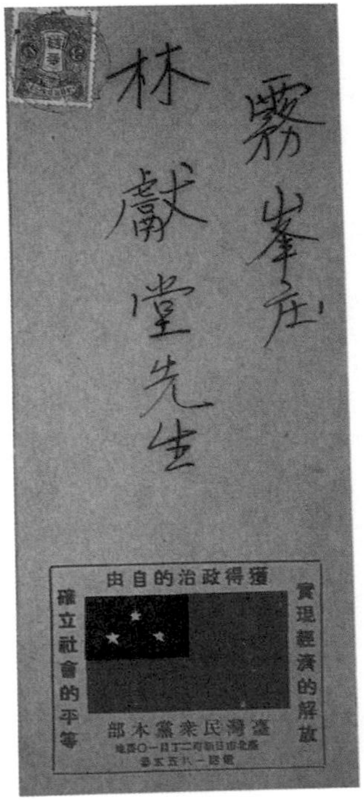

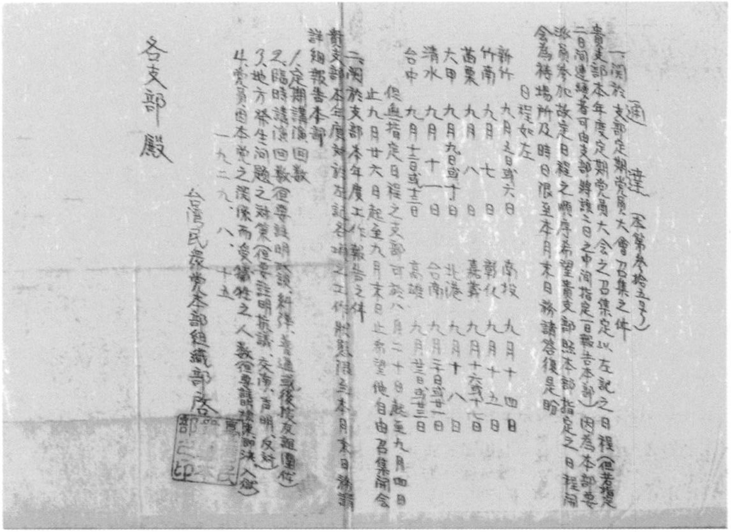

通達（本第參拾五号）

一、關於支部定期黨員大會召集之件

貴支部本年度定期黨員大會之召集定以左記之日程（但若指定二日間連續者可由支部斟酌二日之中間指定一日報告本部）因為本部要派員參加故定日程之順序希望貴支部照本部指定之日程開會為揀場所及時日限至本月末日務請答復是盼

日程如左

新竹 九月五日或六日
竹南 九月七日
苗栗 九月八日
大甲 九月九日或十日
清水 九月十一日
台中 九月十二日或十三日
南投 九月十四日
彰化 九月十五日
嘉義 九月十六或十七日
北港 九月十八日
台南 九月二十日或廿一日
高雄 九月廿二日或廿三日

但無指定日程之支部可於八月二十日起至九月四日止九月廿六日起至九月末日止希望他自由召集開會

二、關於支部本年度工作報告之件

貴支部本年度對於左記各項之工作狀況限至本月末日務請詳細報告本部

1、定期講演回數
2、臨時講演回數（但要註明[illegible]）
3、地方發生問題之對策（但要註明抗議、交涉、声明、反對）
4、黨員因本黨之關係而受犧牲之人數（但要註明[illegible]）

一九二九、八、十五

台灣民衆黨本部組織部啓

各支部 殿

印有黨旗專用信封 ／國立臺灣歷史博物館提供

臺灣民眾黨組織部寄給該黨顧問林獻堂的信封，信封上印有黨旗及三大綱領。黨旗左上角旗面 4 分之 1 處為藍地，意即黑夜，藍地中有 3 顆星，代表黨的三大綱領；而其餘 4 分之 3 的旗面為紅色，意即熱血，整體的意義便是熱血地要求解放。

臺灣民眾黨的三大綱領為「確立民本政治，建設合理的經濟組織，改廢社會制度之缺陷」。3 顆星在政治的暗夜中努力發光，帶給臺灣人「光明政治」的希望；但是唯有熱血的犧牲爭取，光明的太陽才會衝破低垂厚重的夜幕，全民才能得到解放。

臺灣民眾黨組織部通達書（本第三十五號） ／劉克全提供

昭和 4 年（1929）8 月 15 日，臺灣民眾黨組織部通知各支部召開定期黨員大會，並報告講演次數、地方問題對策、黨員遭檢束入獄之情況。

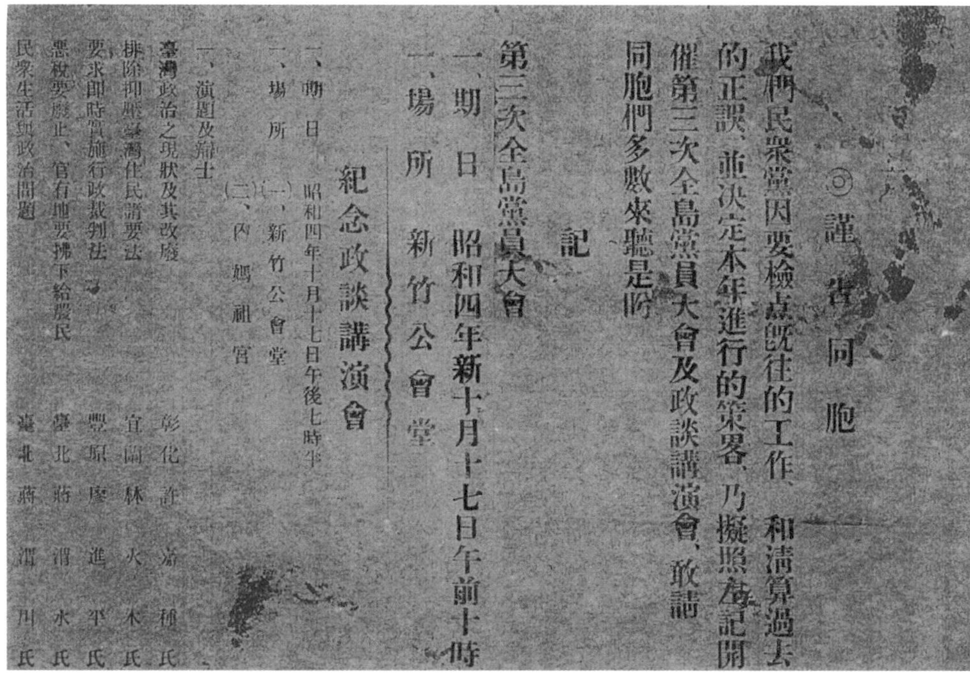

◎謹告同胞

我們民眾黨因要檢点既往的工作、和清算過去的正誤、並決定本年進行的策略、乃擬照左記開催第三次全島黨員大會及政談講演會、敢請同胞們多數來聽是盼

記

第三次全島黨員大會

一、期日 昭和四年新十月十七日午前十時

一、場所 新竹公會堂

紀念政談講演會

一、期日 昭和四年十月十七日午後七時半

一、場所 (一)、新竹公會堂 (二)、內媽祖宮

一、演題及辯士

臺灣政治之現狀及其改廢 彰化 許嘉種氏

排除抑壓臺灣住民請要法 宜蘭 林火木氏

要求即時實施行政裁判法 豐原 廖進平氏

惡稅要廢止、官有地要拂下給農民 臺北 蔣渭水氏

民眾生活與政治問題 臺北 蔣渭川氏

臺灣民眾黨第三次黨員大會宣傳單 ／國立臺灣歷史博物館提供

昭和 4 年（1929）10 月 17 日，臺灣民眾黨第三次全島黨員大會暨政談講演會宣傳單，蔣渭水講述「惡稅要廢止、官有地要拂下給農民」，蔣渭川講述「民眾生活與政治問題」。

臺灣總督府的「土地拂下（放領）政策」，被日本帝國議會議員田川大吉郎指責為「自世界有殖民史以來絕無僅有」。臺灣人大都採口頭契約，或者文件不足，或不知申報，民有地變成官有地，稱為「無斷（未經官廳批准）墾地」，總督府販售給三菱、三井、拓殖會社等大企業及資本家、御用政商。這些資本家又拿來販售或收租，讓農民失去生計。

昭和 4 年（1929），川村竹治總督離任前，匆匆將 70 餘件土地撥售，而新上任的總督石塚英藏在訓辭曾提到「統治不以 15 萬之日本人而應以 360 萬之臺灣人為對象」，這段話引起在臺日本人不滿，為了安撫在臺永久定居的日籍退休官員，於是開放退休官員以低廉價格承購土地。

臺灣民眾黨指責這是資本主義榨取及總督府土地掠奪政策，昭和 4 年（1929） 7 月 12 日，該黨向拓殖大臣發出反對的陳情電報及進行揭發運動。臺灣民眾黨認為官有地中的已開墾地，應該放領給原所有者或有開墾關係的農民；官有地中的未開墾地，要撥給街、庄，充作街庄的基礎教育經費，不可獨厚退休吏員或讓資本家、政商中飽私囊。針對從日本本土大規模移民臺灣東部，臺灣民眾黨認為應該改由臺灣西部的竹山或其他各處被會社剝奪耕作權的農民移入。

臺灣民眾黨第三次黨員大會 ／蔣渭水文化基金會提供

昭和 4 年（1929）10 月 17 日，臺灣民眾黨在新竹公會堂召開第三次全島黨員大會，向黨旗行三鞠躬禮後，蔣渭水述開會辭，後由議長黃旺成（前排左 14）主持，組織部主任陳其昌（前左 15）報告黨務，蔣渭水（前左 5）報告財政及代表林伯廷報告社會部黨務，與會者還有蔡式穀、陳逢源、林篤勳（前左 8、18、21）、梁加升與蔣渭川（2 排左 7、18）等人。蔣渭水的開會辭說明要確立臺灣民眾黨的方針須洞察世界潮流，然後解釋資本主義國家對峙的形勢，並說明中國革命政府的統一經過，分析日本無產黨的分裂，後來轉而控訴臺灣政治的不合理、教育機會的不均等，以及臺灣產業政策是採取資本主義榨取手段，指陳三井、三菱大資本團體獨占臺灣產業界。當蔣渭水講到三菱是民政黨的背景時，被臨監官中止。

這次大會通過近 40 條議案，其中包括實施國家賠償法、補助貧兒就學、街友取締規則的廢止等 14 項新政策提案。

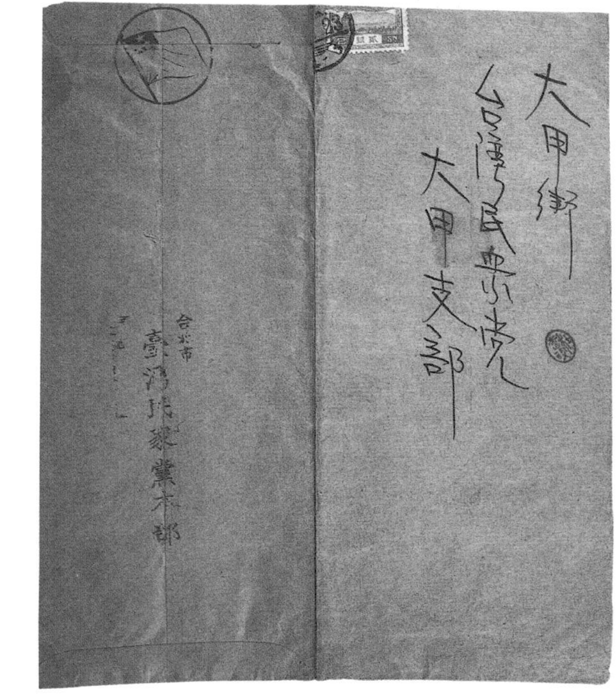

蓋有黨章的臺灣民眾黨信封 ／左：溫文卿　右：國立臺灣歷史博物館提供

臺灣民眾黨蓋有三星黨旗黨章的中西式信封，圖面上既有黨旗與黨章，堅定了臺灣民眾黨奮鬥的目標與信念。昭和 4 年（1929）1 月 2 日，臺灣民眾黨召開中央常務委員會與中央執行委員會，相繼通過蔣渭水所提之「上青下紅中白日」黨旗圖案，並照黨旗縮小，製成黨章；然而黨旗圖案被總督府禁止。10 月 16 日，蔣渭水在中央常務委員會提出修改的三星黨旗圖案，10 月 17 日經第三次黨員大會通過，成了臺灣民眾黨正式黨旗。雖然黨旗有變更，但還是可以看得出來受到孫文思想的影響。

臺灣民眾黨第三次全島黨員大會宣言案被捕

／蔣渭水文化基金會提供

昭和 4 年（1929）12 月 9 日，蔣渭水、陳其昌（組織部主任）、陳炳奇及簡來成出獄合影（左起）。4 人因油印且祕密分發未在第三次全島黨員大會討論及向官方報備的宣言書給黨員，遭臺北北警察署以觸犯出版法搜查家宅而逮捕入獄。蔣渭水為此事件寫下〈己巳冬為宣言案被逮〉：

政事日非不可言，憂思徒喚奈何天；
為求同志須團結，意外招來受禍連。

同志民三透過寫詩〈敬步雪谷君原韵〉為蔣渭水抱不平：

光明正大把言宣，突爾晴空霹靂天；
本為蒼生求善政，那堪枉法受株連。

昭和 5 年（1930）5 月 8 日本案第二審公判，檢察官仍求刑蔣渭水與陳其昌禁錮 3 個月，罰金 30 圓，簡來成罰金 30 圓；23 日，臺北地方法院判決陳其昌罰金 50 圓，蔣渭水、簡來成無罪。

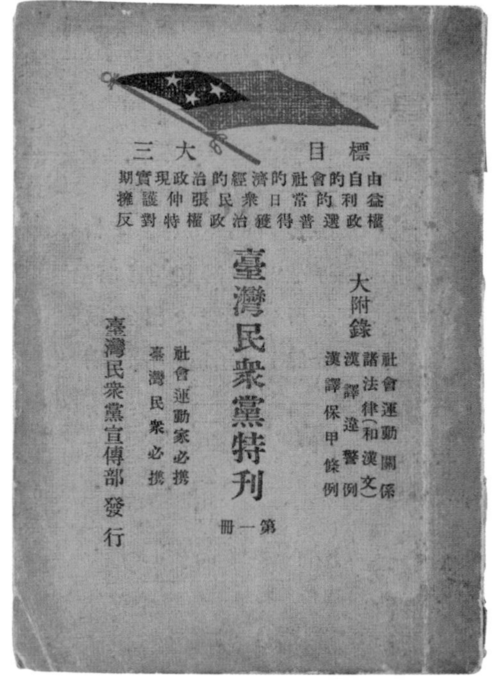

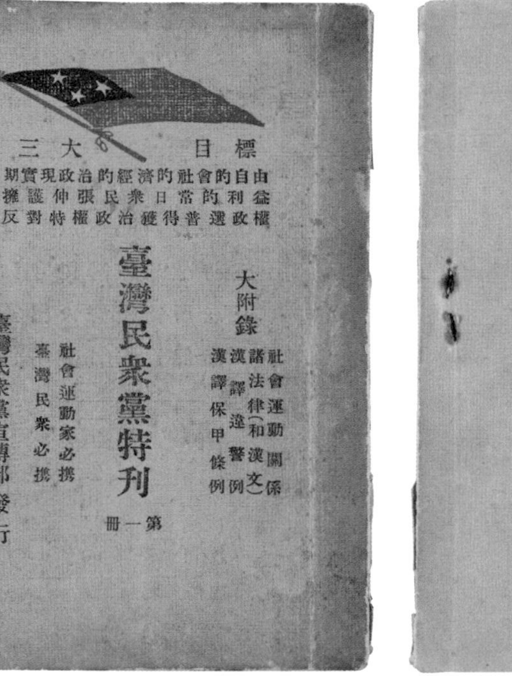

臺灣民眾黨特刊 ／莊永明提供

昭和 5 年（1930）發行的臺灣民眾黨特刊第一冊，封面上印有黨旗和震撼總督府的三大目標口號，封底是響鐺鐺的標語，自詡做臺灣改革先鋒，並領導臺灣民眾與解救臺灣民眾。特刊附錄有社會運動關係諸法律（和漢文）、漢譯違警例與漢譯保甲條例。昭和 5 年（1930）1 月 3 日，臺灣民眾黨中央常務委員會在蔣渭水的大安醫院舉行，發表該黨三大目標的口號：

1、改除政治、經濟、社會的束縛。
2、擁護伸張民眾日常的利益。
3、反對總督專制，努力獲得政權。

原擬將目標口號印在特刊上，但遭臺北北警察署嚴重警告，於是將第一和第三條口號重訂為：

1、期實現政治的、經濟的、社會的自由。
3、反對專制政治，努力獲得政權。

然此舉但仍被臺灣總督府明令禁止，特刊也遭到查禁。蔣渭水與陳其昌兩人前往總督府，會見保安課長表達抗議，結果前兩條同意不予更動，第三條則修訂為「反對特權政治，獲得普選政權」。

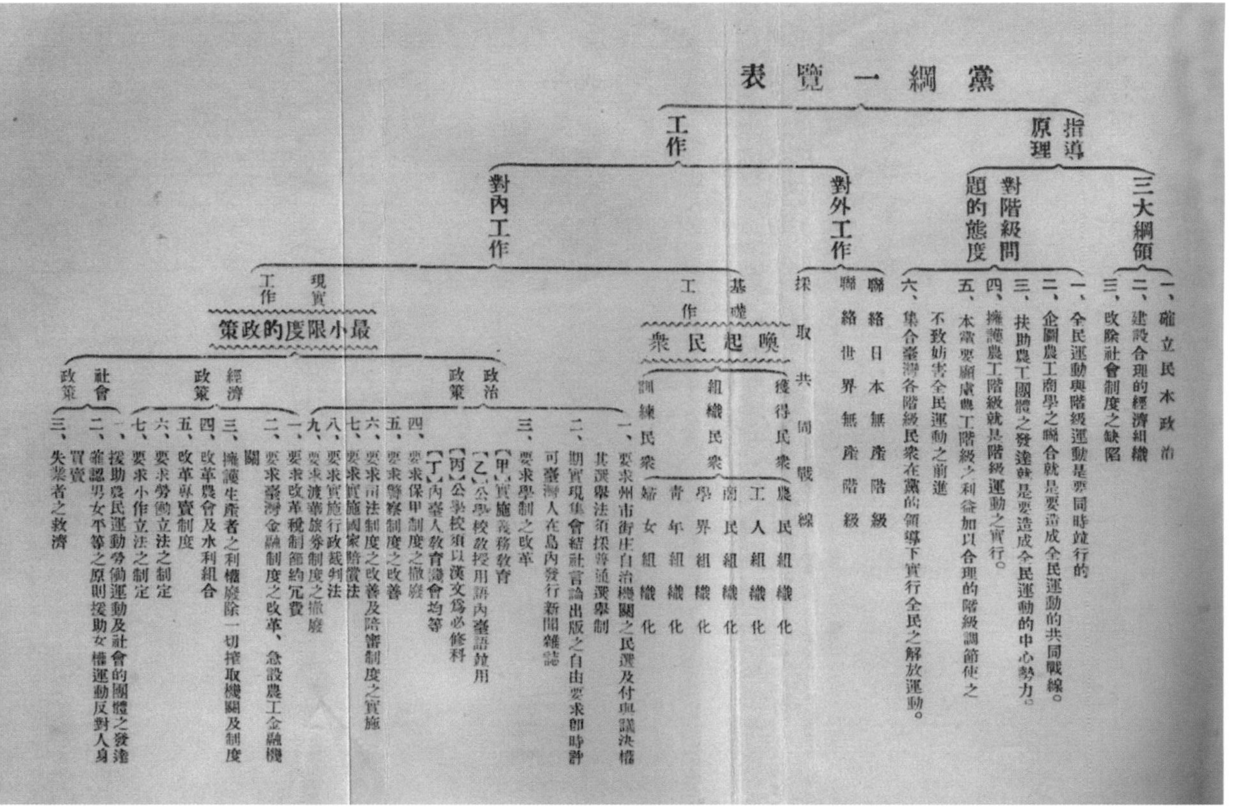

臺灣民眾黨黨綱一覽 ／莊永明提供

臺灣民眾黨黨綱一覽表，刊登在昭和 5 年（1930）1 月出版的《臺灣民眾黨特刊》第一冊。臺灣民眾黨是臺灣第一個現代化政黨，有嚴密組織、進步的綱領與政策，並擁有反抗威權謀略及行動力，並透過講演、訓練給予幹部及民眾政治教育。

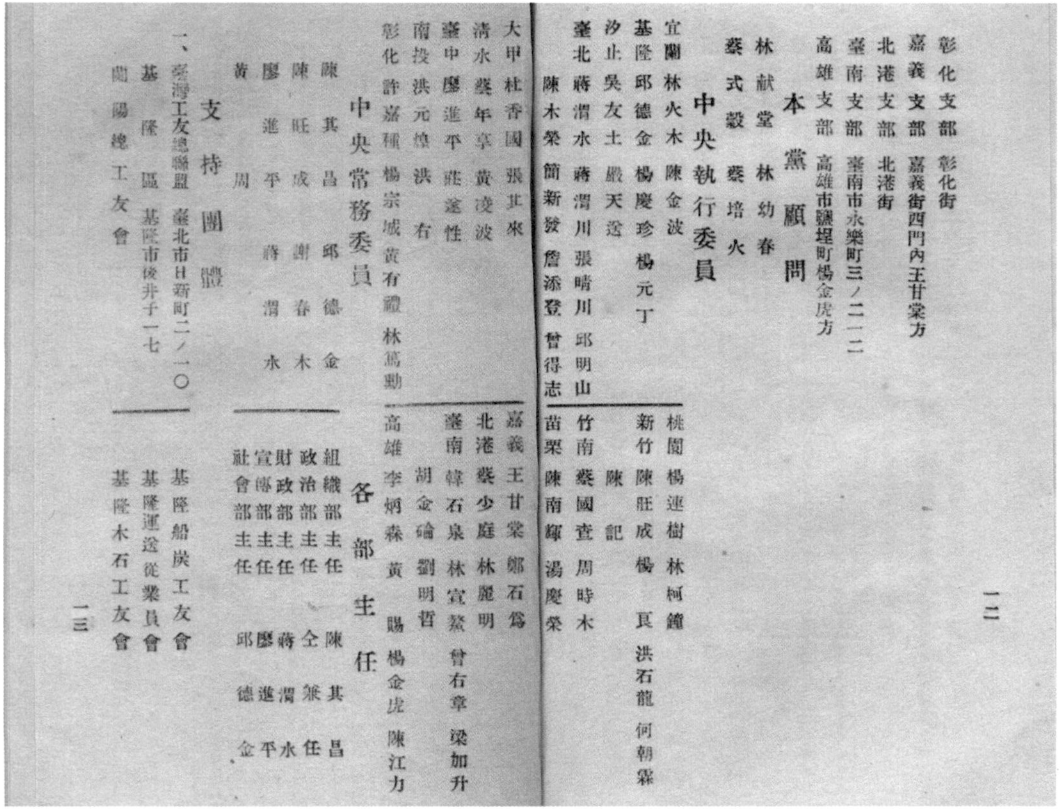

彰化支部 彰化街
嘉義支部 嘉義街西門內王甘棠方
北港支部 北港街
臺南支部 臺南市永樂町三ノ二二
高雄支部 高雄市鹽埕町楊金虎方

本黨顧問

林獻堂 林幼春
蔡式穀 蔡培火

中央執行委員

宜蘭 林火木 陳金波
基隆 邱德金 楊慶珍 楊元丁
汐止 吳友土 嚴天送
臺北 蔣渭水 蔣渭川 張晴川 邱明山
陳木榮 簡新發 詹添登 曾得志
桃園 楊連樹 林柯鐘
新竹 陳旺成 楊頁 洪石龍 何朝霖
陳記
竹南 蔡國查 周時木
苗栗 陳南輝 湯慶榮

一二

大甲 杜香國 張其來
清水 蔡年享 黃淩波
臺中 廖進平 莊遂性
南投 洪元煌 洪右
彰化 許嘉種 楊宗城 黃有禮 林篤勳

中央常務委員

陳其昌 邱德金
陳旺成 謝春木
廖進平 蔣渭水
黃周

支持團體

一、臺灣工友總聯盟 臺北市日新町二ノ一〇
基隆區 基隆市後井子一七
蘭陽總工友會
嘉義 王甘棠 鄭石爲
北港 蔡少庭 林麗明
臺南 韓石泉 林宣鰲 曾右章 梁加升
胡金碖 劉明哲
高雄 李炳森 黃賜 楊金虎 陳江力

各部主任

組織部主任 陳其昌
政治部主任 仝兼任
財政部主任 蔣渭水
宣傳部主任 廖進平
社會部主任 邱德金
基隆船炭工友會
基隆運送從業員會
基隆木石工友會

一三

臺灣民眾黨職務名單 ／取自《臺灣民眾黨》宣傳特刊，莊永明提供

蔣渭水身兼臺灣民眾黨中央執行委員、中央常務委員及財政部主任；其弟蔣渭川也任中央執行委員。蔣渭川在商界有所成就後開始參與政事，在二二八事件中曾遭行政長官公署憲警荷槍實彈緝拿逃脫，後來曾任中華民國內政部長。

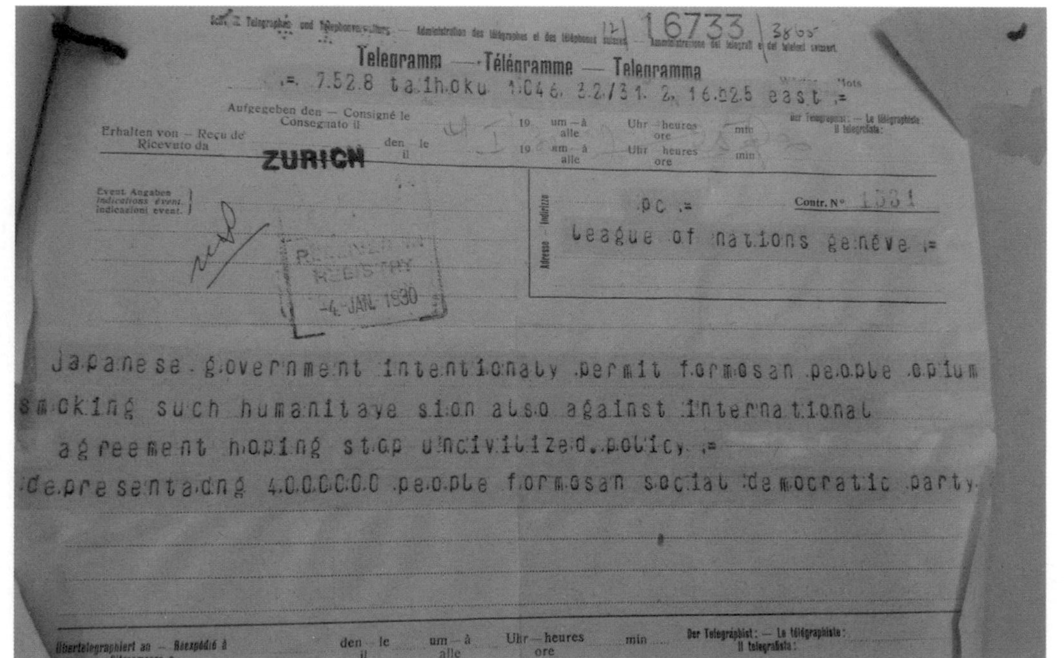

Telegramm — Télégramme — Telegramma

16733

= 7.52.8 taihoku 1046 32/31 2 16.025 east =

Aufgegeben den — Consigné le — Consegnato il

Erhalten von — Reçu de — Ricevuto da

ZURICH

pc =

league of nations genève =

Contr. N° 1531

REGISTRY -4 JAN 1930

japanese government intentionaly permit formosan people opium smocking such humanitaye sion also against international agreement hoping stop uncivilized policy =

depresentadng 4000000 people formosan social democratic party

臺灣民眾黨拍發給國際聯盟的電報

／蔣智揚攝自日內瓦國際聯盟檔案館（UNOG），
資料拍攝承 Jacques Oberson 先生協助

昭和 5 年（1930）1 月 4 日，國際聯盟日內瓦總部（league of nations genève）收到臺灣民眾黨（formosan social democratic party）控訴殖民政府鴉片政策英文電文。

譯文如右：

發信：臺北　收件：蘇黎世　日期：1930/1/4

送達：日內瓦 國際聯盟

日本政府蓄意准許臺灣人吸食鴉片此種非人道罪行亦違反國際公約希請阻止野蠻政策

代表 4000000 人之臺灣民眾黨。

臺灣民眾黨轉給國際聯盟的陳情書信封

／蔣智揚攝自日內瓦國際聯盟檔案館（UNOG），資料拍攝承 Jacques Oberson 先生協助

昭和 5 年（1930）3 月 17 日，日內瓦國際聯盟總部收到臺灣民眾黨（信封左上角有 Taiwan Mingshu To 字，日語發音）於 2 月 5 日，由臺北寄給東京的楊肇嘉，轉寄上海中華民國拒毒會，迂迴郵寄的 7,600 字陳情書，此為陳情書信封。圓戳章蓋有 SHANGHAI（上海），方戳章為國際聯盟收發章。

臺灣民眾黨轉給國際聯盟的陳情書

／蔣智揚攝自日內瓦國際聯盟檔案館（UNOG），資料拍攝承 Jacques Oberson 先生協助

陳情書末蓋有臺灣民眾黨本部之印。陳情書抗議日本政府以人道的名義專賣鴉片，貪圖不當利益，形同鼓勵我民嚐食此殺人的毒品，墮落我族之性格；1929 年 12 月 22 日至 29 日期間，准許臺灣人民免費獲得吸食許可證，犯了無可寬恕的罪孽，也違反國際公約。

通達（本第十三號）

一、關於本部事務所移轉之件

本部在來之事務所因過於狹隘故自去年十月間即擇定台北市建成町一丁目二百四十四番地（真人廟邊）之敷地建築之至本月竣工経於廿二日移轉於前記新築事務所其建坪百七十坪二階建階上事務室階下講座定三月九日舉行落成式特此通知

一九三〇、二、二三

本部組織部啓

臺灣民衆黨本部之印

各支部殿

臺灣民眾黨本部落成通知書 ／溫文卿提供

昭和 5 年（1930）2 月 23 日，臺灣民眾黨組織本部第十三號通達書，通知各支部建成町瞿公真人廟旁之臺灣民眾黨本部將於 3 月 9 日舉行落成典禮。

謹啓　本黨自創立以來經過了三年間的奮鬪　在政治經濟社會各方面收了不少的成效　不但島內民衆已有信賴本黨之力量　而且在日本中國以及國際間亦已認識了本黨之存在　此乃値得四百萬同胞所可共慶的　這不但是黨員們努力犧牲所換來的代價　而且是島內有志同胞諸位之精神的物質的援助維持之所賜的

本黨既然得着臺灣民衆之信賴和日本中國以及國際間之認識　切實成了代表四百萬島民之政黨了　然而回顧本部之場所　未免過於貧弱　對內對外甚爲不雅　故自去年十月間擇定建成町壹丁目二四四番地　建築新家屋建坪百七十坪工事費六千圓　階下可爲講座階上可爲事務所該地爲大稻埕中心地點　本市及地方同志之出入甚爲利便　現已竣工已於二月廿二日移轉完畢今定新曆三月九日午後三時舉行落成式　屆時懇請　先生撥忙出席則甚光榮

特此招待【式後茶話會】

二月廿六日

臺北市建成町壹丁目二四四番地

臺灣民衆黨本部啓

電話一八二五番

臺灣民眾黨本部遷移通知書 ／溫文卿提供

昭和 5 年（1930）2 月 26 日，臺灣民眾黨將於 3 月 9 日舉行本部落成式的通知書，內容提及 3 年來臺灣民眾黨的活動成效，連國際間都知曉，確實成為代表 400 萬島民的政黨。本部位在臺北市建成町 1 丁目 244 番地（今天水路 45 號），樓上設為事務所，樓下設有民眾講座。

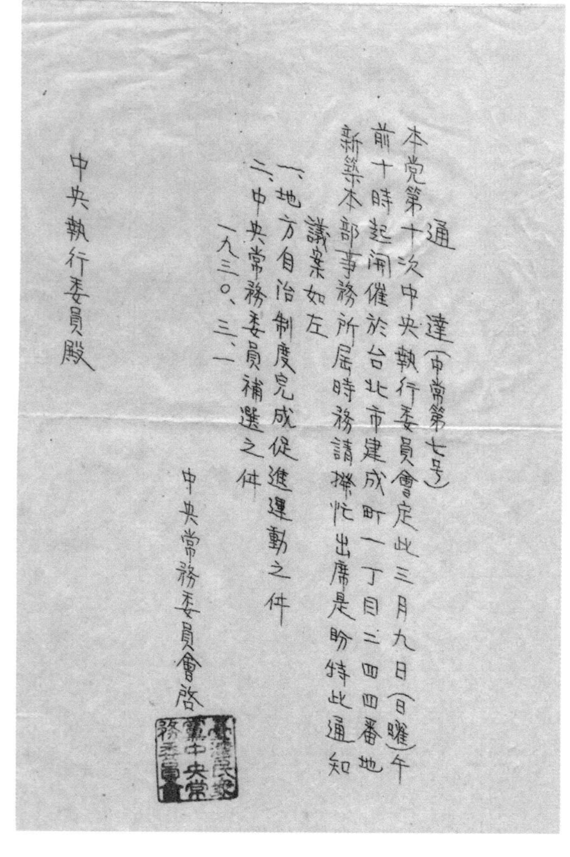

通　達（中常第七号）

本党第十次中央執行委員會定此三月九日（日曜）午前十時起開催於台北市建成町一丁目二四四番地新築本部事務所屆時務請撥忙出席是盼特此通知

議案如左

一、地方自治制度完成促進運動之件

二、中央常務委員補選之件

一九三〇、三、一

中央常務委員會啓

中央執行委員殿

臺灣民眾黨中央常務委員會通達書（中常第七號） ／溫文卿提供

中央常務委員會通知於昭和 5 年（1930）3 月 9 日召開第十次中央執行委員會。

通　達（本第十五号）

一、関於礎商會開催出席之件

本部委開催之全島礎商會已定左記日時務請您應多数出席但要出席同志之姓名限至本月七日須答復到本部而往復旅費及旅館費一切要自己負擔

礎商日程

三月八日午後二時起六時止夜七時半起十時止

三月九日午前八時起十時止（午後三時起舉落成式）

夜開催紀念講演會

深望貴支部若有問題或材料不妨提出礎商討論特此通知

一九三〇、三、一

本部組織部啓

各支部殿

臺灣民眾黨組織部通達書（本第十五號） ／溫文卿提供

昭和 5 年（1930）3 月 1 日，臺灣民眾黨組織本部第十五號通達書通知各支部於 3 月 8 日、9 日舉行第二次磋商會，並舉行本部落成儀式。本次磋商會共 2 天 3 次，其中第三次由蔣渭水解說帝國資本主義的結果以及臺灣民眾黨應採取的態度，然後由各黨員提問或發表見解。

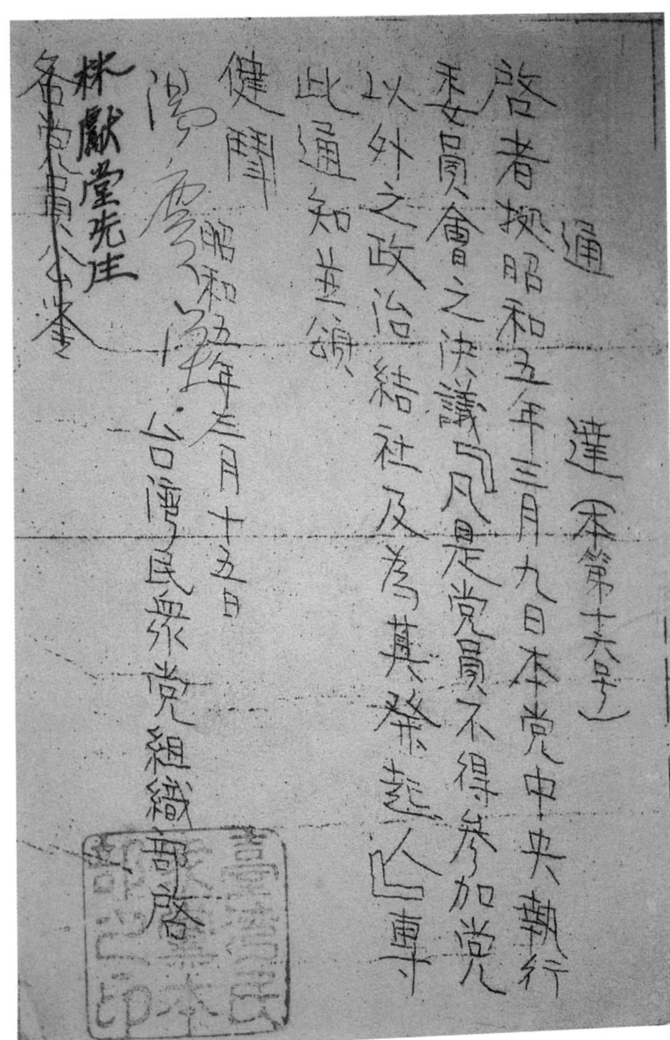

通　達（本第十六号）

啓者據昭和五年三月九日本党中央執行委員會之決議，凡是党員不得参加党以外之政治結社及為其発起人事

此通知並頌

健闘

[illegible]　昭和五年三月十五日

台湾民衆党組織部啓

林獻堂先生

各党員公鑒

臺灣民眾黨組織部通達書（本第十六號）／林于昉提供

昭和 5 年（1930）3 月 15 日，臺灣民眾黨組織本部第十六號通達書，通告黨員不得參加黨以外之政治結社，此件印在明信片上的通達書是寄給該黨顧問林獻堂。基於臺灣的現實，林獻堂、楊肇嘉與蔡培火認為唯一可能實現的僅有地方自治的訴求，因此在昭和 5 年（1930）初提出組織「臺灣地方自治促進會」。臺灣民眾黨以「地方自治促進會」與黨推動的「地方自治改革促進運動」屬同一目標，擾亂黨的運動，誘發黨的分裂，於是決議黨員不得參加其他的政治結社。

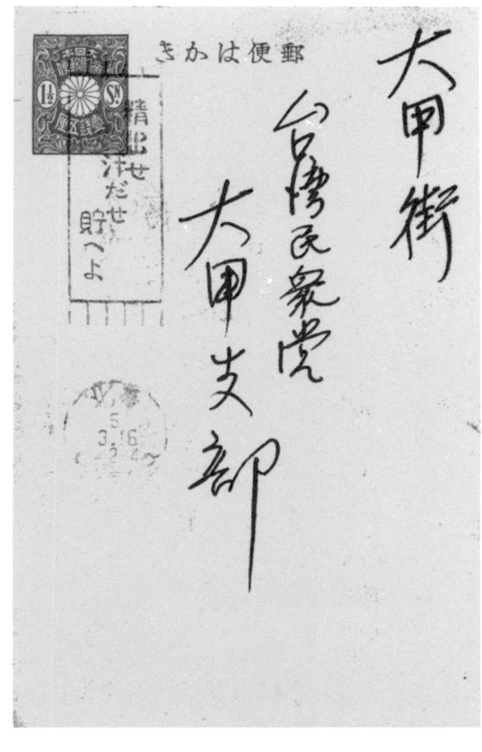

臺灣民眾黨組織部通達書（本第 16 號）

／林于昉提供

昭和 5 年（1930）3 月 15 日，臺灣民眾黨組織部通知大甲支部，黨員不得參加黨以外之政治結社。這是明信片正面。

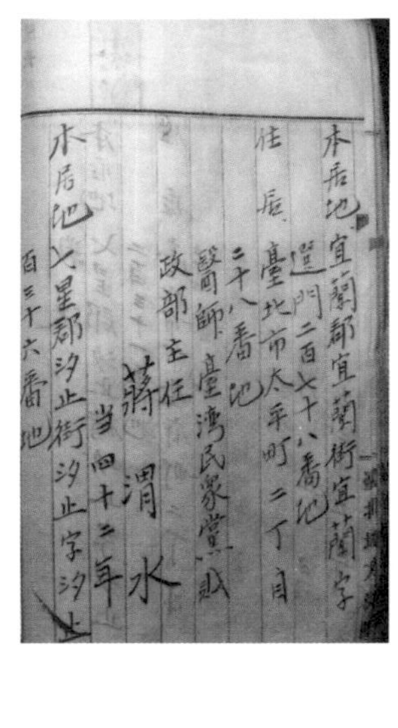

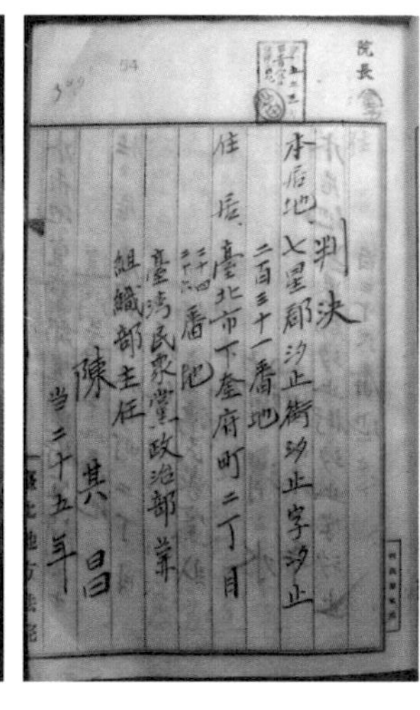

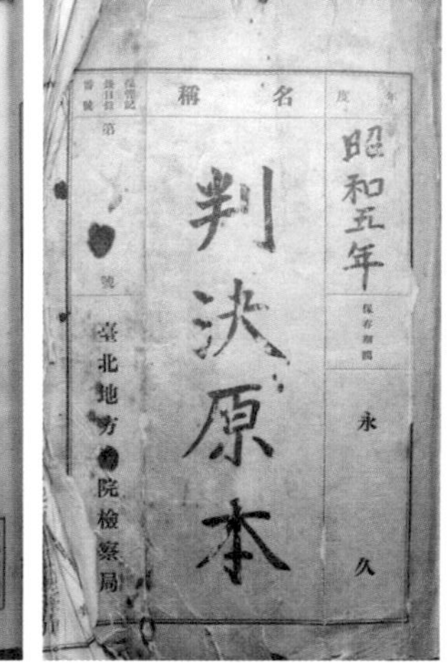

散發第三次黨員大會宣言書案判決原本

／臺北地方法院提供，吳中鐘攝影

昭和 5 年（1930）3 月 19 日，臺北地方法院判決陳其昌罰金 50 圓，蔣渭水、簡來成無罪。

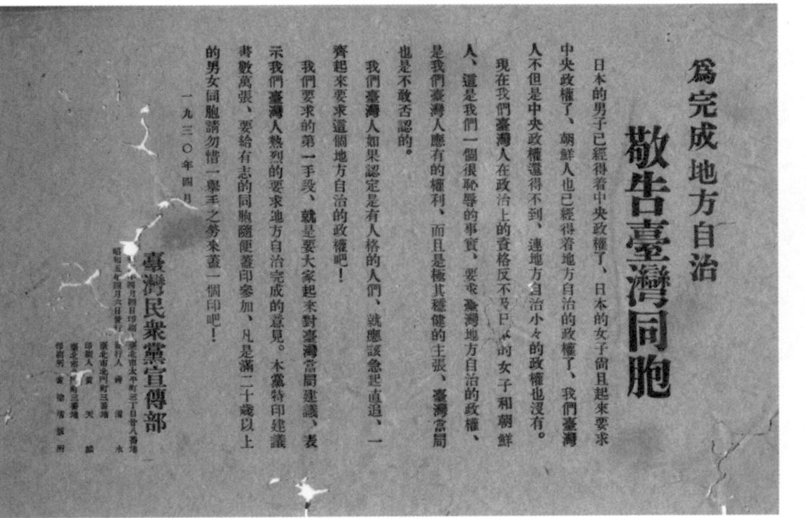

爲完成地方自治

敬告臺灣同胞

日本的男子已經得着中央政權了、日本的女子尙且起來要求中央政權了、朝鮮人也已經得着地方自治的政權了、我們臺灣人不但是中央政權還得不到、連地方自治小々的政權也沒有。

現在我們臺灣人在政治上的資格反不及日[illegible]的女子和朝鮮人、這是我們一個很恥辱的事實、要求臺灣地方自治的政權、是我們臺灣人應有的權利、而且是極其穩健的主張、臺灣當局也是不敢否認的。

我們臺灣人如果認定是有人格的人們、就應該急起直追、一齊起來要求這個地方自治的政權吧！

我們要求的第一手段、就是要大家起來對臺灣當局建議、表示我們臺灣人熱烈的要求地方自治完成的意見。本黨特印建議書數萬張、要給有志的同胞隨便蓋印參加、凡是滿二十歲以上的男女同胞請勿惜一舉手之勞來蓋一個印吧！

一九三〇年四月

臺灣民衆黨宣傳部

「為完成地方自治敬告臺灣同胞」宣傳單　／莊明正提供

昭和 5 年（1930）4 月，蔣渭水發行的臺灣民眾黨「為完成地方自治敬告臺灣同胞」宣傳單，指出臺灣人的政治權力比不上日本的女子和朝鮮人，臺灣人應要求地方自治的政權，這是臺灣人應有的權利。

臺灣民眾黨地方自治講演隊　／蔣渭水文化基金提供

昭和 5 年（1930）4 月 21 日，臺灣民眾黨「地方自治制度完成促進運動」宣傳講演南北隊 2 隊辯士在黨本部前合影。圖中有陳其昌、廖進平、蔣渭水、李友三（前排左 1、2、3、4）許胡、楊連樹、梁加升（2 排左 1、2、3）張晴川（3 排左 1）與白成枝（圈內右 2）。

南北隊辯士及演題一覽表

一、南隊（彰化起以南至東港）恒春澎湖之含ム
一、世界植民地自治的概況　張晴川
一、最近朝鮮地方自治的概況　陳　九
一、台湾地方自治的現狀　許　胡
一、台湾地方自治與工人　梁加升
一、日本地方自治的現狀　胡金碖
一、台湾人確實既有自治的能力了　廖進平
一、我党对台湾自治的態度　陳其昌
一、北隊（台中起以北至三星）花蓮港台东之含ム
一、世界植民地自治與我党的自治運動　李友三
一、台湾地方自治的現狀　陳　記
一、日本及朝鮮的地方自治　林何鐘
一、台湾地方自治與農民　陳天順
一、台湾地方自治的權利者是誰　白成枝
一、台湾人確實既有自治的能力了　蔣渭水

以上演題及辯士是供為参考貴地若要講演其時间及場所須要自備宣傳

一九三〇、四、三

本部宣傳部啓

臺灣民眾黨函林獻堂地方自治講演隊辯士及演題

／國立臺灣歷史博物館提供

昭和5年（1930）4月3日，臺灣民眾黨寄給林獻堂的地方自治完成促進運動「南北隊辯士及演題一覽表」，蔣渭水任北隊辯士，壓軸講述「臺灣人確實有自治的能力了」。

昭和5年（1930）3月9日，臺灣民眾黨召開中央執行委員會，決定展開大規模的地方自治促進運動講演。在一個月內幾乎走遍了全臺灣。

獻堂先生鈞鑒

本党今回因據第三次全島大会之決議对台湾地方自治制问題定自本月起分南北両隊要開催地方自治運動的政談講演会及建議書的蓋印經已決定新曆四月七日、八日二日間要到貴地並附近活動務望通知諸同志出為應援並準備講演場所但是若無場所可講演亦無妨總是仍要配布宣傳單（宣傳單本部各有帶去）並勸誘一般蓋印特此通知尚祈努力是盼

一九三〇、四、三

本部宣傳部啓

臺灣民眾黨組織部以明信片通知林獻堂講演

／國立臺灣歷史博物館提供

昭和5年（1930）4月3日，臺灣民眾黨組織部通知顧問林獻堂，將於4月7日、8日至霧峰舉辦地方自治運動的政談講演會。這是南隊講演隊第一站講演通知。

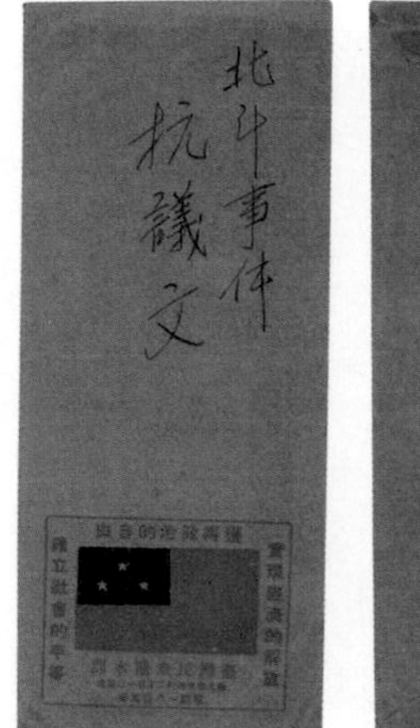

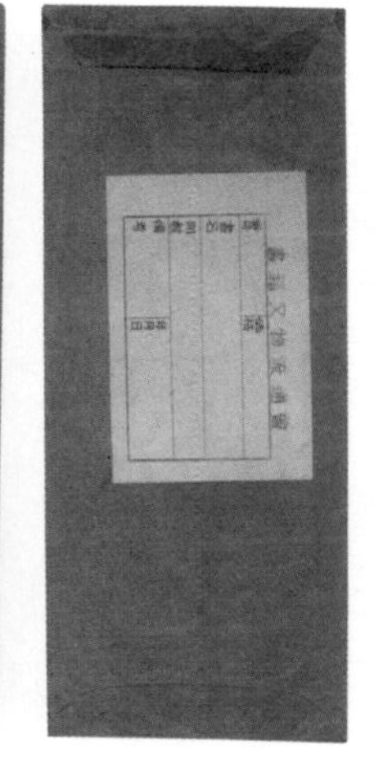

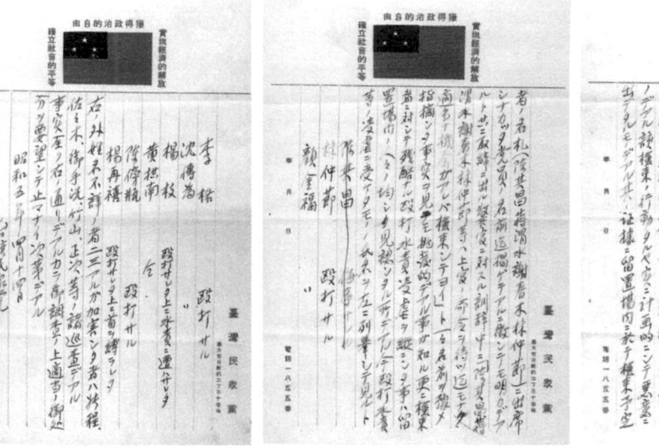

北斗支部抗議函

／尾崎秀樹家屬收藏，神奈川近代文學館典藏，蔣渭水基金會提供，蔣智揚翻譯

昭和 5 年（1930）4 月 12 日，臺灣民眾黨北斗支部成立大會，黨員遭警察刑求，蔣渭水、陳其昌、廖進平代表民眾黨向總督和石井警務局長提出抗議文。

抗議文（譯文）

本黨甚遺憾，不得不奉告貴局長，在臺中州北斗郡下地方警察官無視國法、蹂躪人民的自由權之事實，並懇請採取適當的處置。日前 4 月 12 日本黨在北斗街舉行本黨北斗支部結黨式之際，本來會場頗為平靜，但是地方當局派出 260 餘名警官，對善良的人民施以不必要的威嚇。並在當夜的講演會場上，對民眾做出挑撥的行為，有多數人遭到檢束，該檢束行為實為有計畫而出於惡意者。在留置場內，預定要檢束的名札（陳其昌、蔣渭水、謝春木、林仲節）裡面也揭示有缺席黨員名字即可作為其證據。同時對於將執行取締的警官，其訓辭中稱「對陳其昌、蔣渭水、謝春木、林仲節等人，並無須等待上級官員指示，如有適當機會即可加以檢束」── 由這樣事先一一點名的事實，亦可看出其係屬挑釁。尚且對於檢束者恣意加以殘酷的毆打灌水之凌虐，此等用刑事實均由拘留所內些多人所見證。茲列舉受到毆打灌水等凌虐的人士如下：

林仲節	被毆打	顏金福	被毆打
李　格	被毆打	沈傳為	被毆打
陳傍瓶	被毆打	楊　枝	被毆打並遭灌水
黃拱南	被毆打並遭灌水	楊再禧	被毆打並遭扼脖頸

除此之外，還有姓名不詳的二、三被害者，

至於加害者即為張程、佐佐木、御手洗、竹山、正次等諸巡查。

以上均屬事實，因之懇請加以查明，並採取適當的處分，至所盼望。

此　呈

昭和 5 年 4 月 14 日

臺灣民眾黨

石井警務局長殿

大家覺醒起來要求

眞正的地方自治吧

農民、工人、商人、學界、青年、婦女暨一切沒有政治的自由的民衆們

假的地方自治豈不是要改做眞的自治嗎

議員的官選豈不是要改做民選嗎

諮問機關豈不是要改做議決機關嗎

市街庄長豈不是要由人民公舉嗎

地方稅的金額豈不是要由民選議員公定嗎

我們所要求的眞正的地方自治現在快要誕生了、請大家不要再浸在夢鄉快々起來要求吧

我黨本部及支部、豫備着好多的建議書給大家來蓋印啊你們一個人蓋一個印就是臺灣人一個的心聲、我們所要求的地方自治、就是要在我們全臺灣人的心聲中產生出來啊

滿二十歲以上的男女同胞們、請你們來蓋印吧、沒有印章者用手印也可以啦、有心人要用建議書可以向本黨的各支部或本部函取罷

一九三〇年六月

臺北市建成町一ノ二四四(眞人廟邊)

臺灣民衆黨宣傳部

昭和五年六月三日印刷
昭和五年六月五日發行

臺北市太平町三丁目廿八番地
發行人 蔣渭水

臺北市北門町三番地
印刷人 黃天麟

臺北市北門町三番地
印刷所 黃塗活版所

臺灣民眾黨地方自治宣傳單 ／蔣渭水文化基金會提供

昭和 5 年（1930）6 月臺灣民眾黨的地方自治宣傳單，發行人及發行處所是太平町 3 丁目 28 番地蔣渭水的大安醫院。昭和 5 年（1930）4 月 7 日起，臺灣民眾黨舉行全島 40 餘處的演講會，準備了 8 萬張宣傳單，分送臺灣民眾黨各支部在所城鎮的 150 個處所，共獲 10,150 名的連署者，其中婦人約 400 餘名，市街庄協議員和保正一共有 120 餘名，內地人有 10 多名。

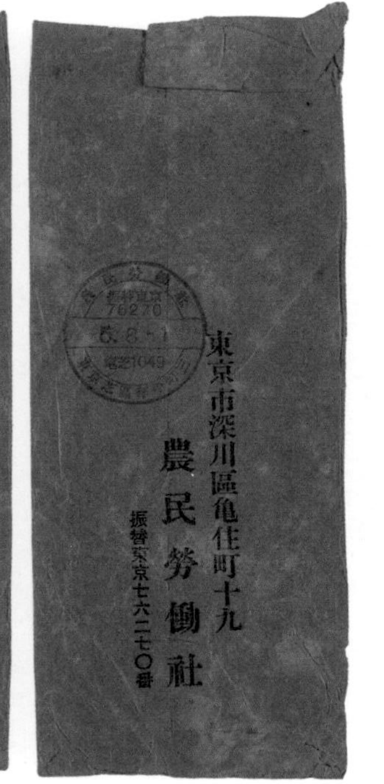

東京農民勞働社寄給臺灣民眾黨大甲支部信封

／郭双富提供

昭和 5 年（1930）8 月 1 日，日本大眾黨淺沼稻次郎，由東京農民勞働社（出版商），寄給臺灣民眾黨大甲支部黃清波的信封。

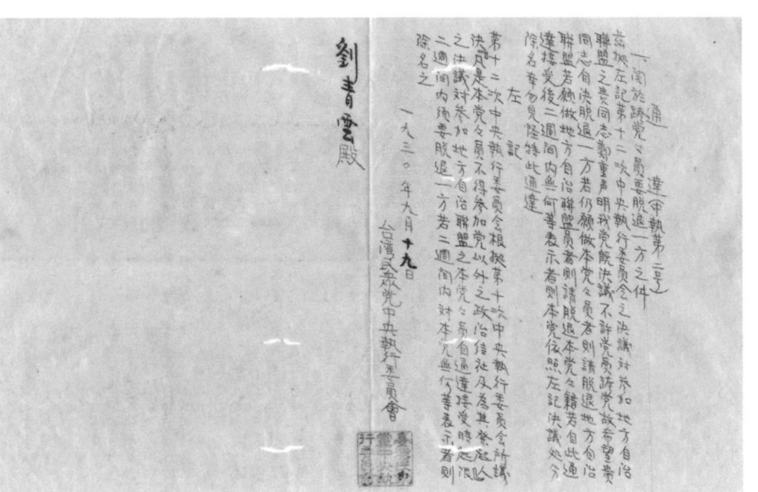

通達（中執第二号）

一、關於諸党々員要脫退一方之件

茲據左記第十二次中央執行委員会之決議，対参加地方自治聯盟之貴同志鄭重声明我党既決議不許党員跨党，故希望貴同志自決脫退一方。若仍願做本党々員者，則請脫退地方自治聯盟；若願做地方自治聯盟員者，則請脫退本党々籍。若自此通達接受後二週間内無何等表示者，則本党依照左記決議処分除名。幸勿見怪，特此通達。

左記

第十二次中央執行委員会根據第十次中央執行委員会所議決，是本党々員不得参加党以外之政治結社及為其發起人之決議，対参加地方自治聯盟之本党々員，自通達接受時起限二週間内須要脫退一方，若二週間内対本党無何等表示者，則除名之。

一九三〇年九月十九日

台灣民衆党中央執行委員會

劉青雲殿

臺灣民眾黨中央執行委員會通達書（中執第二號）

／劉克全提供

昭和 5 年（1930）9 月 19 日臺灣民眾黨中央執行委員會通知劉青雲，黨員不得參加黨以外的政治結社。

第六次議員改選批評
政談講演會

日時　十月二十七日午后八時起
場所　臺南民衆講座（武廟佛祖廳）

演題及辯士

一、官選的地方自治與工人　梁加升君
一、官選議員與臺灣地方自治聯盟　韓石泉君
一、受不起的無產大衆、將地方自治送還他們罷！　盧丙丁君
一、戲班雖然有換、戲齣却無改的地方自治無論怎麼再改選也是一樣　胡金碖君
一、現自治制度之正體與愚弄民衆之臺灣自治聯盟　陳天順君

一九三〇・一〇・二七

主催　臺灣民衆黨臺南支部

請關心地方自治的同胞們！
緊、緊、來聽

「第六次議員改選批評政談講演會」傳單

／莊明正提供

昭和5年（1930）10月27日，臺灣民眾黨臺南支部舉辦「第六次議員改選批評政談講演會」。

官方記錄蔣渭水對霧社事件發生原因的看法

／國史館臺灣文獻館提供

昭和5年（1930）10月27日，發生原住民起義的霧社事件，警察記錄了蔣渭水對霧社事件的看法：原住民受到重重壓迫，最後自然忍無可忍而挺身反抗，至於有些人歸之於是思想所引起的事件，那是謬論。

爲調查霧社事件
大衆黨代表來臺
民衆黨員到基隆歡迎　出歡迎旗三名被檢束

臺灣民衆黨及工友總聯盟、對此次要來調查霧社事件的河上丈太郎、河野蜜兩氏、欲盡地主之誼、準備種々歡迎之、惹當局大起恐慌。遂於六日午前八時頃、先檢束基隆楊慶珍氏、至同日午後一時頃、船入港泊於岸壁時、臺北州、基隆署、南北兩署等之公私服巡查及憲兵共百餘名、圍住岸壁嚴重警戒。至河野、河上兩代表欲下船時、民衆黨及總聯盟之代表竝大朝記者蒲田氏等、乃一齊登船大呼萬歲、主賓一同下船至稅關前、突現出「歡迎調查霧社事件河上、河野兩先生」之白旗二旒、戒嚴的警官一時匆惶失色、即時將歡迎旗押收、竝將執旗之民衆黨及總聯盟員檢束而去。爲此一時埠頭頓呈混雜狀態、至二時餘乃赴列車往北、聞將應民衆黨主催之講演會、豫定四五處講演云。

邀請大眾黨來臺調查霧社事件 ／蔣渭水文化基金提供

昭和6年（1931）1月6日，《臺灣新民報》刊登臺灣民眾黨、臺灣工友總聯盟邀請日本反對黨代表來臺調查霧社事件，歡迎旗被押收，執旗者被檢束。

蔣渭水對霧社事件的看法被食割 ／蔣渭水文化基金提供

昭和6年（1931）1月10日，蔣渭水在《臺灣新民報》發表對霧社事件的看法：35年如一日的警察政治，亂暴非為，旁若無人的權力，上司縱容，不堪忍受強行智取和不平抑壓所引起。

霧社事件政界四巨頭下臺 ／蔣渭水文化基金提供

昭和 6 年（1931） 1 月 24 日，《臺灣新民報》報導因霧社事件，臺灣總督石塚英藏、總務長官人見次郎、警務局長石井保、臺中州知事水越幸一四巨頭下臺。

臺灣民眾黨黨則修改案 ／莊明正提供

昭和 6 年（1931）2 月 18 日，提交臺灣民眾黨第四次黨員代表大會討論的黨則修改案。在通過修改案後，臺灣民眾黨立刻遭到解散。

臺灣民眾黨第四次、第五次黨員大會

／取自《臺灣新民報》

昭和 6 年（1931）2 月 18 日召開第四次、第五次全島黨員大會，綱領修正案表決通過時，臺北州警務部長、保安課長率 30 餘名警吏把守樓上樓下通路，由臺北北警察署長帶領一群警察及通譯進入會場交付「結社禁止命令」，依《治安警察法》以臺灣總督名義當場解散臺灣民眾黨；全島 20 個支部並同時解散，且當場將蔣渭水等 16 人逮捕拘押。

臺灣民眾黨被解散拘捕釋放後合影

／蔣渭水文化基金會提供

昭和 6 年（1931）2 月 21 日，臺灣民眾黨被強制解散而遭逮捕的幹部在釋放後在黨本部留下最後的合影。左起：白成枝、陳其昌、蔣渭水、林火木、李友三、許胡、張晴川。

蔣渭水等被捕幹部發表聲明書回應：「雖然臺灣民眾黨已死，但臺灣人民依然存在。官方如不改變原來的專制政治，解放運動斷不會消滅。」不過，聲明書也被禁止發表。

chapter 6

第六章

為默默的一群發聲：勞權鬥士蔣渭水

日本統治時代，帝國利益結合資本主義壓榨與剝削臺灣農工。蔣渭水認為，農工占臺灣人口多數，卻是被榨取最嚴重的階級，面對壓迫，團結是弱者唯一的武器，具體的行動是成立「組合」，集中力量爭取權益。

昭和 2 年（1927），臺灣文化協會歷經內部左右派分裂後，左傾的「新文協」與剛成立的臺灣民眾黨，都積極爭取農工團體的支持。

蔣渭水認為，過去的解放運動會失敗，是因為參加者多侷限於知識階級，其實解放運動的原動力在於多數民眾。因此，他希望「以農工階級為中心勢力，以農工商學為共同戰線」，將解放運動擴大成全民的運動，援助農工商學及青年婦女各界組織團體便成為臺灣民眾黨的基礎工作。

由蔣渭水帶領的臺灣民眾黨積極介入各種勞資爭議，在各地以工友會的名義組織許多勞動團體。蔣渭水擔任 8 個工友會的顧問，甚至促成了臺北華僑總工會的成立。

在蔣渭水的催生下，臺灣農工抗爭運動也邁向了新的里程碑。昭和 3 年（1928），2 月 19 日，臺灣民眾黨策畫組成的「臺灣工友總聯盟」成立，蔣渭水被視為臺灣工友總聯盟的「產婆」，臺灣民眾黨與臺灣工友總聯盟的關係則形同「黨是人頭，民眾團體是人身」，互相支援與奮鬥。

為了擴張陣線，形成全民反殖民運動的風潮，臺灣工友總聯盟將農民團體、青年團體、婦女團體都納入，加盟團體達 60 多個，會員超過萬人，是會員數僅次於「臺灣農民組合」的第二大抗日陣營。

在爭取農民權益方面，《臺灣民報》刊登過「二林事件二審公判」、「臺灣製糖會社太不顧農民的生命」等文章，並致力於廢止中間剝削機構，鼓勵水利組合、同業組合歸農民自己管理，確立耕作權之佃農法、最高佃租之規定、官有地放領給農民、禁止扣押農作物等。

在保障勞工權益方面，臺灣工友總聯盟爭取工資增加和縮減勞動時間，消除雇主優越權、商定公平工作契約、制定失業津貼法、失業保險法、勞動者健康保險法、女工少年工保護法、確立團結權、罷工權、團體協約權及示威運動絕對自由的勞働組合法。

日本統治時期，臺灣工友總聯盟也發起多次大規模的抗爭運動，其中，規模最大的是長達 78 天的「淺野水泥工廠罷工事件」。淺野水泥員工因不滿社會差別待遇，在高雄機械工友會決議罷工後，蔣渭水等人趕赴高雄設立「淺野洋灰罷業職工總指揮部」，下設聯絡、宣傳、救援等部，發行新聞、分發海報、派出文化劇團慰勞，予以聲援。蔣渭水、謝春木、盧丙丁等人也陸續辦理全島性同情演講，並支援資金、米糧或介紹工作。

臺灣民眾黨喚起民眾對殖民主義中不公不義的覺醒，強調全民運動與階級運動同時並行，不僅促進各團體與臺灣民眾黨的合作，也增加臺灣反殖民運動的多元性。然而，因黨內右派幹部不贊成激進路線，為日後臺灣民眾黨的運動路線之爭埋下分裂的因子。

基隆洋服工友會
基隆店員會
基隆行商自治協會
基隆土水工友會
基隆砂炭船友會
汐止總工友會
臺北區 臺北市日新町二ノ一〇
臺北印刷從業員組合
臺北箱工工友會
臺北裱箱工友會
臺北木工工友會
臺北店員會
臺北土水工友會
臺北石工工友會

臺北洋服工友會
臺北金銀細工工友會
臺北塗工工友會
臺北砂利船友會
臺北製餅工友會
臺北枒茶蓌紙工友會
臺北基建架工友會
臺北錫鐵銅工友會
三峽木工工友會
桃園木工工友會
新竹木工工友會
臺中區 豐原街 四〇四
臺中木工工友會
豐原店員會

一四

豐原總工友會
臺南區 臺南市永樂町三ノ二一二
臺灣南部印刷從業員會
臺南機械工友會
臺南木材工友會
臺南土水工友會
臺南店員會
臺南勞工會
臺南理髮工友會
臺南線香工友會
安平勞工會
高雄區 高雄市三塊厝工友工場
南部高雄印刷從業員會
高雄機械工友會

高雄土水工友會
蘭陽農民協會 宜蘭街巽門
瑞芳農民協會 基隆市後井子一七平民俱樂部
桃園農民協會 桃園郡大園庄五塊厝游木水方
大甲農民協會 大甲街山腳黃清波方
基隆勞働青年會 基隆市後井仔一七
臺北勞働青年會 臺北市太平町三ノ二八
艋舺勞働青年會 臺北市有明町三ノ一七江房方
文山勞働青年會 文山郡景尾
竹南勞働青年會 竹南郡中港
赤崁勞働青年會 臺南市永樂町三ノ二一二

友誼團體

東京新民會 東京市牛込區武島町七
宜蘭新青年讀書會 宜蘭街民衆講座

一五

臺北勞働青年會 ／取自昭和 5 年（1930）發行之《臺灣民眾黨》特刊，莊永明提供

臺北勞働青年會本部設在蔣渭水的大安醫院。臺北勞働青年會於昭和 2 年（1927）6 月 1 日成立，主要成員為蔣渭水、楊四川及楊江海等人。

臺灣文化協會分裂後，在臺北勞働青年會與臺北木工工友會的後援下，昭和 2 年（1927）6 月 11 日，蔣渭水於太平町 5 丁目 75 番地成立民眾講座及讀報社。同年 7 月 10 日臺灣民眾黨成立後，臺北勞働青年會成為支持臺灣民眾黨的青年團體。

臺北木工工友會細木部成立 ／蔣渭水文化基金會提供

昭和 2 年（1927）10 月 3 日，臺北木工工友會細木油漆部在臺北民眾講座召開秋季大會紀念攝影，蔣渭水（前排右 5）為顧問。大門兩側有臺北裱箱、臺北鉛工等各工友會看板，牆上貼有臺灣民眾黨臺北支部 9 月 28 日在艋舺的政談講演海報，可見當時社會運動的風氣。

昭和 2 年（1927）4 月 8 日，由木工、木器匠組成的臺北木工工友會在蓬萊閣開成立大會，陳王錦塗任委員長，蔣渭水為顧問；同年 10 月，變更組織為大木部（木匠）、建具指物（裝潢家具）部與細木（精細木器）油漆部。木工工友會經常主導與各所屬業主訂定工資協定，以爭取工友權益。

臺北木工工友會茶箱部成立 ／蔣渭水文化基金會提供

昭和 2 年（1927）10 月 7 日，臺北木工工友會茶箱（箱工）部在臺北民眾講座舉行秋季大會，會員紀念合影，蔣渭水（2 排左 7）任顧問，前排有稚氣未脫的童工，牆上除張貼有臺灣民眾黨政談講演消息外，還張貼文化書局海報。

臺北木工工友會建具指物部成立 ／蔣渭水文化基金會提供

蔣渭水（2 排坐者左 6）指導臺北木工工友會所屬的建具指物部成立，昭和 2 年（1927）10 月 16 日，在艋舺民眾講座舉行秋季大會紀念合影。臺灣民眾黨成立後半年間，蔣渭水等幹部巡迴全島展開 50 場政談演說會，共計吸引 3 萬餘人聽講。臺灣勞工意識逐漸覺醒後，紛紛成立工友會團體，臺灣民眾黨的民眾講座所附設的讀報社或讀書會，也成為各工友會本部。艋舺青年讀書會設在艋舺民眾講座內，而建具指物部會員居住於艋舺地區，因此設事務所於艋舺民眾講座。該部由林謝烏番任代表委員，會員 180 人。

臺北木工工友會建具指物部罷工祝捷大會 ／蔣渭水文化基金會提供

臺北木工工友會建具指物部 200 人，於昭和 3 年（1928）元旦午後在臺北蓬萊閣餐廳舉行同盟罷工得勝祝捷大會並攝影留念，顧問蔣渭水（2 排右 6）於會中報告工友會過去一年運動的經過。

臺灣工友總聯盟成立大會遊行車隊 ／莊永明提供

昭和 3 年（1928）2 月 19 日臺灣工友總聯盟創立大會前，由臺北、艋舺及文山勞働青年會安排，會員分乘 59 輛自動車巡遊三市街（艋舺、城內、大稻埕）遊街造勢；途中，造訪了臺灣民眾黨本部及各工友會事務所。

昭和 3 年（1928）2 月 26 日《臺灣民報》報導指出，當局看到聲勢浩大，於是進行了種種干涉壓制，每隔 1 分鐘，方准 3 輛車出發。然而，途中車隊頭尾相接，蜿蜒如長蛇，所到之處市民群集大呼萬歲，點燃爆竹歡迎車隊。

臺灣工友總聯盟成立大會會場 ／取自《臺灣民報》

昭和 3 年（1928）2 月 19 日臺灣工友總聯盟成立大會，蓬萊閣會場內擠滿參加的各工友會代表，工會會旗與世界各國國旗映照陳列，象徵臺灣勞工運動與世界接軌。臺灣工友總聯盟創會宣言書直指，殖民地的勞動階級一方面受帝國主義的掠奪壓迫，一方面受到社會制度上經濟的、社會的壓迫，生活最困苦，容易覺醒而走上解放之路，成為民眾解放運動的中心勢力而取得領導地位，完成臺灣勞動階級的歷史使命。因為宣言書遣詞用字充滿戰鬥氣息，前文在大會時就被禁止，而沒有被禁止的部分在《臺灣民報》上刊載時又遭到新聞檢查。

臺灣工友總聯盟成立大會 ／蔣渭水文化基金會提供

昭和3年（1928）2月19日，第一個全島總工會「臺灣工友總聯盟」在臺北市蓬萊閣開成立大會。團結是弱者最有力的武器，牆上懸掛聯盟催生者暨顧問蔣渭水（第1排坐者右5）所提「同胞須團結，團結真有力」的標語，出席者有謝春木、王鐘麟、張晴川、黃周（第1排坐者右9、13、14、15）、廖進平、蔣渭川（坐石頭者右1、3）與議長盧丙丁（3排中戴墨鏡）等人。

臺灣工友總聯盟
創立宣言

帝國主義者、受着歐州大戰的影響而發生經濟界的恐慌、因爲要解決這個困難問題、故不得不加緊壓迫本國的無產階級和掠奪植民地的民衆。於是乎植民地的民衆也受着帝國主義的壓迫和世界的潮流所刺戟、漸々地覺醒起來。尤其是植民地的勞働階級所處的地位、是一方面受帝國主義者的掠奪、一方面受現社會制度上的經濟的社會的壓迫、故此勞働階級的生活最爲困苦。因此植民地的勞働階級很容易覺醒!而走到解放運動的路上來、成爲民衆解放運動的中心勢力、取得領導的地位。所以殖民地的勞働階級、自然是民衆解放運動的急先鋒前衛隊、這就是叫做植民地的勞働階級的歷史的使命啦!

我們臺灣的勞働階級、占農工商學四民中的第二多數、至少也有壹百多萬人、實是臺灣民衆中的重要部分。我們看々臺灣人的環境和地位、我們不得不感覺着我們臺灣勞働階級的歷史的使命、是很重而且大的。所以我們應該急起直追自認爲民衆解放運動的前衛隊。如果我們要盡此天職完這使命須要集中勞働階級的勢力、組織統一鞏固之團體、信奉一定的主義、防止小兒病與老衰症、把持理想凝視現實、極力去奮鬭才成呀!

我們這個臺灣工友總聯盟、是應時勢的要求而出現的團體是要去努力奮鬭擁護勞働階級的利權的總機關。而從事於勞働階級的政治的經濟的社會的解放運動、造成臺灣民衆解放運動的前衛隊、以盡臺灣勞働階級的歷史的使命。臺灣的勞働階級赶快覺醒起來!工場的工人、手工業者、店員暨諸勞働大衆、齊集於臺灣工友總聯盟的旗幟下來奮鬭罷!

義的壓迫和世界的潮流所刺戟、漸々地覺醒起來。尤其是植民地的勞働階級所處的地位、是一方面受帝國主義者的掠奪、一方面受現社會制度上的經濟的社會的壓迫、故此勞働階級的生活最爲困苦。因此植民地的勞働階級很容易覺醒!而走到解放運動的路上來、成爲民衆解放運動的中心勢力、取得領導的地位。所以殖民地的勞働階級、自然是民衆解放運動的急先鋒前衛隊、這就是叫做植民地的勞働階級的歷史的使命啦!

我們臺灣的勞働階級、占農工商學四民中的第二多數、至少也有壹百多萬人、實是臺灣民衆中的重要部分。我們看々臺灣人的環境和地位、我們不得不感覺着我們臺灣勞働階級的歷史的使命、是很重而且大的。所以我們應該急起直追自認爲民衆解放運動的前衛隊。如果我們要盡此天職完這使命須要集中勞働階級的勢力、組織統一鞏固之團體、信奉一定的主義、防止小兒病與老衰症、把持理想凝視現實、極力去奮鬭才成呀!

我們這個臺灣工友總聯盟、是應時勢的要求而出現的團體是要去努力奮鬭擁護勞働階級的利權的總機關。而從事於勞働階級的政治的經濟的社會的解放運動、造成臺灣民衆解放運動的前衛隊、以盡臺灣勞働階級的歷史的使命。臺灣的勞働階級赶快覺醒起來!工場的工人、手工業者、店員暨諸勞働大衆、齊集於臺灣工友總聯盟的旗幟下來奮鬭罷!

二月十九日

臺灣工友總聯盟

臺灣工友總聯盟創立宣言 ／六然居資料室提供

臺灣工友總聯盟在昭和 3 年（1928）2 月 19 日創立。從昭和 2 年（1927）7 月臺灣民眾黨成立後，蔣渭水等人便親自巡迴全島各地，舉辦演講及座談會，鼓吹勞權意識，催生勞働團體，此宣言書在《臺灣民報》被思想檢查，以開天窗處理，但被收錄於《臺灣總督府警察沿革誌》。

文化劇團慰勞淺野洋灰株式會社罷工 ／蔣渭水文化基金會提供

高雄機械工友會罷工會員在臨時事務所前留影紀念。高雄淺野水泥員工不滿會社差別待遇，藉口工人吳石定缺勤解僱後復職而降低待遇。高雄機械工友會由臺灣民眾黨員黃賜領導所屬淺野水泥會社高雄支店員工，提出對臺灣人職工出租員工住宅、決定最低工資額⋯⋯等 4 項要求，成員在要求遭拒後發動罷工。由臺灣工友總聯盟高雄區主席黃賜任總務部長、臺南區主席梁加升任糾察隊長以及安平罷工團委員長陳天順組成的「爭議罷工團」，指導員工 800 人發動罷工抗爭，並得到全島的關注與同情，是日治時期最大的工人運動。

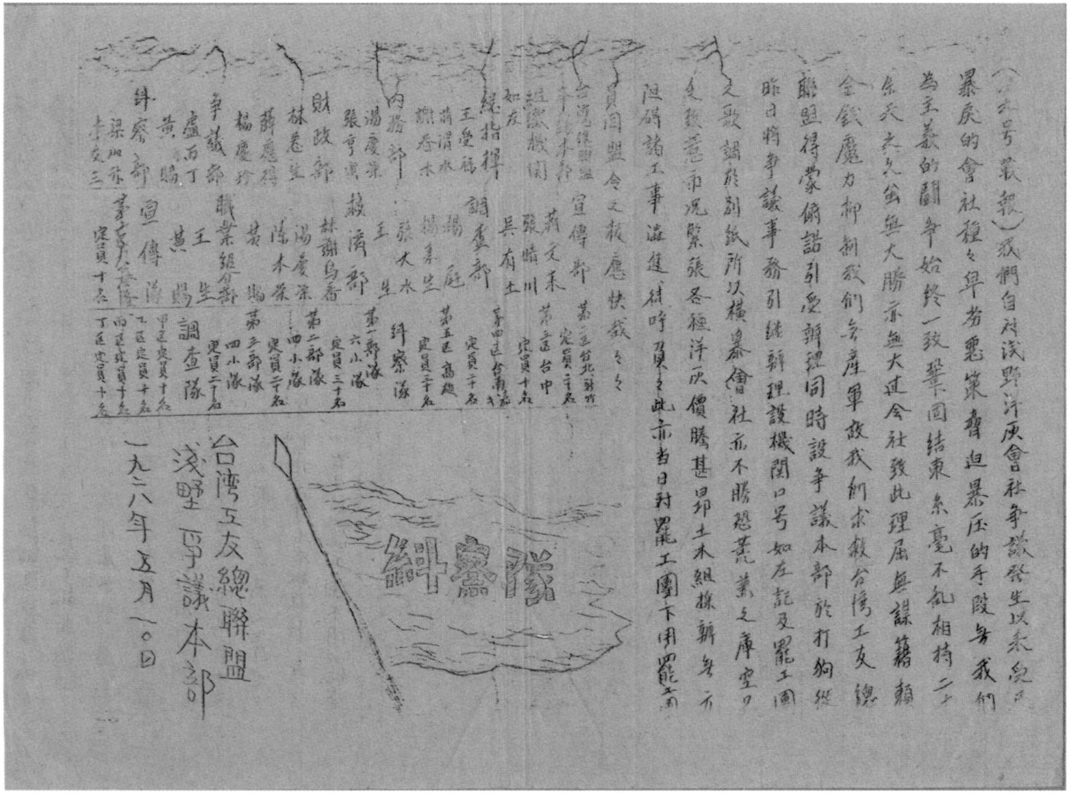

（第九号戰報）我們自對淺野洋灰會社爭議發生以來總□
暴戾的會社種々卑劣惡策脅迫暴压的手段對我們
為主義的鬪爭始終一致鞏固結束絲毫不亂相持二々
余天未見会無大勝亦無大延会社致此理屈無謀藉賴
金錢魔力抑制我們無產軍敵我們求救台湾工友總
聯盟得蒙俯諾引受辦理同時設爭議本部於打狗從
昨日將爭議事務引繼辦理設機關口号如左記及罷工團
之取締於別紙所以橫暴會社亦不勝恐慌業之庫空□
支致慈而况緊張各種洋灰價騰甚昂抑土木組様辦無而
阻碍諸工事滋進，待吁及々之此亦当日對罷工團下用罷工團
員同盟令之核應快哉々々

台湾工友總聯盟
淺野爭議本部
一九二八年五月一〇日

臺灣工友總聯盟第九號戰報 ／六然居資料室提供

昭和 2 年（1927）經濟蕭條，高雄淺野水泥會社解雇工人，但卻迴避給予工人退職金，因而造成高雄機械工友會決議實行罷工來進行抗爭。對抗過程中，臺灣工友總聯盟昭和 3 年（1928）5 月 10 日製作的戰報。

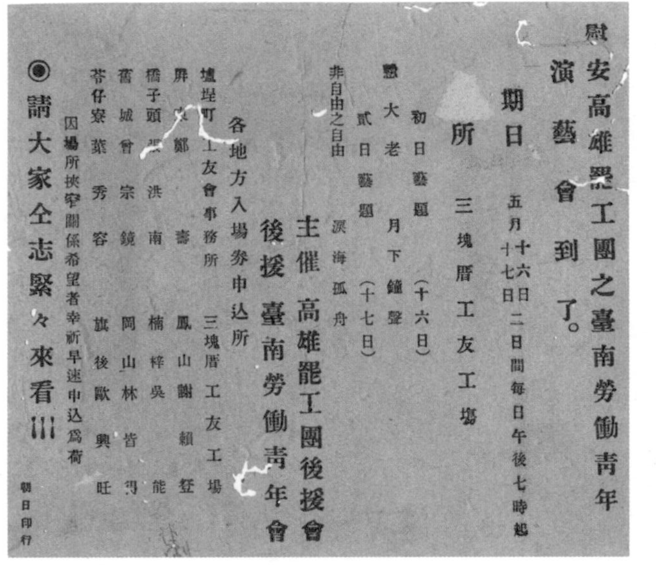

慰安高雄罷工團之臺南勞働青年
演藝會到了。
期日　五月十六日十七日　二日間每日午後七時起
所　三塊厝工友工場
初日藝題（十六日）
戇大老　月下鐘聲
貳日藝題（十七日）
非自由之自由　淚海孤舟
主催　高雄罷工團後援會
後援　臺南勞働青年會
各地方入場券申込所
塊埕町工友會事務所　三塊厝工友工場
屏東鄭壽　鳳山謝賴登
橋子頭黑洪南　楠梓吳能
舊城曾宗鏡　岡山林皆得
苓仔寮葉秀容　旗後歐興旺
因場所狹窄關係希望者幸祈早速申込為荷
◎請大家仝志緊々來看!!!
朝日印行

「慰安高雄罷工團之臺南勞働青年演藝會到了」宣傳單 ／莊明正提供

昭和 3 年（1928）5 月 16 日及 17 日，臺南勞働青年演藝會慰問淺野洋灰（水泥）罷工，演出〈戇大老〉、〈月下鐘聲〉、〈非自由之自由〉、〈淚海孤舟〉曲目的宣傳單。

第二日　新歷五月拾七日
臺南勞働青年演藝會
午後　正七時開演
慰安高雄罷工團
演藝劇目!!!
一奏樂一
劇目史劇　封神臺　全壹幕
配役
張亨寅　蘇香源　陳少莊　王再添　陳明來　陳耀奎　黃守義　陳雪村
一奏樂一
劇目悲劇　淚海孤舟　全八幕
配役
梁加升　林宣鰲　陳耀奎　蔡榮宗　黃江福　陳少莊　郭成家　盧丙丁　曾銘池　蘇香源　王再添　陳明來　郭琴堂　王德發　薛應得　林占鰲　蘇謀明　陳　華
於三塊厝工友工場內開演
◆主催　臺南勞働青年會
◆後援　高雄罷工團

臺南勞働青年演藝會慰安高雄罷工團 ／莊明正提供

昭和 3 年（1928）5 月 17 日，臺南勞働青年演藝會慰問淺野洋灰罷工，演出〈封神臺〉、〈淚海孤舟〉。

臺北石工工友會罷工得勝 ／蔣渭水文化基金會提供

140 餘名臺北石工工友會會員，於昭和 3 年（1928）5 月 25 日在蓬萊閣舉行罷工得勝紀念，2 排坐者右 7 為顧問蔣渭水。臺北石工工友會會員因爭取調升工資而罷工，雖然在和業主協調後暫獲解決，但是業主卻唆使流氓毆打工友會員。事後業主賠 50 圓認錯，並在蓬萊閣招待工友會員。

臺灣工友總聯盟第二次代表大會 ／蔣渭水文化基金會提供

昭和 4 年（1929）2 月 11 日，臺灣工友總聯盟第二次代表大會在臺南新松金樓舉行。蔣渭水、黃旺成（2 排坐者左 5、9）、謝春木（2 排立者右 3 戴帽穿西服）、李友三（第 4 排大門右柱左側戴眼鏡）、梁加升（李友三左穿唐衫者）、盧丙丁、黃賜（第 4 排戴墨鏡及右側穿淺衣者）、新文化協會的鄭明祿（前蹲者右 3）以及臺灣農民組合的楊貴（楊逵）、葉陶夫婦等人均參加。此次大會加盟團體增加至 64 個，除 42 個工友會外，還包括蘭陽農業組合、瑞芳農民協會、桃園農民協會與大甲農民組合等 4 個農民團體及宜蘭新青年讀書會、霧峰青年革新會等 8 個青年團體，以及臺北維新會、大甲日新社、新民會（東京）等 10 個其他團體。大會中通過制定聯盟歌、八時間勞動、健康保障法、職工扶助法等多項保障職工提案，並發表宣言：「以合理的鬥爭排斥所謂的幼稚病，期形成臺灣工人運動的統一戰線。」

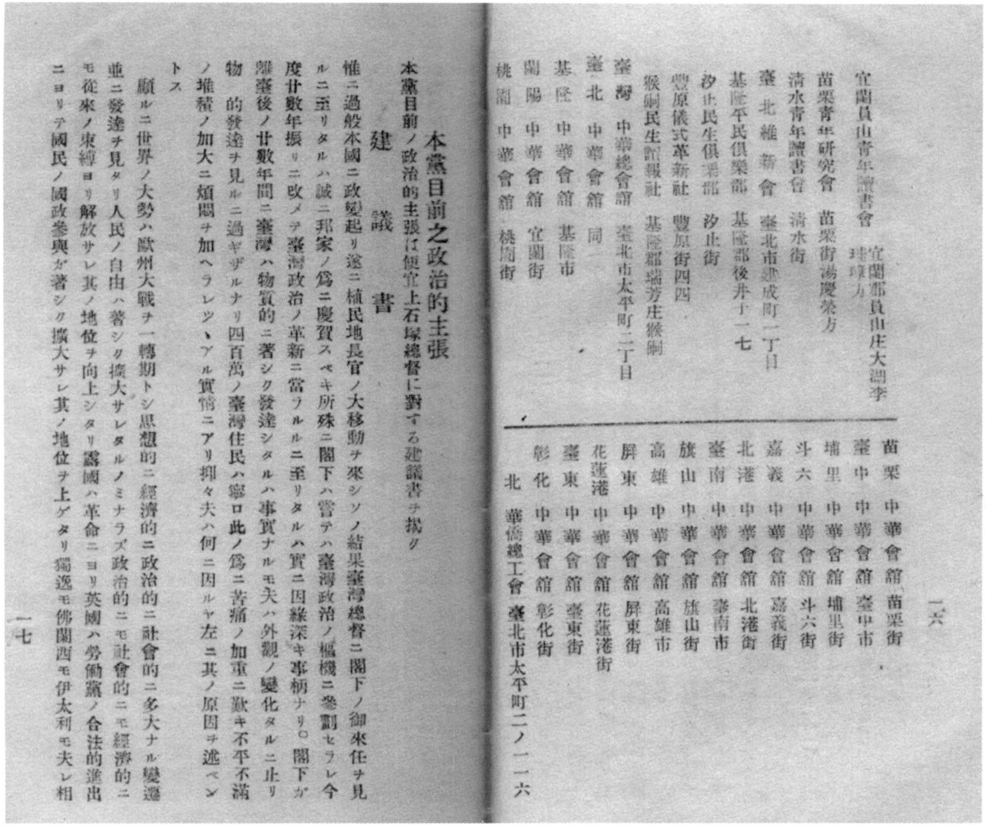

宜蘭員山青年讀書會	宜蘭郡員山庄大湖李珪璋方
苗栗青年研究會	苗栗街湯慶榮方
清水青年讀書會	清水街
臺北維新會	臺北市建成町一丁目
基隆平民俱樂部	基隆郡後井子一七
汐止民生俱樂部	汐止街
豐原儀式革新社	豐原街四四
猴硐民生館報社	基隆郡瑞芳庄猴硐
臺灣中華總會館	臺北市太平町二丁目
臺北中華會館	同
基隆中華會館	基隆市
蘭陽中華會館	宜蘭街
桃園中華會館	桃園街

苗栗中華會館	苗栗街
臺中中華會館	臺中市
埔里中華會館	埔里街
斗六中華會館	斗六街
嘉義中華會館	嘉義街
北港中華會館	北港街
臺南中華會館	臺南市
旗山中華會館	旗山街
高雄中華會館	高雄市
屏東中華會館	屏東街
花蓮港中華會館	花蓮港街
臺東中華會館	臺東街
彰化中華會館	彰化街
北華僑總工會	臺北市太平町二ノ一一六

一六

本黨目前之政治的主張

本黨目前ノ政治的主張は便宜上石塚總督に對する建議書ヲ拔ク

建議書

惟ニ過般本國ニ政變起リ遂ニ植民地長官ノ大移動ヲ來シソノ結果臺灣總督ニ閣下ノ御來任ヲ見ルニ至リタルハ誠ニ邦家ノ爲ニ慶賀スベキ所殊ニ閣下ハ嘗テハ臺灣政治ノ樞機ニ參劃セラレ今度廿數年振リニ改メテ臺灣政治ノ革新ニ當ラルルニ至リタルハ實ニ因緣深キ事柄ナリ。閣下ガ離臺後ノ廿數年間ニ臺灣ハ物質的ニ著シク發達シタルハ事實ナルモ夫ハ外觀ノ變化タルニ止リ物的發達ヲ見ルニ過ギザルナリ四百萬ノ臺灣住民ハ寧ロ此ノ爲ニ苦痛ノ加重ニ歎キ不平不滿ノ堆積ノ加大ニ煩悶ヲ加ヘラレツヽアル實情ニアリ抑々夫ハ何ニ因ルヤ左ニ其ノ原因ヲ述ベントス

顧ルニ世界ノ大勢ハ歐州大戰ヲ一轉期トシ思想的ニ經濟的ニ政治的ニ社會的ニ多大ナル變遷並ニ發達ヲ見タリ人民ノ自由ハ著シク擴大サレタルノミナラズ政治的ニモ社會的ニモ經濟的ニモ從來ノ束縛ヨリ解放サレ其ノ地位ヲ向上シタリ露國ハ革命ニヨリ英國ハ勞働黨ノ合法的進出ニヨリテ國民ノ國政參與ガ著シク擴大サレ其ノ地位ヲ上ゲタリ獨逸モ佛蘭西モ伊太利モ夫レ相

一七

臺北華僑總工會 ／取自《臺灣民眾黨》特刊，莊永明提供

蔣渭水積極協助臺北華僑團體成立，並將島內各地中華會館納入臺灣民眾黨的支持團體。蔣渭水透過中華會館委員長高銘鴻，乃於昭和 4 年（1929）2 月 21 日組織臺北華僑總工會，加盟團體有臺北華僑錫箔工友會等 10 個華僑團體。蔣渭水透過中華會館委員長高銘鴻，乃於昭和 4 年（1929）2 月 21 日組織臺北華僑總工會，加盟團體有臺北華僑錫箔工友會等 10 個華僑團體。

宜蘭產業組合紀念會 ／蔣渭水文化基金會提供

宜蘭產業組合紀念會，會場立有「同胞須團結，團結真有力」的旗幟。

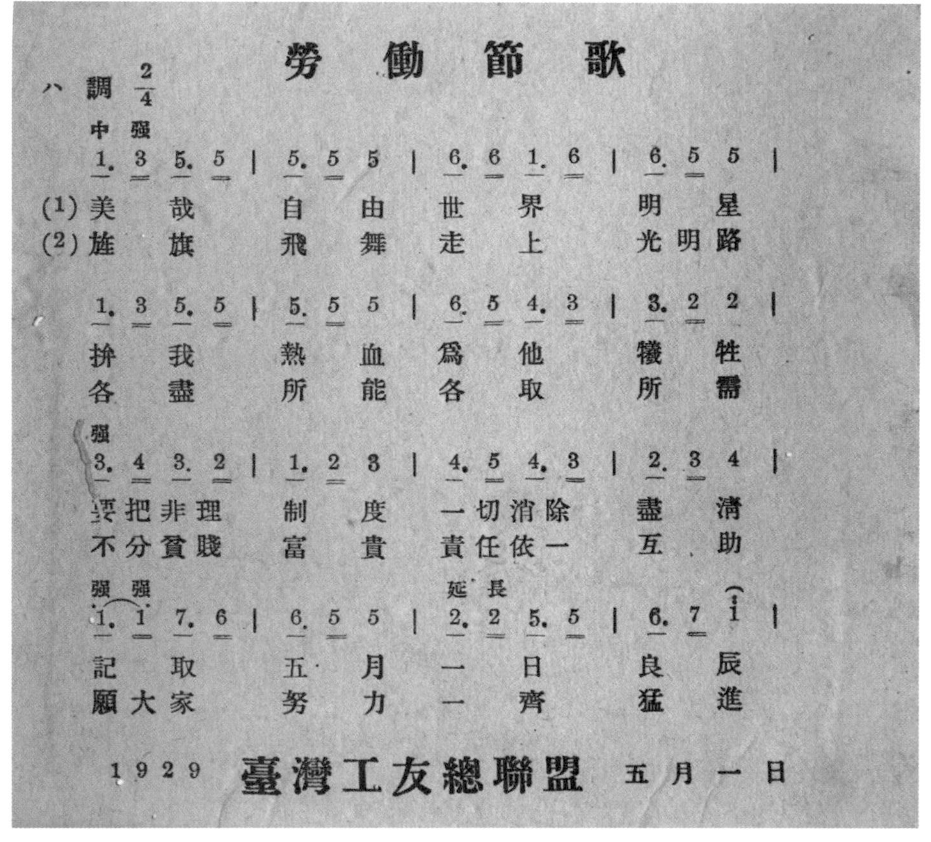

《勞働節歌》 ／莊明正提供

占臺灣人 8 成的農工階級，所受到的壓迫比其他階級更嚴重，臺灣人工資約莫只有日本人的一半。昭和 3 年（1928）2 月臺灣工友總聯盟成立，通過每年 5 月 1 日一起休業、講演、示威遊行之決議。

昭和 4 年（1929）5 月 1 日，臺灣工友總聯盟發表顧問蔣渭水所撰寫的《勞働節歌》。蔣渭水將《勞働節歌》印刷了 8,000 多份，臺灣文化協會和臺灣農民組合也印刷了 3,000 多份。

然而，受到前一年日治時期最大的工運「淺野洋灰會社罷工」影響，臺灣總督府嚴加防範勞働節紀念活動。《勞働節歌》因歌詞內容不妥而遭到禁止，取締異常嚴厲；屋外集會被禁止，室內活動則是公私服警察布滿會場，講演屢屢遭到干預，只要高唱《勞働節歌》就會被迫解散。

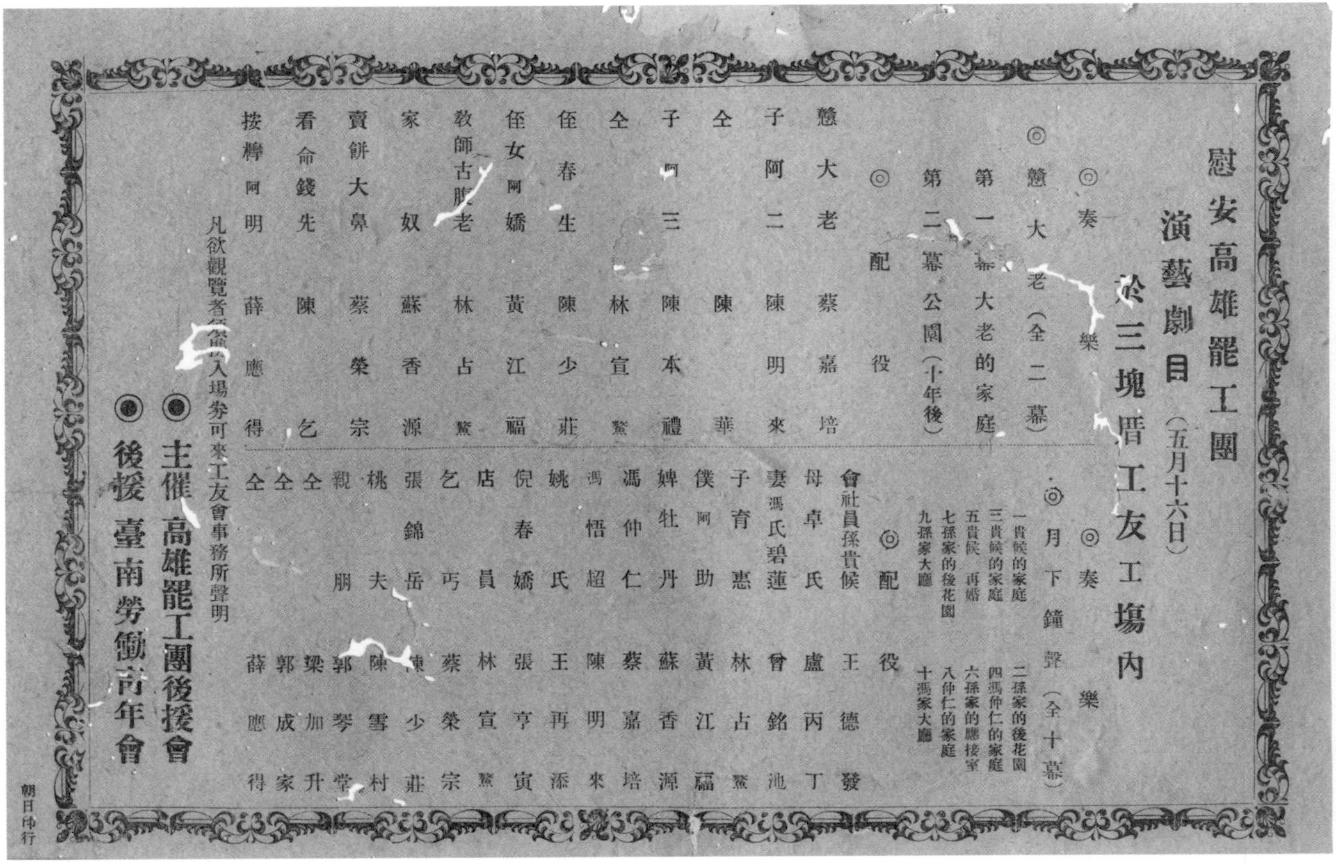

慰安高雄罷工團

演藝劇目（五月十六日）

於三塊厝工友工場內

◎奏樂

◎戇大老（全二幕）

第一幕 大老的家庭

第二幕 公園（十年後）

◎配役

戇大老 蔡嘉培
子阿二 陳明來
仝 陳華
子阿三 陳本禮
仝 林宣 鷲
任春生 陳少莊
任女阿嬌 黃江福
教師古腰老 林占 鷲
家奴 蘇香源
賣餅大鼻 蔡榮宗
看命錢先 陳乞
接樽阿明 薛應得

◎奏樂

◎月下鐘聲（全十幕）

一貴候的家庭　二孫家的後花園
三貴候的家庭　四馮仲仁的家庭
五貴候 再婚　六孫家的應接室
七孫家的後花園　八仲仁的家庭
九孫家大廳　十馮家大廳

◎配役

會社員孫貴候 王德發
母卓氏 盧丙丁
妻馮氏碧蓮 曾銘池
子育惠 林占 鷲
僕阿助 黃江福
婢牡丹 蘇香源
馮仲仁 蔡嘉培
馮悟超 陳明來
姚氏 王再添
倪春嬌 張亨寅
店員 林宣 鷲
乞丐 蔡榮宗
張錦岳 陳少莊
桃夫 陳雪村
親朋 郭琴堂
仝 梁加升
仝 郭成家
仝 薛應得

凡欲觀覽者[illegible]入場券可來工友會事務所聲明

◎主催 高雄罷工團後援會

◎後援 臺南勞働青年會

朝日印行

臺南勞働青年會慰安高雄罷工團 ／莊明正提供

昭和 3 年（1928）5 月 16 日，臺南勞働青年會慰問淺野洋灰罷工，演出演出〈 大老〉、〈月下鐘聲〉。

chapter 7

第七章

硬骨運動家的溫柔：蔣渭水的家庭生活

即便投入啟迪民智，視社會運動為本業，行醫為副業，同志第一，家人第二的蔣渭水，也有柔情的一面。家庭是他的避風港，更在抗日運動過程中扮演強力的後盾。

元配石阿有（蔣石有）是蔣家的童養媳，石家成員石煥長、石秀源、石進源、石壽松、石圭璋因為姻親的關係，日後成為蔣渭水革命事業的夥伴及贊助者。妻舅石煥長出巨資，讓蔣渭水在醫學校時期開辦「東瀛商會」，掩護學生運動；大正 11 年（1922）共同創立「新臺灣聯盟」；大正 12 年（1923）又共組「臺灣議會期成同盟會」；「治警事件」時一起入獄，有著革命情感。石煥長不滿殖民統治，後來移居上海，蔣渭水逝世後，石煥長是蔣渭水追悼會的發起人之一。

弟弟蔣渭川更是蔣渭水的得力助手，公學校畢業後，在宜蘭郵便局（今宜蘭郵局）工作，讓蔣渭水無後顧之憂完成醫學校學業，也幫蔣渭水主持設在宜蘭昭應宮的讀報社。蔣渭川後來遷居臺北大稻埕，從事製襪及染料批發，並經營文化公司；後將文化公司及舉家遷移至大安醫院，跟隨蔣渭水四處講演，加入蔣渭水創設的臺灣工友總聯盟。

蔣渭水的么妹蔣花嫁給戴旺枝，戴旺枝大正 3 年（1914）從宜蘭遷籍臺北廳大加蚋堡石坊街，協助蔣渭水經營東瀛商會。東瀛商會除了販賣文具、書籍和雜貨之外，又代理銷售宜蘭甘泉老紅酒，蔣渭水以此累積革命資金。後來東瀛商會遷移至大稻埕，戴旺枝也遷籍至大安醫院。大正 12 年（1923）《臺灣民報》創立後，在大安醫院設立總批發處，戴旺枝成為《臺灣民報》的社員。

戴旺枝的女兒戴碧玉被蔣渭水收養，改名蔣碧玉，因受蔣渭水抵抗威權的影響，在蔣渭水過世後，昭和 15 年（1940）與夫婿鍾和鳴（鍾浩東）迂迴至中國參加抗日活動，戰後回到臺灣。白色恐怖時期，因為「光明報事件」，蔣碧玉遭逮捕，鍾和鳴最終則被槍斃於臺北馬場町刑場。

好客豪爽的蔣渭水接納親友、同志寄籍，大安醫院幾乎像是免費的宿舍。據日本殖民統治時期宜蘭第一位女醫師、蔣渭水外甥女陳石滿的回憶，「姑丈蔣渭水對文協的活動非常熱中，幾乎把開業所賺的錢都花在上面，每天席開二、三桌，宴請來自各地的會員」、「姑丈最常說的是，臺灣人身為日本殖民地是一件很不光榮的事，我們等於是別人的養子，生活也失去應有的自由」。此外，陳石滿能夠赴日踏上習醫之路，也是仰賴姑丈蔣渭水和六叔石煥長遊說她的母親。

伴侶與孩子是蔣渭水永遠的支柱，在潛移默化中延續了蔣渭水的思想與精神。蔣渭水和如夫人陳甜（陳精文）感情相當好，蔣渭水帶著她進入政治運動圈。「治警事件」入獄時，陳甜除了替同志送書、衣物、寫信為蔣渭水加油打氣之外，還代替他到處講演。

長子蔣松輝也曾以學生身分掩護，替臺灣民眾黨在電報局下班前 10 分鐘派發電報給國際聯盟，控訴鴉片政策，將臺灣問題國際化。三子蔣時欽曾任《政經報》編務，二二八事件時，是「臺灣省青年自治同盟」領導人，因在中山堂前發表「時局宣言」，要求撤銷行政長官制，改行地方自治，被陳儀政府列為追緝要犯，攜妻潛行中國。

平常對日本政府態度強硬的蔣渭水回到家中與親友相處時，總會卸下力抗總督府的外在，呈現柔軟的一面。從家庭成員前仆後繼參與政治社會運動，也能理解他們對蔣渭水的認同與受其影響甚深。

日據日期戶籍簿冊浮籤記事專用頁

簿冊冊號	0063	除戶年份		戶長姓名	戴旺枝

浮籤記事編號	00065－002	浮籤記事編號	00065－001
浮籤記事項目	當事人記事	浮籤記事項目	當事人記事
當事人姓名	戴旺枝	當事人姓名	戴旺枝
本項浮籤記事在本冊第 00065 頁 總計 6 頁之第 2 頁		本項浮籤記事在本冊第 00065 頁 總計 6 頁之第 1 頁	
備註		備註	

轉錄日期：97年5月2日

戴旺枝戶籍 ／黃信彰提供

蔣渭水妹婿戴旺枝戶籍記事：原居地宜蘭廳本城堡宜蘭街土名乾門 119 番地；大正 3 年（1914）3 月 16 日，設籍臺北廳大加蚋堡臺北城內石坊街 1 丁目 8 番戶； 6 月 12 日，遷籍臺北城內府中街 4 丁目 28 番戶；隔年 6 月 8 日，臺北城內文武街 1 丁目 12 番戶；大正 6 年（1917）6 月 21 日，與蔣老番長女蔣花（蔣渭水妹）結婚，10 月 13 日，設籍臺北廳大加蚋堡大稻埕媽祖宮口街 20 番戶；大正 8 年（1919）5 月 8 日，設籍臺北廳大稻埕得勝街 64 番戶；大正 11 年（1922） 4 月 1 日，土地名目變更，戶籍變更為臺北州臺北市太平町 3 丁目 23 番地（戶籍人員 28 番地之筆誤）。戶籍記事欄職業原為宜蘭製酒公司書記，後變更為雜貨文具商。

蔣渭水總督府醫學校時期開設東瀛商會，原位在石坊街，後遷移府中街，畢業後，將東瀛商會遷移至行醫的得勝街大安醫院附近，大正 11 年（1922）得勝街改為太平町 3 丁目。大正 12 年（1923），臺灣民報設總批發處於大安醫院，戴旺枝任職於臺灣民報社臺灣支局。

戴旺枝的戶籍變遷與蔣渭水社會運動有連動關係。

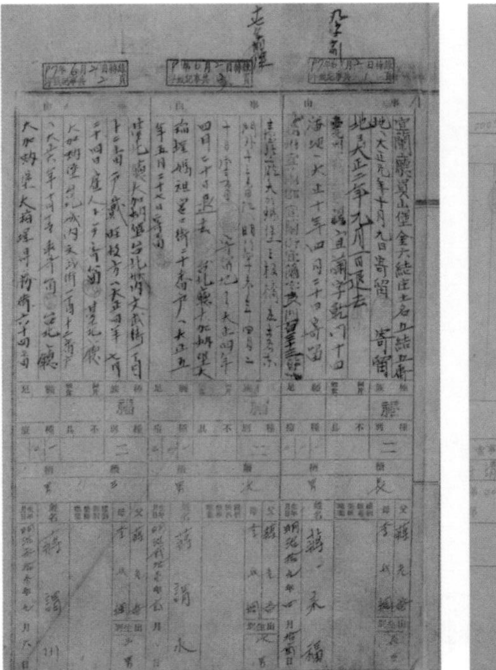

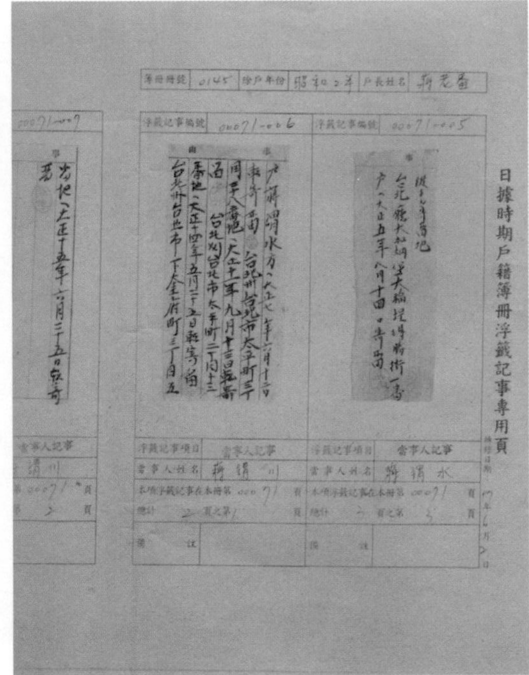

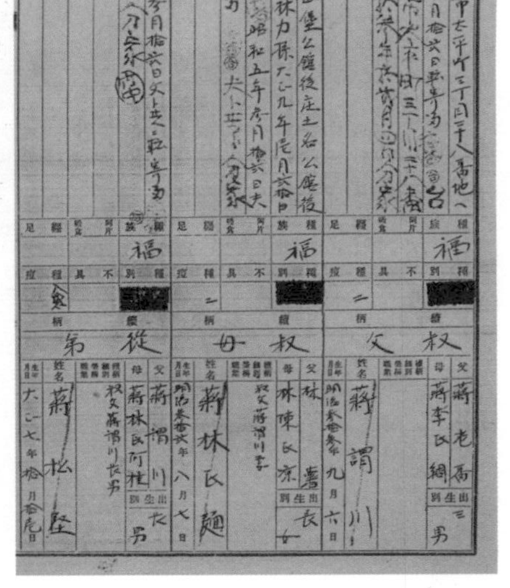

蔣渭川戶籍變遷 ／蔣渭水文化基金會提供

蔣渭川戶籍記事：大正 4 年（1915） 7 月 24 日，因受雇設籍於臺北廳大加蚋堡臺北城內文武街 1 丁目 12 番戶戴旺枝宅；大正 7 年（1918）6 月 12 日，設籍大稻埕得勝街 64 番戶蔣渭水宅；大正 11 年（1922）9 月 13 日，設籍臺北州臺北市太平町 3 丁目 28 番地（1922 年 4 月 1 日，臺北市町名改正）；大正 14 年（1925） 5 月 25 日，設籍同市太平町 2 丁目 13 番地；昭和 15 年（1926）6 月 25 日，設籍於同市下奎府町 3 丁目 5 番地；昭和 5 年（1930）3 月 12 日，設籍於同市太平町 3 丁目 28 番地（蔣渭水宅）。

蔣渭川戶籍當初因為受雇協助經營東瀛商會而設籍於文武街，昭和 5 年（1930），蔣渭川將其經營販賣雜誌書籍及染料的文化公司遷居至大安醫院北側。

蔣渭水革命夥伴陳甜獨照 ／蔣渭水文化基金會提供

陳甜在大正 12 年（1923）的獨照。

大正 8 年（1919），蔣渭水在東薈芳認識了藝旦陳甜，後來娶她為妾，並將她的名字改作「精文」，持續教導她識字和閱讀漢文及日文書籍。

陳甜不僅照料蔣渭水的家務，同時也投入了社會運動中。過去因為藝旦身分而穿金戴銀的陳甜，也為了資助文化協會的經費，變賣首飾支持蔣渭水的理想。

蔣渭水因治警事件而遭判刑入獄的日子，陳甜也不斷地寫信鼓勵他，充分展現了身兼家庭成員以及革命戰友的身分。

蔣渭水與陳甜合影 ／蔣渭水文化基金會提供

蔣渭水與如夫人陳甜合影，圖中二人皆著傳統服裝，足顯其反抗大和文化之意涵。蔣渭水因治警事件入獄之後，陳甜經常替入獄的夥伴們送書、衣物、營養品以及寫慰問信。蔣渭水接到陳甜來信後，在〈獄中日記〉寫著：「愛妻的面目躍躍可見，語言三復，我則不知連讀幾十遍了。」

〈獄中日記〉在《臺灣民報》刊登之後，同志對蔣渭水夫婦的濃情蜜意，特別贈詩表羨慕之情。

戲贈渭水兄　　落五

鴛鴦散後夢低迷　消息沉冥意更淒
如此多情天亦感　來生與汝作夫妻

再戲渭水兄

屈指相離幾度春　於今無處可問津
癡情那及忘情甚　直把蕭郎等路人

戲贈渭水兄

千里無辭行路難　只求消息計心安
鍾情如汝堪稱少　應使戀人淚下乾

蔣渭水與陳甜合影 ／蔣渭水文化基金會提供

蔣渭水和陳甜，共同從事社會運動及講演活動。臺灣文化協會展開一系列啟蒙運動後，積極指導推動各地青年團體的成立。臺北青年讀書會的會員有 50 名，陳甜是其中唯二女性之一；當時女權運動剛萌芽，陳甜已經因為接受新時代的思想，走在時代前端，可以說是臺灣近代婦女意識的先行者之一。

陳甜與蔣時英 ／蔣渭水文化基金會提供

陳甜與蔣渭水四子蔣時英合影。蔣時英生於大正 12 年（1923），太平洋戰爭時擔任東京《每日新聞》戰地記者，昭和 20 年（1945）在菲律賓採訪時罹難。

二子蔣松銘 ／蔣渭水文化基金會提供

蔣渭水二子蔣松銘照片旁題字是蔣渭水手書。蔣松銘大正 4 年（1915）10 月 15 日生。

蔣渭水父親蔣老番告別式

／取自《蔣渭水臺灣大眾葬葬儀紀錄片》，蔣渭水文化基金會提供

昭和 2 年（1927）2 月 20 日，宜蘭街巽門蔣渭水故居（昔渭水路，今改名中山路二段），蔣渭水父親蔣老番（蔣鴻彰）靈前，蔣渭水偕妻石有、如夫人陳甜（以中間柱為基準，右 2、左 2、左 3）與家人合影。

蔣氏家族的臺灣衫褲，也表現對日本文化的抗拒與漢民族意識的延續。

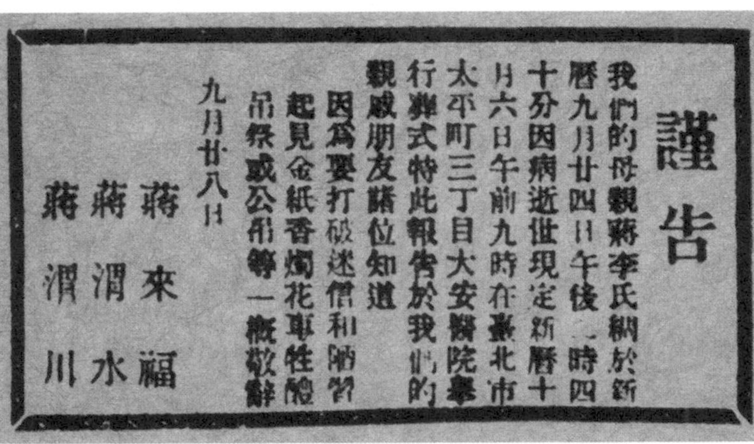

謹告

我們的母親蔣李氏綢於新曆九月廿四日午後二時四十分因病逝世現定新曆十月六日午前九時在臺北市太平町三丁目大安醫院舉行葬式特此報告於我們的親戚朋友諸位知道

因爲要打破迷信和陋習起見金紙香燭花車牲醴吊祭或公吊等一概敬辭

九月廿八日

蔣來福
蔣渭水
蔣渭川

母親訃聞報紙通告 ／蔣渭水文化基金會提供

昭和 4 年（1929）9 月 29 日，蔣渭水兄弟在《臺灣民報》刊登母親李綢過世的通告啟事，以通告代替寄發訃音，改革喪禮習俗。

謹告

家母出葬的時候、受着各位好意惠贈輓聯吊軸花環奠儀等以及遠途會送、實在感激至極、今將惠贈之奠儀寄附左記團體、以代答禮、特此深々道謝並爲報告於我們

最敬愛的

親戚朋友諸位

一、奠儀總計九百四圓四十錢也
1、臺灣民衆黨五百圓也
2、臺灣工友總聯盟二百五十圓也
3、臺北維新會一百五十四圓五十錢也

十月十日

蔣來福
渭水
渭川
鞠躬

蔣渭水捐出母喪奠儀報紙通告 ／取自《臺灣民報》

昭和 4 年（1929）10 月 13 日，蔣渭水兄弟在《臺灣民報》刊登通告啟事，將母親過世所收奠儀全數捐予臺灣民眾黨、臺灣工友總聯盟及臺北維新會等 3 個團體。「出葬放銀紙，換做散發傳單」，昭和 4 年（1929） 10 月 13 日，《臺灣民報》的〈地方通信〉報導蔣渭水母親出葬時，臺北維新會特別印製打破妄從迷信的喪禮口號 2 萬張，竟被北警察署限制只許在喪宅散發，並檢束發傳單的 2 名臺北維新會人員。連打破迷信的宣傳也要壓迫，不由得讓民眾對於臺灣總督府的壓迫更為反感。

蔣渭水不僅致力於引進新思維，也試圖改革舊有習俗。

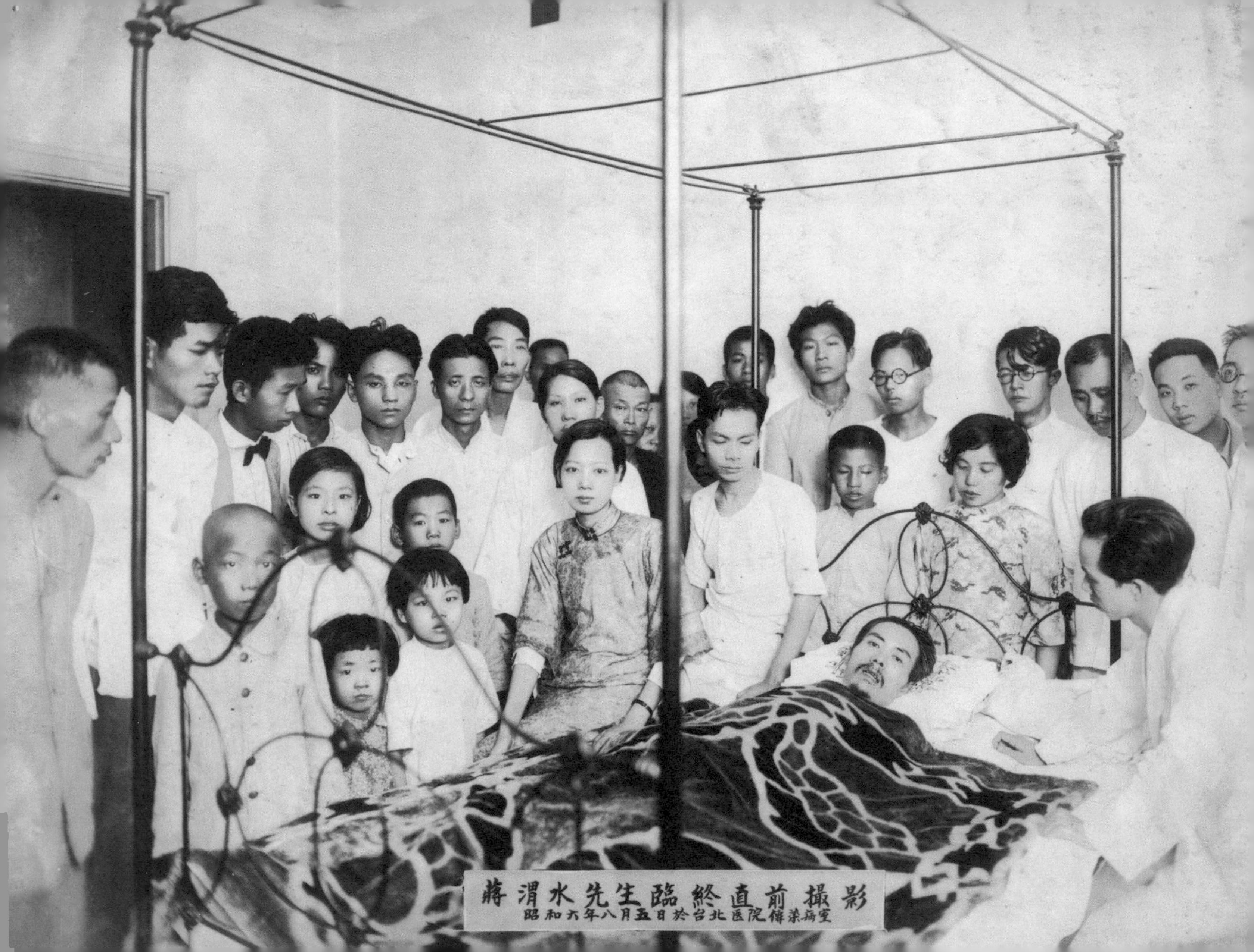
蔣渭水先生臨終直前撮影
昭和六年八月五日於台北医院傳染病室

臨終前攝影 ／蔣渭水文化基金會提供

昭和6年（1931）8月5日，蔣渭水臨終前攝於臺北病院（今臺大醫學院附屬醫院）。前排右起：陳其昌（民眾黨主幹）、陳其昌夫人、三子時欽、胞弟蔣渭川、如夫人陳甜、四子蔣時英、養女謝阿雪、蔣松柏（蔣渭川子）、蔣梨雲（蔣時英前，蔣渭水大女兒）、元配石有（陳甜後）。後排：賴金釧、蔡培火、杜聰明、長子蔣松輝、次子蔣松銘（右1、3蓄髭者，4、6最高者、右7）。

初發病時，蔣渭水以為只是普通腸病，不改其樂觀天性，還以此自嘲，告訴陳其昌：「我這是好久不往別莊之故」。直至拖延時日，才住進臺北病院，經過醫師確診罹患傷寒。蔣渭水病榻中由同志分班看守，但由於關心病情，值班以外時間大都仍在醫院附近徘徊，甚至徹夜未眠；為了確保安全，蔣渭水所服的藥都要經過杜聰明檢查。蔣渭水逝世以後，非武裝的文化抗日運動頓失重心。

覆蓋黨旗 ／取自《蔣渭水臺灣大眾葬葬儀紀錄片》，臺北市文化局提供

昭和 6 年（1931）8 月 5 日午前 7 時 30 分，在臺北醫院（今臺大醫院）的蔣渭水遺體偷偷被覆蓋「上青下紅中間白日」的臺灣民眾黨第一面黨旗。這面當初通過的黨旗被臺灣總督府以「類似中華民國國旗之青天白日旗為其黨旗」為理由，禁止使用。為蔣渭水覆蓋此面被禁止之黨旗，象徵著持續挑戰總督威權，臺灣民眾黨精神不滅。

蔣松輝高校一年級 ／取自《蔣渭水臺灣大眾葬葬儀紀錄片》，臺北市文化局提供

昭和 6 年（1931）8 月 5 日，蔣渭水辭世，遺有 4 子。長男松輝 18 歲，就讀臺灣總督府臺北高等學校（今國立臺灣師範大學前身，當時為就讀帝國大學之豫科）1 年級。昭和 2 年（1927），蔣松輝自日新公學校（今日新國小）畢業後，考入臺北州立臺北第一中學（今建國中學），當年學招生 200 人，僅有 8 名臺灣學生（8 所公學校，每校取 1 人）。學制為中學 5 年，高等學校 3 年。蔣松輝中學僅讀 4 年，即於昭和 6 年（1931）考上臺灣唯一的臺灣總督府臺北高等學校；是年，蔣渭水驟逝。杜聰明曾回憶蔣渭水最後的遺言特別交代「蔣家子弟務需教育之」。

蔣松輝一邊經營蔣渭水留下來的「文化書局」，一邊讀書，以致荒疏學業而留級 1 年；乃於昭和 7 年（1932）結束文化書局的經營。昭和 10 年（1935），高等學校畢業後，以 1 年時間準備攻讀昭和 11 年（1936）由「臺灣總督府臺北醫學專門學校」改制的「臺北帝國大學附屬醫學專門部」。然因家庭經濟的壓力無法專心讀書，未能如願考上，遂遠赴上海，就職於上海日本近代科學圖書館。

蔣渭水長衫照 ／蔣渭水文化基金會提供

蔣渭水長衫照，此像刊登於昭和 6 年（1931）8 月 8 日《臺灣新民報》蔣渭水逝世專欄報導。蔣渭水肖像是同志間的珍藏，陳金波亦珍藏此肖像數十年，後由其子陳熙春捐贈宜蘭縣史館典藏。

陳金波曾任臺灣文化協會理事、臺灣民眾黨中央執行委員、政治委員會委員，與蔣渭水同為蘭陽農業組合與蘭陽總工友會顧問，可以說是宜蘭活躍的社會運動家之一。

蔣渭水肖像（1930 年代） ／黃煌雄提供

此張肖像在蔣渭水逝世後刊登於《臺灣日日新報》專文報導。昭和 6 年（1931）主編《蔣渭水全集》的昔日同志黃師樵將這幅肖像與逐字墨刻的蔣渭水遺囑一併珍藏 40 年。1970 年代黃師樵將此照及蔣渭水遺囑贈與《蔣渭水傳》的作者黃煌雄。

蔣渭水肖像 ／臺北市文化局提供

《蔣渭水臺灣大眾葬葬儀紀錄片》中蔣渭水肖像，此紀錄片於昭和 6 年（1931）由日本人真開利三郎拍攝。
真開利三郎在同屬建成町，與臺灣民眾黨本部隔一條街之地（今長安西路、華亭街口附近）開設真開寫真館。

蔣渭水元配石有像（1970 年代） ／蔣渭水文化基金會提供

蔣渭水元配石有女士晚年獨照。石有與蔣渭水育有四子，分別為松輝、松銘、時欽、時英。以前臺灣人為節省嫁娶費用，盛行收養媳婦仔（童養媳）；石有為蔣老番所收養之童養媳，依習俗和蔣渭水「送做堆」。

石氏的兄長石煥長、石進源、石秀源等，都是蔣渭水社會運動的重要夥伴。石煥長號霜湖，蔣渭水號雪谷，石煥長在永樂町開設長安醫院，蔣渭水在隔街太平町開設大安醫院，其間情誼不言可喻。大正 11 年（1922）10 月 17 日，石煥長與蔣渭水共組新臺灣聯盟，為臺灣第一個政治結社；大正 12 年（1923）1 月 16 日，續共組臺灣議會期成同盟會。

蔣渭水三子蔣時欽在戰後任《民報》記者，常為文批判時政，亦以蔣瑞仁的筆名在《政經報》主張臺灣自治的理念，並為《自由報》編輯撰稿。

二二八事件期間組織「臺灣省青年自治同盟」，在中山堂發表要求臺灣高度自治，正式投入反陳儀的政治運動，致使被列入二二八首謀通緝要犯名單而流亡香港，後即轉進中國大陸。晚年，蔣時欽在北京抑鬱而終。

陳甜出家 ／蔣渭水文化基金會提供

蔣渭水病逝後，如夫人陳甜（精文）即出家慈雲寺（今臺北市漢口街）。據陳甜之妹陳換轉述，曾有人勸陳甜改嫁，陳甜回答：「如果有人比蔣渭水偉大，我就嫁給他」，陳甜以反證的方式表達了她對蔣渭水深切的景仰與愛慕。

陳甜晚年 ／蔣渭水文化基金會提供

老年的陳甜和其相伴 50 餘年的簡單眠床及斗櫃。

誦經禮佛 50 餘年，民國 75（1986）年 10 月 11 日，陳甜以 87 歲之齡辭世。有關陳甜在慈雲寺出家情形，作家陳長華在《聯合報》如此追憶：

阿甜姑把愛情和青春，奉獻給她心中獨一無二的英雄，在誦經中安適生活，自有她不滅的精神寄託。

聽母親說，阿甜姑出家時，不過 30 來歲。最初幾年，日本警方還到慈雲寺找她，看到她正在閉目念佛，從此不再去騷擾。一些上年紀的信徒，偶爾問到阿甜姑年輕時代和蔣渭水的生活，她總是清淡帶過。以後，我在文獻資料中，讀到蔣渭水和阿甜姑的片段記事，知道阿甜姑曾經在臺上鼓吹民族意識和愛國情操，很自然的聯想起童年初見她的畏怯心情。她看來是那樣堅強果斷，談吐絲毫不拖泥帶水；她也缺少一般出家婦人苦口婆心的作風，傲骨獨立，另具風格。

陳甜與丘秀芷合影 ／邱秀芷提供

陳甜與《民族正氣蔣渭水》作者丘秀芷合影。

石有、蔣勤、蔣花合影 ／林旺欉家族提供

昭和 17 年（1942）石有與親人合影於蔣渭川日光堂書局；前排左起，蔣花（蔣渭水妹）抱五女戴如嫣、蔣來福（蔣渭水兄）妻李阿有、蔣勤（蔣渭水大姊）、石有、林麵（蔣渭川妻）手抱六女節雲、五女滿雲立旁，後排左起蔣渭川二女碧雲、長女梨雲。蔣勤又名蔣葉，明治 36 年（1903）嫁礁溪庄六結林阿扁。蔣花，大正 5 年（1916）嫁戴旺枝，戴旺枝原任宜蘭製酒公司書記，後協助蔣渭水經營東瀛商會及《臺灣民報》。

chapter 8
第八章

一代知識青年的友誼：蔣渭水的社交網絡

做為日治時期臺灣政治社會運動界的重要人物，蔣渭水透過一定的社交網絡來維持影響力。除了學生時期結識理念相近的朋友以外，參與政治社會運動的歷程中也持續拓展人脈，還有因醫病關係而結緣的戰友，這些社交網絡都留下雪泥鴻爪。

蔣渭水所投資的酒樓「春風得意樓」，對蔣渭水的社交網絡有著一定影響力。他在春風得意樓宴請過無數的志士，包括赴日本參加「臺灣議會設置請願運動」的代表林獻堂、蔡培火等人，以及舉辦臺灣第一位飛行員謝文達鄉土飛行的慶功宴、募款購買新機贊助飛行事業的募款餐會等。

春風得意樓也是知識交流的公共場域，蔣渭水曾邀請謝文達講演「飛機之和平使用及其對文化之影響」；邀請《臺灣日日新報》記者、漢文詩人田原天南講演「戰後的德國」，以及與日本基督教會合辦基督教社會運動家、關注貧民窟的日本作家賀川豐彥的講演。

大安醫院更是同志的免費旅館，彰化籍李山火、王敏川、施至善都曾設籍於大安醫院。在醫病關係上，林獻堂、黃旺成的日記中，多次提到至大安醫院找蔣渭水診療，黃旺成更是經常把大安醫院當旅館。

不僅同志相隨，蔣渭水還是許多當代青年景仰的對象。發行臺灣第一本白話文學雜誌的文史學家楊雲萍就讀臺北第一中學校（今建國中學）時，因在《臺灣民報》發表新詩與小說，幾度拜訪設在大安醫院的《臺灣民報》總批發處，與蔣渭水成為忘年之交。人權律師陳逸松就讀日本岡山二中時，回臺省親必到大安醫院拜訪蔣渭水。臺灣文藝聯盟發起人、祖籍草屯的文學家張深切孤傲不羈，但是到臺北一定拜訪蔣渭水。

蔣渭水的熱情、聲望與同志之情，也讓他經常擔任牽紅線的「月老」。律師社會運動家蔡先於、臺北木工工友會大木部部長陳隆發、與蔣渭水一起策畫向國際聯盟控訴臺灣總督府鴉片政策的張月澄，都曾請蔣渭水擔任介紹人。

即使理念或政治路線不同，也不一定會影響到同志之間的情誼，林獻堂即是一例。大正 3 年（1914），林獻堂和日本明治維新元老坂垣退助伯爵發起「臺灣同化會」，宗旨是以同化主義，取得臺灣人與日本人平等的地位。當時蔣渭水持反對的態度，認為同化是要將臺灣人塑造成順民，率領一群學生到林獻堂下榻的旅館詰問。

日後，即使蔣渭水創立「臺灣工友總聯盟」從事工農運動，林獻堂退出臺灣民眾黨，另組「臺灣地方自治聯盟」，兩人的政治運動路線產生歧異，依舊維持密切的情誼，林獻堂甚至在蔣渭水逝世後替《蔣渭水先生全集》作序。

蔣渭水逝世後，同志對他的感情依然歷久彌新。當蔣渭水的長子蔣松輝陪同正在撰寫《蔣渭水傳》的黃煌雄拜訪昔日同志時，黃師樵贈與親手一筆一畫刻寫的蔣渭水遺囑；曾為臺灣民眾黨黨員的曾得志，也把珍藏 30 餘年的蔣渭水肖像畫交給蔣松輝保存。此外，蔣渭水過世後，如夫人陳甜（陳精文）出家慈雲寺；陳甜過世時，昔日的夥伴陳隆發也義不容辭為她籌辦後事。

從蔣渭水的社交生活，得以窺見當時臺灣政治社會運動界的革命情感，呈現另一扇人性溫暖的風景。

大稻埕街景 ／陳慶芳捐贈，蔣渭水文化基金會提供

大正 6 年（1917），太平橫街（今臺北市大同區延平北路 2 段）的春風得意樓，這是當時發行的明信片上大稻埕春風得意樓的街景圖。春風得意樓是蔣渭水結交志士的場域，也是臺灣文化協會演說的講座，臺灣第一位飛行家謝文達、《臺灣日日新報》主筆田原天南都曾在春得意樓演講。

與謝文達合影 ／謝東漢提供

大正 9 年（1920）10 月 30 日，蔣渭水（左 4）與臺灣第一位飛行員謝文達（左 7）合影，背景為謝文達返臺鄉土飛行表演的「勝利號」飛機。

謝氏飛行之應援　謝文達氏昨日在臺北練兵場飛行。稻江商界熱心應援。三十日午後一時。裝飾三臺自働車載醫學專門學校之樂隊。以稻江應援團。並載大花環二個。一爲稻江應援團所贈。一爲在北本島人學生團所贈。遊行市內。乃赴練兵場。時風力甚强。飛行中止。謝氏爲學生說明機體。又行滑走法。後學生團繞飛機。高唱應援歌。乃由何啓亭氏令孃呈上花環。撮影紀念。三呼萬歲而散。以該裝飾之自働車。載謝氏賢喬梓遊行市內。沿途燃放爆竹。以祝其成功。稻江應援團定本日午後六時。爲開歡迎會於春風得意樓。會費三圓。希望加入者可告知大安醫院。其電話一八二五番云。

在春風得意樓宴請謝文達 ／取自《臺灣日日新報》，黃信彰提供

蔣渭水組織「在北本島人學生聯合會」、「稻江應援團」，應援謝文達鄉土飛行訪問，有意參加在春風得意樓舉行的謝文達歡迎會者須向大安醫院報名。另據《臺灣日日新報》後續報導，大正 9 年（1920）11 月 4 日的報導，稻江區區長林熊徵和艋舺區區長吳昌才發起為謝文達開祝賀會。出席者有總督府警務局長川崎卓吾、臺北州知事相賀照鄉、臺北市尹武藤針五郎，除了州廳高官以外，日本民間人士木村匡、小松吉久也有出席，與會者約有 130 餘名。謝文達是臺灣第一位飛行員，從臺中中學校畢業後，赴日本就讀伊藤飛行機研究所，以優異成績畢業。大正 9 年（1920），久邇宮邦親王夫婦來到臺灣進行訪問時，謝文達為他們帶來飛行表演，而精彩的表演讓他得到親王召見並獲得賞賜。

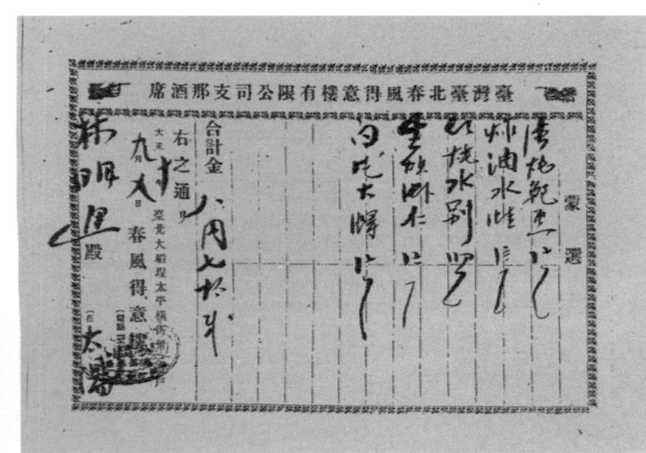
臺灣臺北春風得意樓有限公司支那酒席

蒙選

合計金

右之通

臺北大稻埕太平横街

春風得意樓

殿

春風得意樓菜單 ／莊永明提供

大正 10 年（1921），蔣渭水經營的春風得意樓點菜單。

價錢以傳統中國民間流行的花碼系統記錄，計有：清燉鮑魚 1.60 圓，炸油水蛙 1.80 圓，紅燉水鱉 2.00 圓，生炒蝦仁 1.70 圓，白片大蟳 1.60 圓，合計 8.70 圓。

春風得意樓大正 3 年（1914）開業，大正 5 年（1916）2 月搬到太平橫街的新建成街屋。大正 6 年（1917）蔣渭水成為股東，大正 9 年（1920）3 月，春風得意樓改組增資，蔣渭水成為大股東。改組後的春風得意樓，大張旗鼓進行擴建，還到廈門、福州 招聘名廚烹飪閩菜，生意大興。大正 11 年（1922），因臺灣總督府收回蔣渭水甘泉老紅酒代理權，蔣渭水變賣了酒樓。

賀川豐彥先生及令夫人歡迎會（大正十一年二月十三日於春風得意樓）

春風得意樓招待賀川豐彥

／取自《臺灣之文化》，蔡滄龍捐贈，蔣渭水基金會典藏提供

大正 11 年（1922）2 月 13 日，由臺灣文化協會與日本基督教會在春風得意樓合辦日本基督教社會改革家暨人道主義者賀川豐彥（前排左 7）的歡迎會。會中有賀川夫人春子女史、教友 8 名、文化協會會員 30 餘名出席。會後，賀川至下奎府聚街視察本島人貧民窟。

春風得意樓門面寬廣，且與東薈芳、江山樓、蓬萊閣並立為大稻埕四大酒樓。賀川豐彥是日本著名的福音宣教者與社會運動家，大正 11 年（1922）2 月 11 日，應文化協會邀請來臺，在各地舉行基督教演講會；然而臺灣總督府視自由平等之思想如洪水猛獸，授意賀川豐彥切勿談論自由平等的思想。

◉林獻堂氏消息

▲協會餞送總理
▲臺北官紳餞別

臺灣文化協會。去五日因該會總理林獻堂氏上京途次臺北。該會本部。特於是日下午一点鐘。假春風得意樓爲開餞別會。出席會員百數十名。不用物質料理。專用精神食物。會員中精於精神料理者。各供一品。詳細演說。滋味津々。以供總理鑑納。莫不熱氣騰々。比諸山肴海藻。尤覺有味。極呈盛況。至鐘聲五報。始盡歡而散。林獻堂氏歸寓稍憩。夜復受田總督招宴。退後又有北部志士二十餘名。於設餞筵於春風得意樓。以壯行色。席間有紅裙侑觴。且燃放爆竹。以添餘興。衆人傾杯暢談時事。直至夜半始各扶醉而歸。林氏一行。於翌六日正午附車起程。臺北驛前送者數十名。臺中人送至船中者。有甘得中、洪元煌、洪錦水、陳有田、林阿華等氏。臺北人士送至基隆者。亦有數人。車中頗覺熱鬧。車抵基隆。又有該地人士多人。至驛前歡迎。導至公益社休憩。接連又有數人前來訪問。三点餘鐘上船。啓輪後諸人齊立岸上見送。直至船出港外。始各散歸。昨日正午。本社鄭囑陵接林氏由船中所發無線電信。謂「一行航海安全。請安心」云々。大約今早可安抵門司矣。

春風得意樓招待林獻堂新聞 ／國立清華大學圖書館珍藏資料

大正 11 年（1922）1 月 9 日，《臺灣新聞》刊登林獻堂赴東京，任第二次臺灣議會設置請願代表，臺灣文化協會會員數十名於春風得意樓舉行餞別會。大正 10 年（1921）第一次臺灣議會設置請願運動前，蔣渭水在春風得意樓為請願委員蔡惠如等人洗塵，宴席中經由林瑞騰（林獻堂的堂弟）介紹而認識林獻堂。

蔣渭川迎接石煥長出獄 ／圖取自《臺灣民報》

大正 12 年（1923），蔣渭水的妻舅石煥長（左）假釋出獄，蔣渭川（右）前往迎接，背景為蔣渭水創作〈快入來辭〉文中位在古亭的臺北監獄。

石煥長就讀於東京醫學專門學校，大正 9 年（1920）加入新民會，大正 11 年（1922）畢業，回臺後任臺灣文化協會理事，並擔任通俗衛生講習會講師。同年 10 月 17 日與蔣渭水共組臺灣第一個政治結社「新臺灣聯盟」；大正 12 年（1923）1 月 16 日，再組臺灣議會期成同盟會，兩個結社都是以石煥長為主幹。

大正 12 年（1923）4 月，有一患者因食石煥長所開藥方後，同時接受他人藥物注射，又自行服漢藥導致死亡，石煥長被指控誤診而入獄。經過這起事件，石煥長無法在臺行醫，治警事件出獄後，遠赴新加坡，而後輾轉遷居上海。蔣松輝在上海曾短暫投靠舅舅。

蔣渭水夫婦與賴金圳夫婦合影 ／蔣渭水文化基金會提供

蔣渭水和陳甜與熱心支助社會運動的賴金圳夫婦合影。蔣渭水在〈五個年中的我〉自述前 5 年開業期間，同志難逢、隱忍待時、韜晦過日，過著「無意義的生活」，反比學生時期還缺少熱鬧活動的機會。一直到大正 9 年（1920），從患者中得一知己賴金圳，再經由賴金圳介紹再認識林仲澍；自認識賴、林兩位志同道合的夥伴後，蔣渭水就沒有寂寞了。蔣渭水逝世後，賴金圳曾任蔣渭水大眾葬葬儀委員。

蔣渭水夫婦與黃呈聰夫婦合影 ／蔣渭水文化基金會提供

大正 12 年（1923），蔣渭水夫婦（左起 1、2）與提倡白話文的先鋒黃呈聰夫婦在大安醫院自宅合影。

黃呈聰因經商有成獲頒紳章，並擔任彰化郡線西區長；但不滿殖民統治，連署撤廢保甲制度而被迫去職，並轉赴日本早稻田攻讀政治經濟，且加入留學生抗日團體「新民會」。大正 11 年（1922），黃呈聰到中國旅行，發現白話文對五四運動傳播的影響深遠，回臺後在《臺灣》發表〈論普及白話文的新使命〉，認為白話文是「文化普及的急先鋒」，在臺灣大力宣揚白話文運動，以打破傳統文言文和大眾間的隔閡，這是臺灣早期的白話文運動。

《臺灣民報》創刊，黃呈聰擔任發行人兼印刷人，經常以筆名「劍如」或「劍」，發表社說及評論。

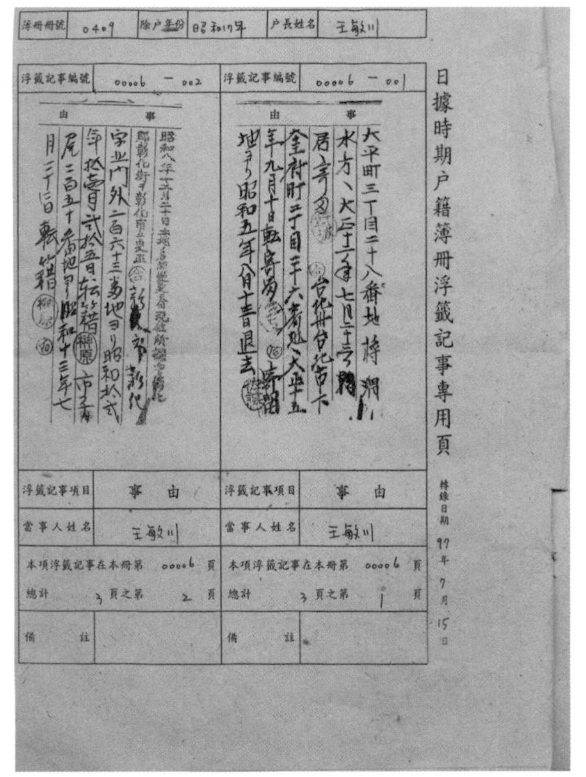

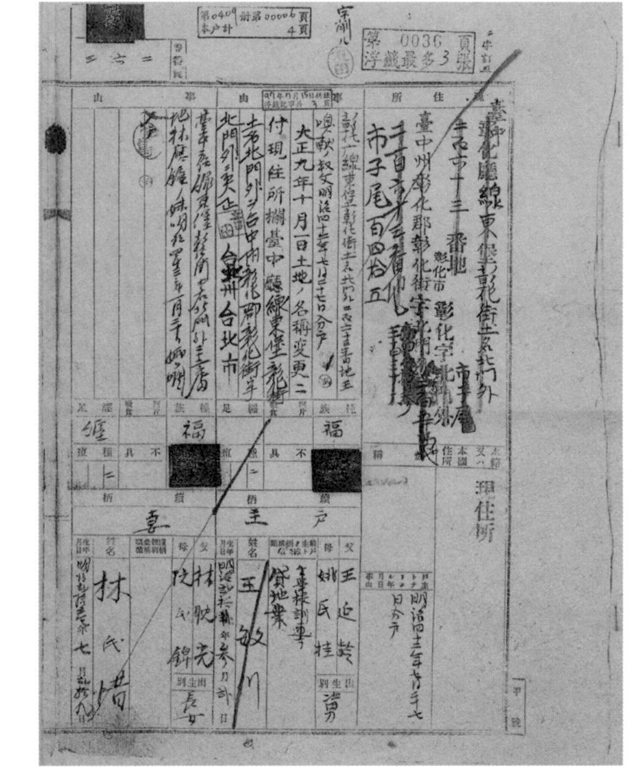

王敏川大安醫院戶籍

／王世文提供

大正 12 年（1923）7 月 23 日，王敏川設籍於臺北市太平町 3 丁目 28 番地（蔣渭水大安醫院）；昭和 15 年（1926） 9 月 10 日，遷籍臺北市下奎府町 2 丁目 26 番地。

王敏川，明治 22 年（1889）生，本籍彰化廳線東堡彰化街土名北門外 223 番地，父親王延齡是「漢學仔仙」。

王敏川原任職公學校訓導，大正 8 年（1919）東渡日本，至早稻田大學留學。大正 12 年（1923） 4 月 15 日，《臺灣民報》發刊，大正 12 年（1923）5 月，發行人黃呈聰偕同幹事王敏川返臺，在全島各地巡迴講演，講述民族主義，以及非議臺灣統治，激起地方民眾很大迴響。

臺灣民報社臺灣支局及總批發處設於蔣渭水大安醫院，王敏川返臺後任臺灣民報社臺灣支部長，寄籍於大安醫院。同年 12 月 16 日淩晨 6 時，總督府以違反《治安警察法》，王敏川與蔣渭水同在大安醫院被逮捕。

昭和 2（1927）年 1 月，王敏川與連溫卿主導臺灣文化協會分裂，並任中央委員長，被稱為臺灣社會主義先驅。

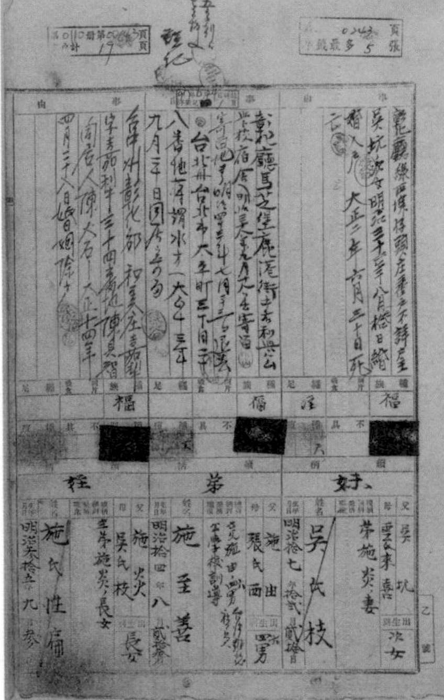

施至善大安醫院戶籍 ／王世文提供

大正 13 年（1924）9 月 20 日，施至善設籍於臺北市太平町 3 丁目蔣渭水宅。施至善明治 14 年（1881）4 月 8 日生，曾任職於彰化廳馬芝堡鹿港街和興公學校訓導，後留學早稻田大學，曾任臺灣文化協會理事。

臺灣文化協會在彰化地區非常活躍，賴和、王敏川、施至善人被稱「彰化三支柱」。因為信仰社會主義思想以及不滿日本殖民統治，昭和 7 年（1932），施至善舉家遷往漳州，並加入共產黨。

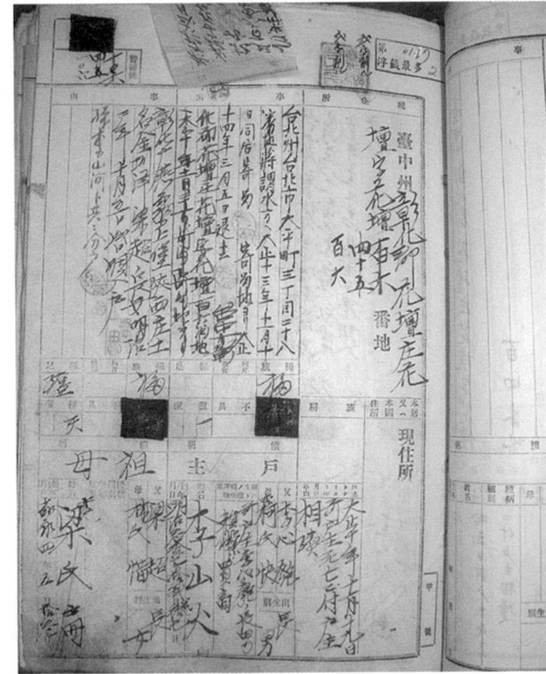

李山火遷籍大安醫院 ／蔣敏全提供

李山火日治時代戶籍資料。大正 13 年（1924）11 月 10 日，李山火將戶籍寄居臺北市太平町蔣渭水宅。後於大正 14 年（1925） 3 月 5 日遷回故鄉花壇。大正 13 年（1924）6 月，李山火辭去保正職務，與蔣渭水、洪元煌及蔡培火等人任第五次臺灣議會設置請願委員而至東京請願，5 個月後遷戶籍至蔣渭水家宅大安醫院。

與田川大吉郎合影 ／蔣渭水文化基金會提供

大正13年（1924）12月25日，前日本眾議院代議士田川大吉郎抵達臺灣，慰問違反《治安警察法》事件入獄的「政治犯」，田川大吉郎勉勵大家「須覺悟有犧牲」。

蔣渭水、林呈祿（後排右起）、蔡培火（前排右3）與洪元煌、田川大吉郎、黃呈聰合影（前排右1、2、4）。

田川大吉郎此行抵臺後四處講演，12月25日在臺友人曾在臺北東薈芳召開歡迎會；27日，田川與蔣渭水、蔡培火、蔡式穀一起到宜蘭，宜蘭驛有百餘名之人士出迎。當晚在天后宮開歡迎會，出席者有170名。28日起，由宜蘭巡迴全島西部進行講演。田川大吉郎由蔣渭水同車陪至基隆搭船。

參加謝春木婚禮 ／蔣渭水文化基金會提供

昭和2年（1927）5月，謝春木（前排坐者右11）經蔡培火（謝之右後方）介紹，與東京女子醫專出身的蔡彩雪（前排右10）結婚。韓石泉（蔡培火後方著唐衫者）、蔣渭水（韓之左方）與盧丙丁（韓之右2戴墨鏡者）參加在謝春木在北斗郡沙山庄路上厝（今彰化縣芳苑鄉路上村）的婚禮。謝春木（後改名謝南光）筆名追風，是推行臺灣新文學的重要作家，畢業於臺北師範學校，並留學日本東京高等師範。暑假曾組東京留學生夏季回臺文化講演團，巡迴各地講演，啟發民智。大正14年（1925）發生蔗農事件，乃退學回到臺灣聲援，任臺灣民報社臺灣支局主任兼記者。昭和2年（1927）6月3日，臺灣民黨被解散後，蔣渭水急召當時任職臺灣民報社臺南支局新婚不久的謝春木商量對策，後來謝春木與黃周、彭華英、陳逢源被推舉為與警務局交涉的委員。7月10日臺灣民眾黨成立，謝春木任中央常務委員。

蔣渭水如夫人陳甜與謝春木夫人蔡彩雪 ／蔣渭水文化基金會提供

蔣渭水如夫人（右 1）陳甜拜訪謝春木夫人蔡彩雪（中後），與蔡彩雪之姊蔡彩琴（左 1）、蔣渭水三子蔣時欽（中前）合影。

謝春木任職臺灣民報社臺灣支局（蔣渭水大安醫院），與蔣渭水有革命感情。臺灣民眾黨創立後擔任臨時主幹暨臨時中央常務委員，積極推動支部成立，因臺灣民報社之職務，辭去主幹；仍積極參加臺灣民眾黨黨務，與蔣渭水一起擔任常務委員。

贈予高兩貴先生之蔣渭水與如夫人陳甜合照

／高銘堂提供

大正 12 年（1923）7 月，蔣渭水在大安醫院指導數十名青年成立臺北青年會，被依《治安警察法》禁止結社，乃以獎勵體育為主旨，在 8 月，擴大組成成立臺北青年體育會；高兩貴為會員；9 月蔣渭水又組織臺北青年讀書會，高兩貴與陳甜皆為會員。蔣渭水於大稻埕設置大運動場，設置沙坑，所用河砂由臺北青年體育會會員挖掘自淡水河。高兩貴曾參加大正 14 年（1925）3 月 23 日，在圓山運動場由臺灣體育協會主辦的全島運動比賽中奪得撐竿跳第一名，標槍第二名，其後高兩貴以無產青年身分加入臺灣黑色青年聯盟，雖然與蔣渭水理念不合，但二人有革命感情。

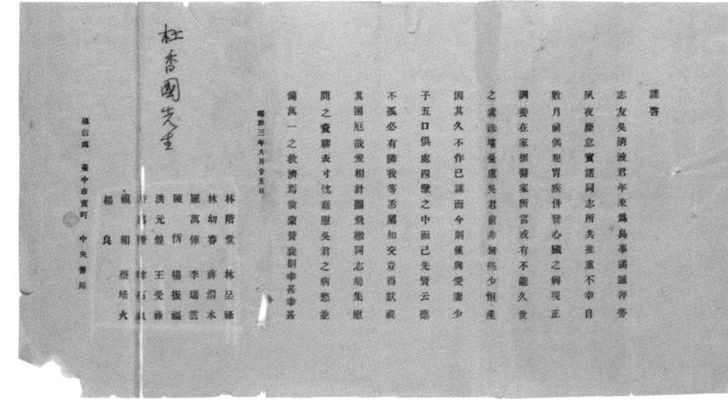

謹啓
志友吳清波君年來爲島事謀誠奔勞
夙夜靡息實諸同志所共推重不幸自
數月前偶犯胃疾併發心臟之病現正
調養在家据醫家所言或有不能久世
之處誠堪憂慮吳君前并無些少恒產
因其久不作已謀面今則僅與愛妻少
子五口俱處四壁之中面己先賢云德
不孤必有鄰我等忝屬知交豈得默視
其困厄故受相計圖救擬同志烏集慰
問之資聊表寸忱藉慰吳君之病懸並
備萬一之救濟爲徵衆贊襄尉幸甚幸甚

昭和三年九月廿五日

林階堂 林呈祿
林幼春 蔣渭水
羅萬俥 李瑞雲
陳炘 楊振福
洪元煌 王受祿
許嘉種 韓石泉
賴和 蔡培火
楊良

通信處 臺中市寶町 中央書局

杜香國先生

為吳清波募款治病 ／國立臺灣歷史博物館提供

昭和 3 年（1928）9 月 25 日，蔣渭水等人為協助罹患重病的臺灣民報社外務主任吳清波養病及養家，乃聯名向臺灣民眾黨經濟委員會委員杜香國募款。此封募款函文，充滿患難與共的同志之情，發起人蔣渭水等皆為當時社會運動的菁英。雖經同志努力募款醫治，昭和 3 年（1928）11 月 20 日，吳清波仍因心臟病溘然長逝，得年 50 歲。其後，吳清波葬儀由蔣渭水任友人全體代表。

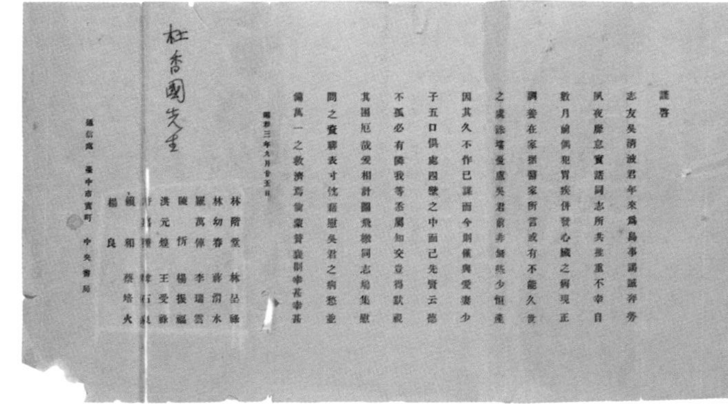

參加木工工友會陳隆發、陳換婚禮 ／陳換提供

昭和 4 年（1929）4 月 30 日，蔣渭水、陳甜（後排右 4、左 5）夫婦以媒人身分，參加臺北木工工友會大木部部長陳隆發與大安醫院護士陳換（陳甜堂妹）的婚禮。

林謝烏番與陳隆發以之前工運的經歷，於民國 36 年（1947）組織臺北市木工職業工會，並分任第 1、2 屆理事長；陳隆發後來當選臺北市總工會理事長、省轄市時期的臺北市議會第 1 屆及第 3 屆議員。

代表臺灣民眾黨弔蔡惠如 ／六然居資料室提供

昭和 4 年（1929）6 月 1 日，蔣渭水、陳其昌、林伯廷代表臺灣民眾黨至清水參加蔡惠如葬儀，告別式會場懸掛臺灣民眾黨敬悼的「徹底的性格、不妥協精神」輓聯。蔣渭水並代表臺灣工友總聯盟以「二十年奮鬥無非為我同胞謀幸福精神不死，百餘日投牢乃是憑君儕輩作犧牲浩氣猶存」敬輓。

昭和 4 年（1929）5 月 20 日，蔡惠如因腦溢血病逝，得年 49 歲。5 月 26 日，蔣渭水在《臺灣民報》發表〈對蔡惠如氏平生的感言〉，感慨的點出社會運動家最重要的特質就是具有「徹底的性質和不妥協的精神」。

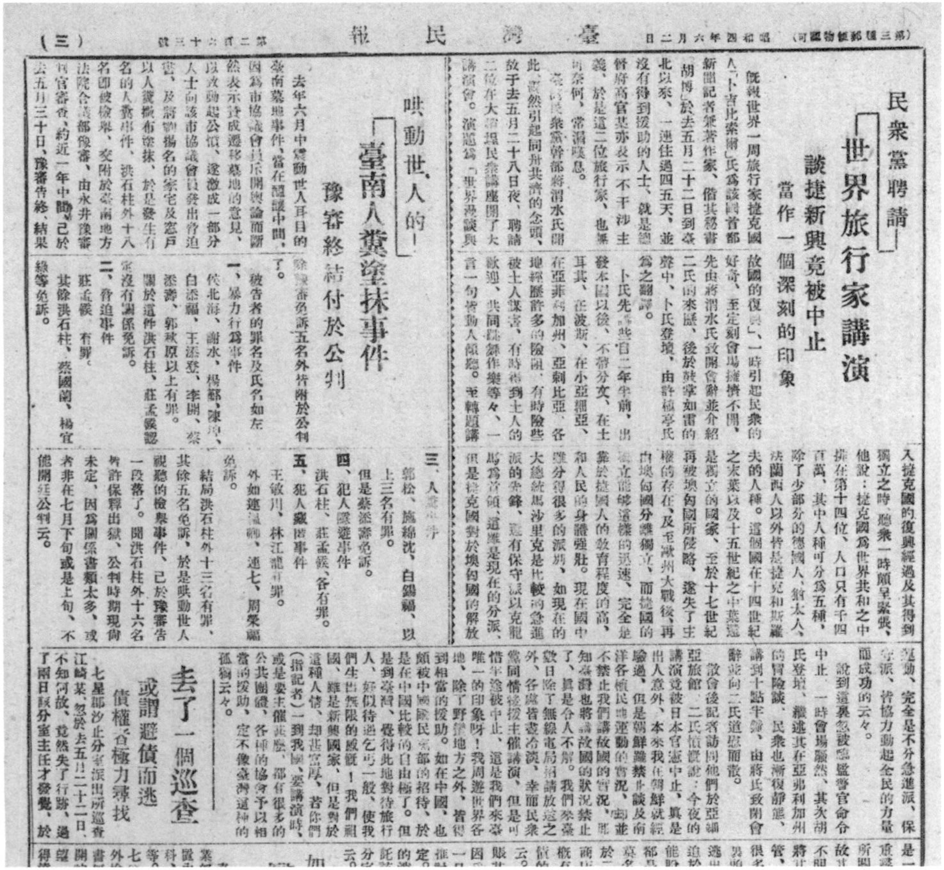

邀請世界旅行家講演

／圖取自《臺灣民報》263 號

昭和 4 年（1929）5 月 28 日，蔣渭水邀請捷克新聞記者兼作家卜吉比索爾及其秘書胡博在大稻埕民眾黨民眾講座講演「世界漫談與故國復興」，卜吉比索爾不帶分文環遊土耳其、波斯、小亞細亞、亞菲利加州、亞刺比亞各地，經歷許多險阻，險些被當地人殺害，在談到捷克的解放運動時，被臨監警官中止。

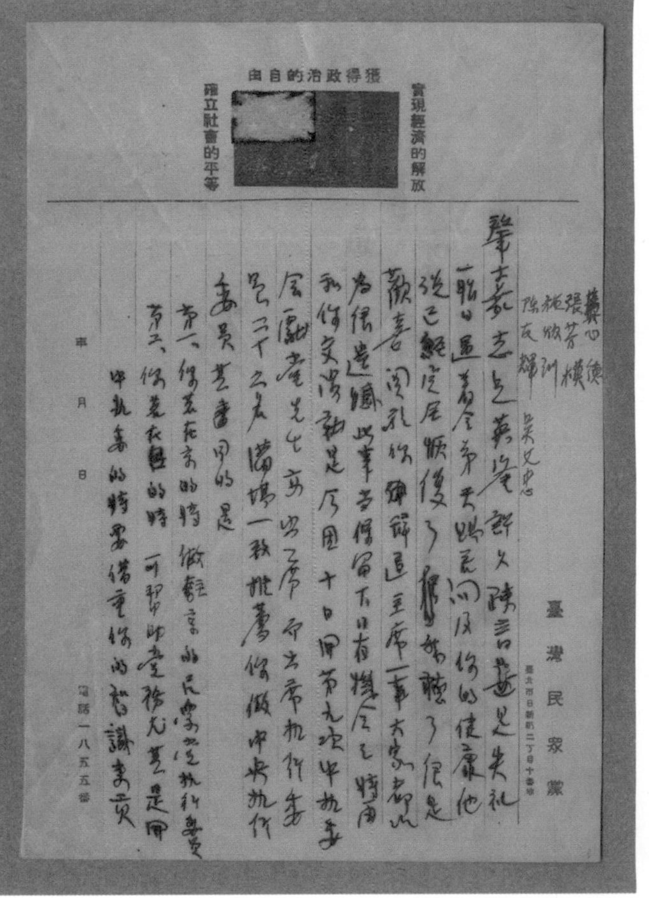

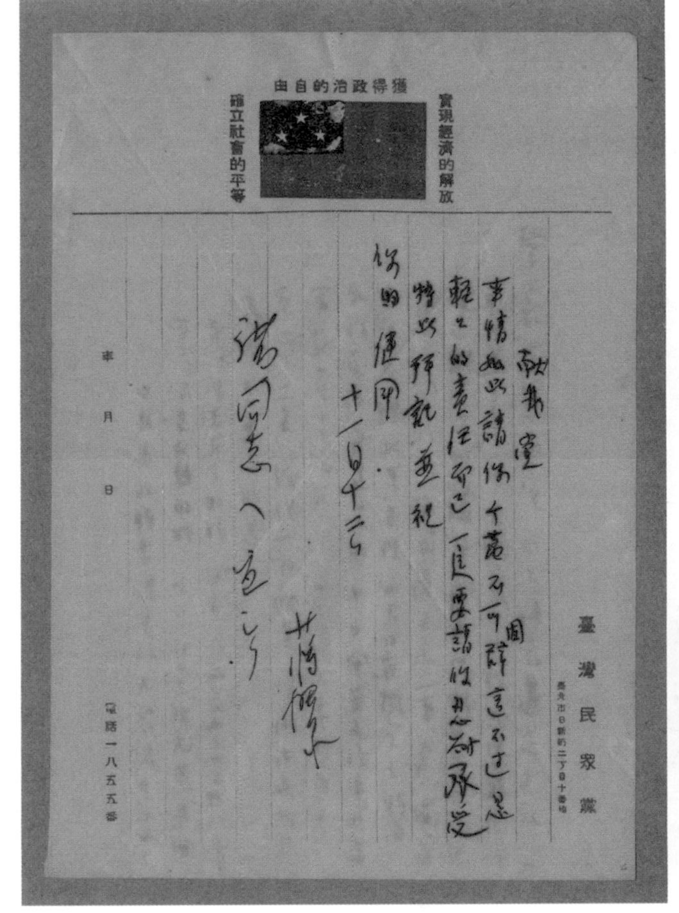

臺灣民眾黨致楊肇嘉信函 ／六然居資料室提供

蔣渭水寄給楊肇嘉的信函，提及在臺灣民眾黨第 9 次中央執行委員會推薦楊肇嘉擔任中央執行委員，希望楊肇嘉不要推辭。信末附上昭和 4 年（1929）11 月 12 日黨員楊肇嘉中央執行委員推薦狀。楊肇嘉評論蔣渭水半生從事民族運動，為臺灣文化協會、臺灣民眾黨的領袖人物，並指出在《臺灣民報》發表的獄中文學最多。

參加張月澄婚禮 ／張超英提供

昭和 5 年（1930），張月澄與甘寶釵在臺北市宮前町 90 番地（今中山北路 2 段）自宅前的婚禮照。以新娘甘寶釵為中心，新郎張月澄、男方介紹人杜聰明博士、新郎之父張聰明及母葉氏月（右 1、2、3、4），女方介紹人蔣渭水、新娘之父母甘得中夫婦（左 1、2、3）。

大正 15 年（1926），張月澄在廣州《民國日報》連載發表〈臺灣痛史——一個臺灣人告訴中國同胞書〉，又以楊成志之名發刊《毋忘臺灣》的小冊秘發臺灣各地。同年在廣東中山大學與張深切、郭德金成立「廣東臺灣學生聯合會」。翌年重組為「廣東臺灣革命青年團」，並擔任外交部長，創刊《臺灣先鋒》。7 月在上海遭日本警察逮捕並押返臺灣受審，入獄臺北刑務所兩年，昭和 4 年（1929）8 月出獄。蔣渭水得知日人鴉片特許政策死灰復燃，決意向國際聯盟控訴，由出獄不久的張月澄翻譯成英文，在昭和 5 年（1930）1 月 2 日，由蔣渭水派兒子蔣松輝發出控告日本當局准許臺人吸食鴉片的電文，國際聯盟特別派員來臺調查。

歡送林木土 ／蔣渭水文化基金會提供

昭和 6 年（1931）2 月 28 日，蔣渭水夫婦（左 2、3）與將前往廈門的臺灣商工銀行（今第一商業銀行前身）大稻埕支店長林木土、石圭璋（左 4、5），在招牌已卸下的「臺灣民眾黨本部」前攝影紀念。門旁懸有「臺灣工友總聯盟」、「大眾講座」、「自由俱樂部」的招牌，臺灣民眾黨被解散後，蔣渭水將「民眾講座」改為「大眾講座」。

林木土畢業於臺灣總督府國語學校公學校師範部，曾任板橋公學校教員，大正 3 年（1914）協助以李春生家族為首的臺北茶商籌組新高銀行，是日治時期的金融家，曾任臺灣文化協會評議員與理事。

輓蔣渭水先生　黃師樵

廿年奮鬭爲同胞。至死遺言未忍拋。可恨蒼天情太薄。不留一刻慰知交。』哀鴻遍野有誰憐。涕淚沾襟且問天。不信同胞應屈死。未成大計已身捐。』凄風慘雨不堪聞。四二人間撒手分。從此普羅亡救主。白楊啼鳥吊英墳』

蔣渭水先生輓聯　同人

七尺昂藏爲七鯤革命元勳關心黔首。廿年奮鬭作廿紀普羅救主瞑志黃泉。

黃師樵弔詩 ／圖取自《新高新報》

昭和 6 年（1931）8 月 20 日《新高新報》黃師樵輓蔣渭水弔詩二首，尊崇蔣渭水為「普羅救主」。

黃師樵為臺灣民眾黨友好團體大溪革新會主要成員及蔣渭水大眾葬儀委員，昭和 6 年（1931）並主編《蔣渭水先生全集》，然該全集在在印製裝釘中即遭沒收焚毀。

心血拋餘為愛羣
紛紛熱淚灑成文
那知是淚還為血
一片模糊辯不分
昭和六年冬月　太岳題

莊幼岳

《蔣渭水先生全集》莊太岳弔詩 ／許明山提供

昭和 6 年（1931）冬，莊太岳以莊幼岳的用箋為《蔣渭水先生全集》題弔詩：

心血拋餘為愛群，紛紛熱淚灑成文；
哪知是淚還為血，一片模糊辨不分。

莊嵩，字太岳，日治時期知名書法家，詩社「櫟社」成員；曾創革新青年會於霧峰，教授國學，並與鹿港詩人合組「大冶吟社」，以維繫漢文香火。

蔣渭水遺集敘

鳥以困而鳴哀，水以激而鳴厲。是則鳥也、水也，固必因有困之、激之，而至鳴乃哀而厲也。至於人，尚若不然。方其窮居一隅，心多拂逆，茫茫苦海，彼岸難望，睹黎庶之顛連，痛身家之沉溺，而欲求所以自拔者，則莫不絕叫悲鳴，為悽楚激越之聲。觀於蔣君渭水之為文，蓋足以知矣。此集為蔣君十年來之著作，計約二十餘萬言，概為真切語。其行文淋漓悽慨，信筆直書，不求合乎文法，而自成篇段，雖其間不無柄鑿之處，要皆一時有感於心，觸機即發，而失於檢點者也。然因此亦足藉知其思想之過程，無傷大旨。閱者要當原其心而略其疵，探求於隱微之中，領會於語言之外，則得之矣。若夫斤斤然計較於章句之間，則不足以知蔣君之苦心，尤非編者之所願也。

大治哈社用箋　可園三人敬贈

《蔣渭水先生全集》林獻堂序 ／許明山提供

昭和 6 年（1931）編纂之《蔣渭水先生全集》由林獻堂作序〈蔣渭水遺集敘〉，莊太岳代為書寫。「睹黎庶之顛連，痛身家之沉溺，而欲求所以自拔者，不絕叫悲鳴，為悽楚激越之聲。」收錄蔣渭水「為臺灣發聲」的作品近百篇，逾 20 萬言。雖然林獻堂已退出臺灣民眾黨，而且辭去臺灣民眾黨顧問之職，並自組臺灣地方自治聯盟，然而運動路線的分裂並不影響兩人的革命感情，仍然為《蔣渭水先生全集》寫序。

蔣渭水先生全集

辛未初冬

太岳題籤

《蔣渭水先生全集》莊太岳題字 ／許明山提供

昭和 6 年（1931）編纂的《蔣渭水先生全集》，由莊太岳題字。該全集是由蔣渭水大眾葬儀委員會提議組成「蔣氏遺集刊行會」的編輯，由舊臺灣民眾黨的幹部黃師樵編纂；6 個月後，於昭和 7 年（1932）3 月完成，不過在印製裝釘中就遭日警沒收焚毀。誠如黃師樵撰的〈跋〉所言：「是篇即其運動之歷史也，亦生平熱血之結晶也。」全集收錄了蔣渭水過去發表的文章，不過仍須再經新聞檢查，有多篇因而再遭「食割」（開天窗）的命運。本書的發行兩度遭思想箝制，不僅可以看到臺灣總督府的壓迫，也能夠看見臺灣總督府對於蔣渭水以及他的文字《蔣渭水先生全集》的畏懼。

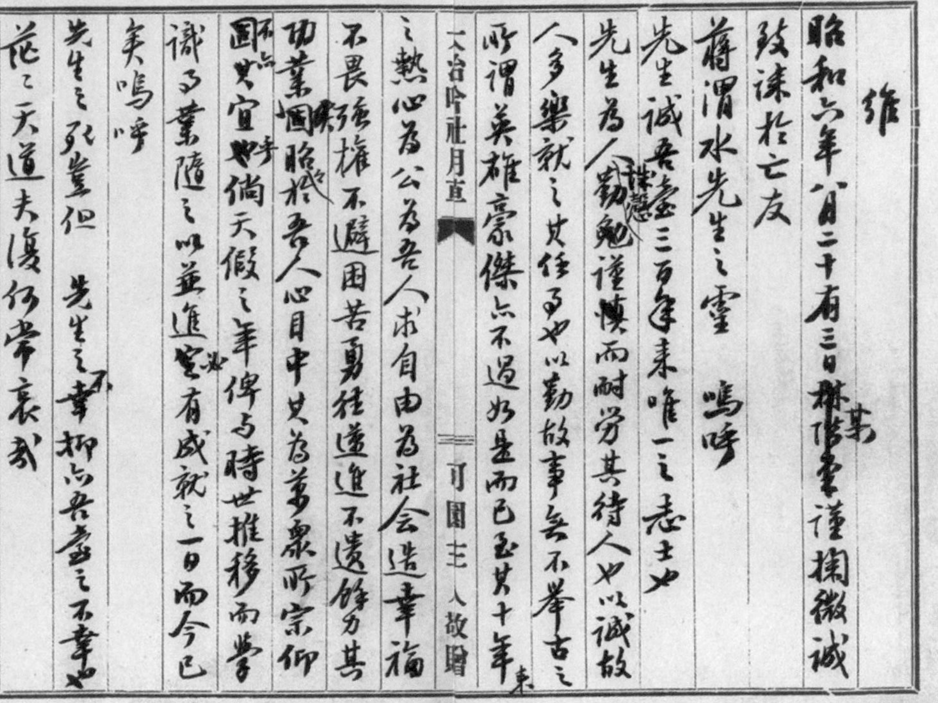

維
昭和六年八月二十有三日林某謹摘微誠
致誄於亡友
蔣渭水先生之靈　嗚呼
先生誠吾臺三百年來唯一之志士也
先生為人勤勉謹慎而耐勞其待人也以誠故
人多樂就之其任事也以勤故事無不舉古之
所謂英雄豪傑亦不過如是而已至其十年來
之熱心為公為吾人求自由為社会造幸福
不畏強權不避困苦勇往邁進不遺餘力其
功業炳於吾人心目中其為萬衆所宗仰
宜也倘天假之年俾與時世推移而掌
識多業隨之以並進必有成就之一日而今已
矣嗚呼
先生之死豈但　先生之不幸抑亦吾臺之不幸也
蒼天道夫復何常哀哉

莊太岳替林階堂弔蔣渭水 ／蔣渭水文化基金會提供

昭和 6 年（1931）8 月 23 日，莊太岳為林獻堂的弟弟林階堂代筆弔蔣渭水的誄詞，稱蔣渭水「誠吾臺三百年來唯一志士也」、「熱心為公，為吾人求自由，為社會造幸福，不畏強權，不避困苦」。

chapter 9

第九章

永無止盡的向前

蔣渭水在昭和6年（1931）8月5日，因傷寒病逝於臺北醫院（現為臺大附屬醫院），遺骸被覆以臺灣民眾黨黨旗，各地聞風而至的同志及各團體在大雨滂沱中，護送蔣渭水靈柩至大安醫院，再轉往三板橋舉行告別式後火葬。他創立臺灣文化協會、《臺灣民報》、臺灣民眾黨、臺灣工友總聯盟等時代的先聲，精彩的一生為臺灣人帶來思想上的刺激，留下許多珍貴的精神遺產。

對臺灣人而言，蔣渭水的驟逝是一大打擊，此消息也震驚海內外。昭和6年（1931）8月6日，日治時期臺灣發行量最大的官方媒體《臺灣日日新報》，一改以往攻訐的尖銳言詞，報導「舊民眾黨黨魁，大安醫院醫師蔣渭水，不愧是領導一黨的領袖，早就直覺自己將死」，召集舊同志，留下「吾人之運動已進入第三期，尚望諸同志更加團結，為貫徹目的奮勉努力」。

隔著臺灣海峽的上海《申報》、雜誌《新亞細亞》，則以「臺灣革命領袖逝世，本地臺僑同志籌備追悼」報導，稱讚蔣渭水在近世臺灣革命史中，無役不與，將日人在政治經濟文化上的侵略陰謀宣布國外，蔚為臺灣熱血青年之先鋒，突遭逝世，實屬東亞被壓迫民族之絕大不幸。

8月8日，臺灣人唯一言論機關週報《臺灣新民報》，以整版報導蔣渭水逝世消息。報導指出，蔣渭水從學生時代起就不滿日本在臺施政，未有一日忘卻啟發臺灣民智；在臺北開業以來，就積極走上街頭，傾盡一世心血，為的就是要求臺灣人的解放，決不似無誠意的社會運動家先顧自己的口腹後，才肯從事社會運動，蔣氏身後不留一文，就是其證據。

8月13日，日人發行的《新高新報》更以「臺灣人之救主　蔣渭水先生長逝」、「廿年辛苦爭平等　半世奔馳倡自由」為標題，給予蔣渭水崇敬的哀悼。

8月23日正式舉行「故蔣渭水氏之臺灣大眾葬葬儀」，浩大的葬儀讓約莫5,000多名感念他的民眾齊聚大稻埕，參與這場「臺灣空前的葬式」，為他送最後一程。當日，臺灣總督府派出80名武裝警察戒備，甚至在蔣渭水逝世後，由臺灣民眾黨幹部黃師樵編輯的《蔣渭水先生全集》將出版，卻遭查封焚毀，可見「死渭水嚇破活總督」的影響力。

當時「大眾葬」的消息傳出，曾引發無產階級和資產階級的爭論，有部分團體反對使用這樣的語彙。臺灣文化協會和臺灣農民組合認為，蔣渭水是小資產階級的民族主義者，對無產大眾沒有太多功績；不過，葬儀委員最後還是決定採用「大眾葬」。

蔣渭水逝世後，同志紛紛發表詩文懷念。黃師樵推崇為「普羅救主」、張晴川尊為「解放菩薩」，黃旺成則認為，「蔣渭水才是真正的唯一偉大的臺灣政治社會運動之領導者」。臺中、花蓮、臺北、宜蘭、臺南、新竹、高雄、桃園等，全臺各地也相繼舉行紀念會。

蔣渭水英年早逝，但其一生波瀾壯闊，令後人緬懷，也是難得讓被壓迫者與壓迫者都尊敬的對象。現今有以蔣渭水命名的公園、高速公路，以他的肖像設計的郵票、紀念幣、悠遊卡等陸續發行，為的就是讓後人能記得這位曾經面臨臺灣總督府種種阻撓，仍持續透過非武裝的抗日行動，推行臺灣人文化啟蒙、政治覺醒和社會解放的前輩。

火葬 ／蔣渭水文化基金會提供

昭和 6 年（1931）8 月 5 日上午 7 時 30 分，蔣渭水因法定傳染病傷寒病逝，依當時規定，遺體必須當日立即火化，臺灣工友總聯盟及臺北維新會等護靈行列從大安醫院出發。

蔣渭水大眾葬儀委員 ／廖德雄提供

臺灣民眾黨領導人蔣渭水大眾葬儀委員左起：廖進平、陳天順、林火木、梁加升、盧丙丁、林世昌等，佩帶黑紗表示哀悼。昭和 6 年（1931）8 月 8 日，蔣渭水逝世 3 天後，蔡培火、盧丙丁、許胡、白成枝、張晴川、陳其昌、陳隆發、黃師樵、廖進平、林世昌、賴金圳以及宜蘭籍的李友三、石秀源、蔣渭水的胞兄弟來福、渭川等同志，在大安醫院召開磋商會，並做出舉行「故蔣渭水氏之臺灣大眾葬葬儀」的決議，分工分組設葬儀委員。

蔣渭水臺灣大眾葬葬儀 ／蔣渭水文化基金會提供

昭和 6 年（1931）8 月 23 日，大安醫院蔣渭水氏靈堂，遺像下的靈柩覆蓋有臺灣民眾黨之三星黨旗，右邊花圈由蔣渭川創立及領導的臺北總商會署名。

蔣渭水臺灣大眾葬葬儀 ／蔣渭水文化基金會提供

遺像花圈經建成町舊臺灣民眾黨本部，就像是讓蔣渭水最後再走過一次這個對他生命來說很重要的地方。

蔣渭水臺灣大眾葬葬儀 ／蔣渭水文化基金會提供

大眾葬儀行列雖然有警察（右下角）沿途監視，但是圍觀群眾仍然不計其數，實在是臺灣空前盛大的葬儀。當時臺北的警察幾乎全坐鎮於大稻埕戒備。

蔣渭水臺灣大眾葬葬儀 ／蔣渭水文化基金會提供

大稻埕兩側掛滿各友誼團體弔旗以及擠滿參加蔣渭水大眾葬儀的人潮。在大眾葬過程當中也能處處看見臺灣總督府的介入，不僅吊聯、輓軸都要先受當局檢閱，就連花圈的排置也都有干預。

西醫邱班療治、亦無效、本月一日、病勢突變、當日下午、遷回寓所、二日上午十時、一度氣絕、至下午三時復甦、家屬驚喜交集、惟滿口囈語、攪索冷飲、家人未敢進、延至昨日下午一時五十分逝世、遺兩子兩女、長公子易門、年十八歲、次雙睎、四歲、長女公子冬葉、次冬華、除雙胞外、均皆在校肄業、蔣氏遺骸、定明日在寓大殮、

◉台灣革命領袖逝世

▲本埠台僑同志籌備追悼

台灣革命領袖蔣渭水氏、突於昨晨染傷寒病、在台北醫院逝世、聞者莫不哀慟、邇恆、按蔣氏為台灣民衆黨主幹、數十年來、領導台灣民衆之解放運動、不遺餘力、奔走革命、不避強暴、致遭日本當局之忌、生平被逮入獄拘留、不下數十次、一部近世台灣革命運動史中、蔣氏幾無役不與、一九一九年蔣氏在台發起組織解放團體及台灣文化協會等團體、不顧利害、公然反抗日人種種蹂躪壓迫、並隨時將日人在政治經濟文化上之侵略陰謀、宣傳國外、譽為台灣熱血青年之先鋒、今突遭逝世、實為東亞被壓迫民族之絕大不幸、本埠台僑同志、於昨日得訊、當晚即召集臨時會議、籌備不日在滬舉行追悼大會、並設籌備處於南京路拋球場華僑舞院云、

◉陝災急賑會結束完善

▲賑款收支經會計師查核證明

▲該賑總數由朱慶瀾報告到滬

前上海籌募陝災臨時急賑會、辦理兩月有半、經收賑款四十三萬一千餘元、賑品多件、尚不在內、均經先後匯運西安、交華北慈聯會長朱慶瀾、親手散放、一面將會務結束、檢齊捐册帳簿、及匯款收據回單、函託徐永祚會計師、編具報告書、送交該會、其結尾處、內有本會計師、特為明下揭收支計算書、確係根據帳册所載正當編製而成、其中所列收支各款、保證表示上開日期、貴會關於賑款之實有收支情形等語、至朱氏在陝電放各縣急賑、以及工賑水利掩埋購牛鑿井、並補助災童教養院各款、現亦據造册郵寄到滬、聞該會不日即登報公布、以昭各善士捐款救災之盛心、該會辦事敏捷、手續完備、為從來辦振中之罕有成績云、

追悼蔣渭水

竊取白布標語

盜匪白晝盜刦

萬春醫院遷回

婦女保養法

必定靈牙痛藥

西洋參 大減價

維靈術

亞力山丁大蒜精

上海《申報》報導臺灣革命領袖蔣渭水逝世

昭和 6 年（1931）8 月 6 日，上海《申報》報導臺灣革命領袖蔣渭水逝世，實屬東亞被壓迫民族之絕大不幸，上海臺僑同志籌備追悼。

上海《申報》報導上海各界追悼蔣渭水 ／蔣渭水文化基金會提供

昭和 6 年（1931）10 月 4 日，上海《申報》報導上海各界追悼蔣渭水。尊崇蔣渭水為「臺灣革命領袖」、「沒有成功的甘地」，包括韓國、印度的革命團體，共 600 餘人參加，會中甚至通過建議國民政府援助臺灣上海同志成立「渭水學校」。

台灣新生報

臺灣省行政長官公署令

臺北市政府公告

陸軍第七十軍政治部公告

陸軍第六十二軍司令部公告

臺灣高等法院檢察處佈告

善後救濟總署臺灣分署招考英文打字員公告

臺灣省行政長官公署秘書處公告

國語高級班招生

高級技術員招聘

營業種目

《臺灣新生報》渭水街公告 ／林于昉提供

民國 35 年（1946）1 月 26 日，《臺灣新生報》刊登臺北市政府公告（民區 35 字第 34 號）臺北市新舊街名對照表，東自日新町圓形，西至太平町 2 丁目派出所（中經林外科醫院前）改名渭水街，也就是天水路為昔日的渭水街。這是市府依照臺灣省行政長官公署於民國 34 年（1945）11 月 17 日公佈《臺灣省各街道名稱改訂辦法》所訂。

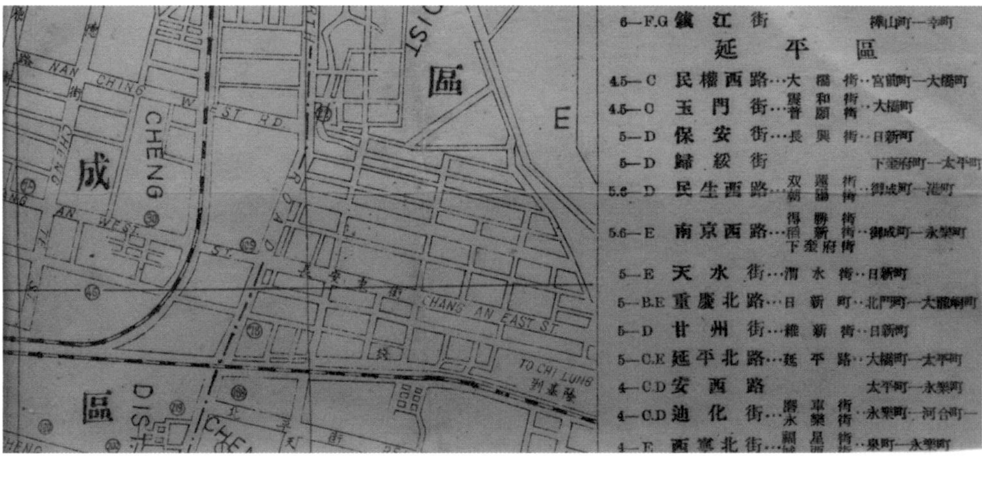

舊路街名對照表渭水街

／蔣渭水文化基金會提供

民國 36 年（1947）7 月發行的省都觀光地圖新舊路街名對照表，渭水街被改名天水街。

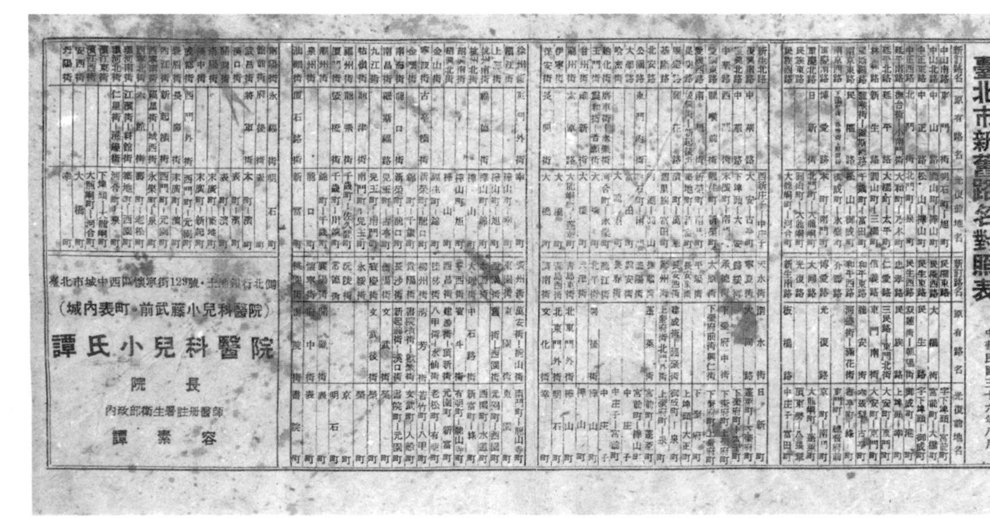
臺北市新舊路名對照表

中華民國三十六年八月

臺北市城中西區懷寧街129號・土地銀行北側

（城內表町・前武藤小兒科醫院）

譚氏小兒科醫院

院長

內政部衛生署註冊醫師

譚素容

「渭水街」改「天水街」

／林于昉提供

民國 36 年（1947）8 月，臺北市譚氏小兒科以新舊路名對照表刊登廣告，「日新町」原改成「渭水街」，後又被改為「天水街」。

蔣渭水逝世 15 週年紀念會 ／蔣渭水文化基金會提供

民國 35 年（1946）8 月 5 日，戰後初次舉行的「蔣渭水逝世 15 週年紀念會」在永樂國民學校大禮堂舉行；紀念會由黃旺成主持，主席臺懸掛蔣渭水昔日所催生、創建及領導的臺灣民眾黨三星黨旗。媒體報導紀念會出席者有臺北市長游彌堅、丘念臺、李萬居、林熊徵、黃朝琴、林呈祿、蔡培火、黃師樵等各界人士數百名，由張晴川報告蔣渭水生平事蹟，讚揚革命烈士高邁性格及清廉人格，並由杜聰明講述「蔣渭水君之學生時代及臨終病狀」。

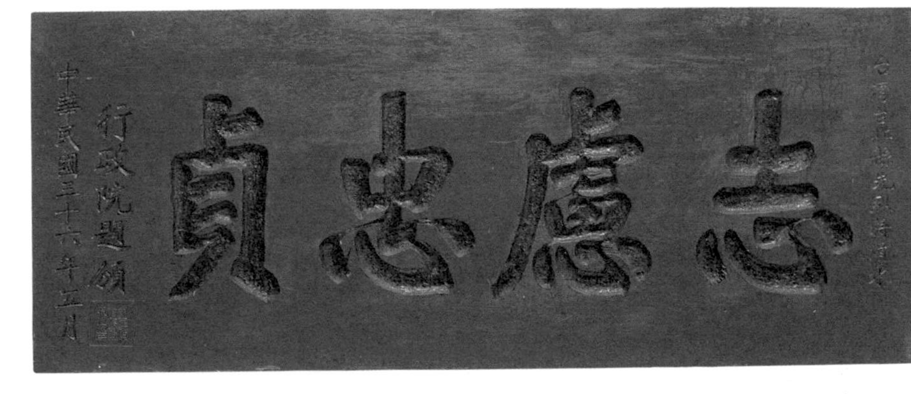

行政院長張群贈「志慮忠貞」匾

／蔣渭水文化基金會提供

民國 36 年（1947）5 月，228 事件後 3 個月，行政院長張群致贈「志慮忠貞」匾，以撫慰臺灣受傷的民心。民國 36 年（1947），臺北縣由日治時代的臺北州改制，宜蘭當時隸屬臺北縣，因此右方落款為「臺灣臺北縣先烈蔣渭水」。

總統蔣中正贈「民族正氣」匾

／蔣渭水文化基金會提供

民國 39 年（1950）8 月 5 日的蔣渭水逝世 20 週年紀念會。

蔣中正總統致贈「民族正氣」匾。當時，周志柔、王寵惠、鄒魯、何應欽及白崇禧等政府要員均題讚頌辭，並刊登於民國 39 年（1950）8 月 5 日的《臺灣新生報》。

蔣渭水逝世 20 週年紀念會（大會會場） ／蔣渭水文化基金會提供

民國 39 年（1950）8 月 5 日，中央政府在臺北市延平北路第一劇場舉行「蔣渭水逝世 20 週年紀念會」，會場正中央懸有蔣中正總統親書「民族正氣」匾額。主席臺的布置以「同胞須團結，團結真有力」標語取代三星黨旗。政府當局為撫平二二八事件傷痕，在民國 39 年（1950）8 月 5 日提前 1 年舉行「蔣渭水逝世 20 週年紀念會」。出席者有行政院長張厲生、監察院長于右任、內政部長余井塘、財政部長嚴家淦、臺灣省主席吳國禎、臺北市長吳三連、中華文藝獎金主任委員張道藩、丘念臺以及同志黃朝琴、黃旺成、張晴川、杜聰明及陳天順等共 500 餘人。張晴川擔任紀念會主席，由白成枝報告「蔣先生生平事略」。

蔣渭水逝世 20 週年紀念會（臺北市長吳三連致詞） ／蔣渭水文化基金會提供

民國 39 年（1950）8 月 5 日的蔣渭水逝世 20 週年紀念會中，臺北市長吳三連致詞時指出：「蔣渭水致力臺灣民族解放運動，反抗日本，並從文化運動著手，本人亦參加過蔣先生所領導的革命運動，深受蔣先生偉大人格的感召。」

蔣渭水逝世 20 週年紀念會（胞弟蔣渭川致詞） ／蔣渭水文化基金會提供

民國 39 年（1950）8 月 5 日的蔣渭水逝世 20 週年紀念會，由時任內政部常務次長的蔣渭水胞弟蔣渭川代表家屬致謝詞。蔣渭川因受到兄長的薰陶而加入臺灣文化協會，並投入民族運動。在臺灣民眾黨成立後擔任中央執行委員，也任臺灣工友總聯盟顧問，因為常跟蔣渭水四處講演，在當時也是知名辯士。

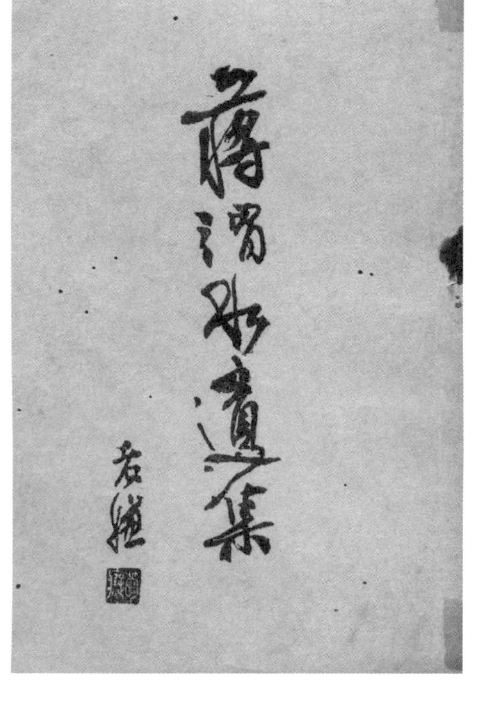

革命先烈 **蔣渭水先生靈骨安葬典禮** 啓事

蔣渭水先生於民國廿年逝世安葬大直山嗣被日軍迫遷乃移靈骨灰至關渡慈航寺至今已十年之久前年舉行二十週年紀念時僉議另擇墓地重安宅窆旋建新塋於六張犁芳蘭山之麓現已竣工且蒙陳行政院長惠賜題字謹訂於八月十五日上午十時至十一時以隨時參香之方式在臺北市六張犁墓地舉行安葬典禮屆時敬請
各界人士暨各地同志惠臨參加是禱

當日上午九時半至十時半本會備有專車接送參加典禮者如不明地址或交通不便請[illegible]
花圈弔輓輓聯一切懇辭

革命先烈 **蔣渭水先生墓碑重建籌備會** 啓

重新出版《蔣渭水遺集》 ／蔣渭水文化基金會提供

民國 39 年（1950），白成枝編纂《蔣渭水遺集》。民國 39 年（1950），白成枝重編《蔣渭水遺集》，由於當時《蔣渭水先生全集》已經遺失以及政治氛圍，致使此遺集闕漏甚多。遺集編後感言揭示出版目的有三：

1、宣揚蔣先烈畢生致力解放臺灣的精神。
2、回憶先烈革命事業，循其昭示，完成未竟之功。
3、義賣募款建蔣先烈埋骨紀念塔，並以餘款為先烈遺屬購平屋住宅，以表崇敬民族革命先烈的熱誠。

芳蘭山忠烈埋骨塔安葬禮通告 ／取自《中央日報》

民國 41 年（1952）8 月 14 日，《中央日報》刊登「革命先烈蔣渭水先生靈骨安葬典禮啟事」，擇定 8 月 15 日舉行典禮。
昭和 6 年（1931），蔣渭水原安葬於大直山；昭和 16 年（1941）年被日軍迫遷，家人將其靈骨灰移至關渡慈航寺暫厝 10 年。民國 39 年（1950），蔣渭水逝世 20 週年紀念，白成枝重編《蔣渭水遺集》，部分發行所得用來重建「蔣先烈埋骨紀念塔」，以表崇敬。

芳蘭山麓蔣渭水忠烈埋骨塔 ／蔣渭水文化基金會提供，林茂榮攝影

六張犁芳蘭山（今臺北市崇德街底）蔣渭水的墓，於民國 41 年（1952）落成，墓碑由副總統兼行政院院長陳誠題字：「革命先烈蔣渭水之墓」，下方刻著蔣渭水「遺囑」。

蔣渭水遺囑在《臺灣總督府警察沿革誌》、《臺灣日日新報》、黃師樵所撰的《蔣渭水及其政治運動》、「芳蘭山蔣渭水塋域」等 4 處分別有 4 個不同版本，反映了時代的變遷。

郭國基
民主
畫刊
第四屆全省縣市議員選舉特刊

全省澎湃掀起要求成立反對黨呼聲中

追憶！日帝摧殘下臺灣民衆爭民權的悽慘苦鬪

先烈蔣渭水先生遺像

日據時代民衆黨黨旗（仿青天白日旗）

蔣渭水先生遺囑

臺灣社會運動既進入第三期，臺灣民衆講利迫在眉睫，凡我青年同志，極力奮鬪，舊同志倍加團結，積極援助青年同志，切望為臺灣解放而努力

民國廿年八月五日 立囑人蔣渭水

民衆黨綱領

一、爭取勞動者農民無產市民及一切被壓迫民衆之政治自由

二、擁護勞動者農民無產市民及一切被壓迫民衆之日常利益

三、努力勞動者農民無產市民及一切被壓迫民衆之組織擴大

遺稿

一、獄中記

一·快入來辭 二·入獄感想 三·獄中隨筆 四·北署遊記 五·閒遊北署 六·三遊北署

二、民衆黨政策宣言

一、第三次全島黨員大會宣言

二、第四次全島黨員大會宣言

爲第四屆縣市議員選舉敬告全省臺胞書 郭國基

郭雨新 爲臺北市無黨無派候選人助選大獅子吼（全文）!!!

三千聽衆被投入興奮的漩渦中

紐約時報謬論中國問題爭論

蔣渭水臨床講義開處方 醫治患者……臺灣

1958 年的《民主畫刊》 ／蔣渭水文化基金會提供

1958 年第 4 屆全省縣市議員選舉，黨外發行的《民主畫刊》，以蔣渭水的反抗運動為標竿。

蔣渭水逝世 60 週年追思活動 ／黃煌雄提供

民國80年（1991），蔣渭水逝世60週年，《蔣渭水傳》作者黃煌雄會同蔣渭水長子蔣松輝（2排左4、5），蔣渭川女婿高欽福（3排左1），率學運世代許陽明、林正修（2排左2、3）、范雲（前排左1），在蔣渭水墓追思蔣渭水精神長存，其墓地為反抗威權的象徵，臺灣民運人士經常至此禮敬追思。

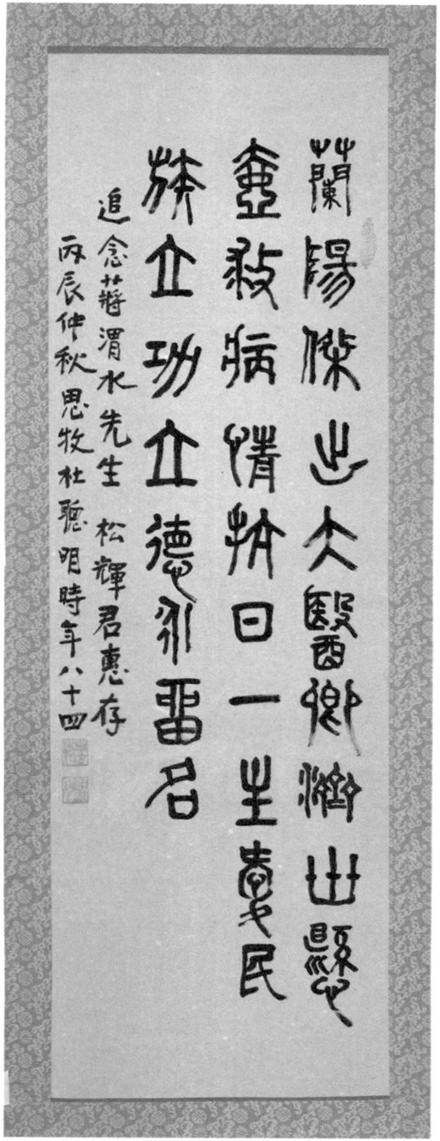

杜聰明讚辭 ／蔣渭水文化基金會提供

蔣渭水在臺灣總督府醫學校就讀時的高 1 屆學長杜聰明，於民國 65 年（1976）以篆文書寫給蔣渭水的讚辭：「蘭陽傑出大醫卿，濟世懸壺救病情；抗日一生愛民族，立功立德永留名。」贈給蔣渭水的長公子蔣松輝。

民國 65 年（1976），黃煌雄在撰寫《蔣渭水傳》時，曾與蔣松輝一同拜訪杜聰明，當杜聰明看到蔣松輝時，激動萬分幾乎以他瘦小的身軀抱起高個兒的蔣松輝。

蔣渭水逝世 70 週年追思活動

／左張開安攝影，右臺灣研究基金會提供

民國 90 年（2001）8 月 5 日的蔣渭水逝世 70 週年紀念會於臺灣大學醫學院（前身為臺灣總督府醫學校）舉行。左為主持人黃煌雄（《蔣渭水傳》作者），右為陳水扁總統致辭。蔣渭水逝世 70 週年紀念會中，陳水扁總統及張俊雄行政院長分別題有讚辭：「臺灣精神」與「自由民主先驅愛國愛鄉典型」。

蔣渭水逝世 70 週年紀念展

／蔣渭水文化基金會提供

宜蘭縣史館主辦的座談會暨影像展。

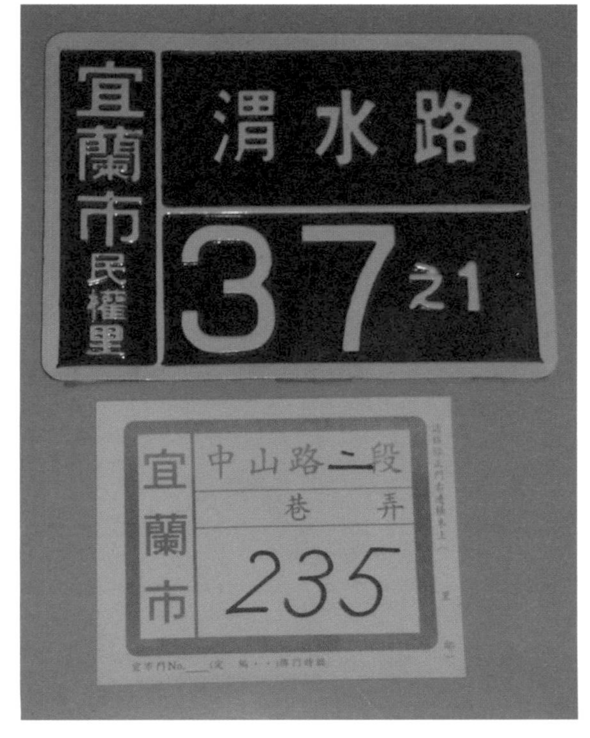

渭水路門牌 ／蔣渭水文化基金會提供

蔣渭水宜蘭巽門故居前道路，曾被命名為渭水路，民國 92 年（2003）年宜蘭縣政府舉行諮詢性公投，更名為中山路二段。

渭水路郵局 ／蔣渭水文化基金會提供

宜蘭渭水路郵局招牌保留了舊名，見證了中山路二段曾為渭水路的時光。

蔣渭水肖像捷運卡 ／臺北捷運公司

臺北捷運公司於民國 90 年（2001）3 月 5 日發行的「臺北人物誌——為臺灣前途開藥方的蔣渭水」1,000 元儲值票。

臺灣文化日啟動 ／蔣渭水文化基金會提供

民國 90 年（2001）10 月 13 日，文化建設委員主委陳郁秀主持蔣渭水「大安醫院」紀念解說牌揭幕儀式。

蔣渭水紀念公園啟用 ／蔣渭水文化基金會提供

民國 95 年（2006）8 月 5 日，蔣渭水紀念公園（位於臺北市錦西街）揭幕啟用，由臺北市長馬英九主持（左 5），宜蘭縣長呂國華與蔣渭水哲嗣蔣松輝（左 4、左 6）等人應邀參加。園內建有仿巴洛克風格的牌樓，融入大稻埕的古色古香氣味，蔣渭水紀念碑兩旁還設有史料展示櫥窗。

蔣渭水紀念公園紀念碑石 ／蔣渭水文化基金會提供

蔣渭水紀念公園的蔣渭水紀念碑，由臺北市長馬英九親筆題碑名，並撰寫碑文。碑兩側為日治時代社會運動最有力的口號：「同胞須團結，團結真有力。」

蔣渭水紀念公園入口碑石 ／蔣渭水文化基金會提供

蔣渭水紀念公園入口碑文，由臺北市文獻委員會副主任委員莊永明撰寫。

臺灣民眾黨創立 80 週年 ／蔣渭水文化基金會提供

民國 96 年（2007）7 月 9 日，臺灣民眾黨創立 80 週年，蔣渭水文化基金會邀請國民黨、民進黨總統候選人馬英九、謝長廷展開「歷史與政治」的對話，由基金會黃煌雄董事長主持。

蔣渭水紀念郵票 ／臺灣郵政公司

民國 96 年（2007）8 月 6 日發行之「名人肖像郵票」蔣渭水。

臺灣文化協會會員、臺灣民眾黨黨員紀念碑

民國 96 年（2007） 10 月 17 日，蔣渭水紀念公園，臺灣文化協會會員、臺灣民眾黨黨員紀念碑揭幕。

宜蘭雪谷紀念園區 ／蔣渭水文化基金會提供

為了紀念蔣渭水逝世75週年，宜蘭縣政府決定成立雪谷紀念園區。園區在民國96年（2007）11月29日揭幕。

蔣渭水紀念碑 ／蔣渭水文化基金會提供

民國96年（2007）12月25日揭幕的蔣渭水高速公路頭城雪山隧道口的蔣渭水紀念碑。

蔣渭水高速公路，中華民國國道五號，又稱北宜高速公路，起訖點是南港系統到蘇澳。宜蘭縣連接大臺北地區的交通要道。雪山隧道為該路段的重要設施。

蔣渭水先生 10 圓紀念流通幣 ／蔣渭水文化基金會提供

中央銀行自民國 99 年 8 月 5 日起發行面額 10 圓的「蔣渭水先生紀念流通幣」。正面為蔣渭水肖像，背面如意邊框中有「國泰民安」及「風調雨順」兩組隱藏文字；面額 10 圓之 0 內有兩組隱藏圖案。

傳統藝術中心蔣渭水演藝廳 ／蔣渭水文化基金會提供

民國 100 年（2011）10 月 16 日，國立傳統藝術中心蔣渭水演藝廳揭牌暨「蔣渭水故鄉追思特展」揭幕，馬英九總統主持。

蔣渭水銅像 ／蔣渭水文化基金會提供

民國 100 年（2011）10 月 17 日，蔣渭水紀念公園蔣渭水銅像揭幕典禮，左起文化局王逸群科長、蔣渭水文化基金謝金河董事長（後）、顏文熙董事、馬英九總統、蔣渭水長子蔣松輝、孫媳陳玉寬、銅像作者蒲浩明，最右是孫子蔣智揚。

總統府渭水廳 ／蔣渭水文化基金會提供

左起蔣渭水基金會張錦雀董事、蔣朝根執行長、吳宗寶董事、蔡明季顧問、顏文熙董事長、林光清董事；顏吟臻、顏嫦真博士，參加民國 104 年（2015）12 年 11 月 12 日，總統府渭水廳命名典禮以及蔣渭水展合影。

蔣渭水發表〈臨牀講義〉95 週年 ／蔣渭水文化基金會提供

蔣渭水發表〈臨牀講義〉95週年，民國105年（2016）11月30日，國家圖書館舉辦「智識營養文化力量」論壇暨「臺灣近代人文的萌發蔣渭水特展」。

蔣渭水紀念廣場 ／蔣渭水文化基金會提供

民國 107 年（2018）10 月 13 日，蔣渭水紀念廣場啟用典禮，由臺北市長柯文哲主持。廣場位於臺北市崇德街底，有蔣渭水昔日墓園供民眾追思。

臺灣新文化運動紀念館 ／蔣渭水文化基金會提供

民國 107 年（2018）10 月 14 日，臺灣新文化運動紀念館開館。該館原為日治時期臺北北警察署。

宜蘭人故事館「卜士之子蘭陽傳奇蔣渭水醫師」常設展 ／蔣渭水文化基金會提供

宜蘭人故事館於民國 107 年（2018）9 月 22 日開幕，「卜士之子蘭陽傳奇蔣渭水醫師」常設展登場。

Appendix

附錄 |

蔣渭水生平大事記

年齡	紀元	記事
1	1891	・2 月 8 日生於宜蘭街艮門 91 番地。
4	1895	・清廷因甲午戰爭失敗，基於馬關條約規定，將臺灣割給日本。
8	1899	・受業於宜蘭宿儒茂才張鏡光。
16	1907	・9 歲至 16 歲之間，曾當過乩童，賣雜貨郎、奉職宜蘭街役場工友。 ・入宜蘭公學校，比弟渭川晚一年入學。
18	1909	・以二年時間自宜蘭公學校學業。 ・任宜蘭醫院傭員。
19	1910	・4 月，考上臺灣總督府醫學校公費生。
20	1911	・1 月，在臺灣總督府醫學校斷髮。
21	1912	・辛亥革命成功，受影響甚大。 ・與辱罵臺灣學生的日本泥水匠衝突，被處禁足一週。
22	1913	・在校內鼓吹民族運動，成立「復元會」，曾主持暗殺袁世凱計劃。 ・10 月，在臺北城內石坊街經營冰店、東瀛商會掩護民族運動。
23	1914	・6 月，東瀛商會移轉至府中街 4 丁目擴充營業，設有交誼廳及宿舍。 ・在校內發動國民捐，支持孫中山二次革命。

年齡	紀元	記事
24	1915	・赴日本修學旅行，見證日本立憲政治與總督獨裁不同。 ・醫學校 48 名畢業中以總平均第二名畢業。 ・奉職宜蘭醫院外科助手。 ・6 月，東瀛商會移轉至文武街 1 丁目。
25	1916	・4 月，東瀛商會代理宜蘭製酒廠甘泉老紅酒。 ・11 月，向發記茶行承租大稻埕得勝街 64 番戶三開間二層洋樓，遷大安醫院於此。
26	1917	・參與春風得意樓經營。
27	1918	・5 月，大安醫院租近鄰之原大稻埕俱樂部舊址擴大規模。 ・東瀛商會遷大安醫院臨址。
28	1919	・東瀛商會代理武夷正巖名茶。 ・熱心公益，與稻江醫師投入霍亂防疫工作。
29	1920	・取得春風得意樓多數股權，並擴張會場總坪數有百二十坪，可容 400 餘人之宴會，成為稻江一流酒樓。 ・結合稻江紳商成立「稻江應援團」、指導年輕學子成立「在北本島人學生聯合會」，募款購新機支持臺灣第一位飛行士謝文達志業。 ・創設文化公司，進行思想研究，影響青年學子。
30	1921	・重燃「政治熱」，支持臺灣議會請願活動。 ・9 月，草擬會則章程，創作臺灣文化協會會會歌。 ・10 月 17 日，在「臺灣文化協會」創立立大會提出 10 項社會教育文化運動方針，文化協本部設大安醫院。 ・任臺灣文化協會《會報》編輯暨發行人，發表〈臨牀講義〉，診療臺灣人智識營養不良症。 ・發表〈動搖時代臺灣〉，指出帝國主義即將崩潰，被壓迫者解放。

年齡	紀元	記事
31	1922	・擬開設文化義塾，被禁。 ・在春風得意樓與日本基督教會合辦「貧民窟聖者」賀川豐彥文化講演。 ・組織臺灣最早的政治結社「新臺灣聯盟」。 ・臺灣雜誌社臺灣支局設於大安醫院，發售《臺灣》。 ・總督府實施酒專賣制度，東瀛商會被取消甘泉老紅酒代理權，變賣春風得意樓。
32	1923	・發表〈廣義衛生論〉。 ・擔任第三次臺灣議會設置請願委員，在東京成立臺灣總督府禁止的「臺灣議會期成同盟會」。 ・以臺灣議會請願團之名，持旗歡迎日本皇太子被日警檢束，成為「我臺人為公事受拘引」第一人。 ・《臺灣民報》發刊，擔任取締役（董事）；臺灣民報總批發處、編輯部設於大安醫院。 ・成立「臺灣社會問題研究會」，擅自發表旨趣書，被罰金 40 圓。 ・臺灣文化協會臺北支部率先舉辦各種講習會，展開文化啟蒙工作。 ・陸續成立「臺北青年會」、「臺北青年讀書會」、「臺北青年體育會」 ・12 月 16 日，「治警事件」凌晨被捕。
33	1924	・因「治警事件」第一次被拘留在臺北監獄 64 天，在獄中，發憤用功及寫作，寫有白話文〈入獄日記〉、〈入獄感想〉；仿古文〈入獄賦〉、〈牢舍銘〉〈快入來辭〉…等，完成〈獵獅和獵犬的會話〉、〈獄中夢〉寓言，諷刺治警事件大逮捕。 ・在大稻埕設運動場。 ・被當局認定臺北師範學校罷學事件幕後煽動者。 ・自請擔任《臺灣民報》「保母」。 ・假釋待審期間，擔任第五次臺灣議會設置請願委員赴東京請願，日本媒體大幅報導，島內御用報紙則圍剿。 ・臺灣文化協會臺北支部不受「治警事件」影響，續辦 44 次通俗演講。 ・開始主持《臺灣民報》「晨鐘暮　」專欄。 ・發表社論〈急宜撤廢取締學術講習會的惡法〉呼籲鼓勵私校創設、自由開設講習會，以圖臺灣文化之發達。
34	1925	・在《臺灣民報》發表社論〈豈有不許言論自由的善政嗎？〉，指出言論自由是善政與惡政的分野，臺灣人並不是願意默默無言的，是喉舌被壅塞了的。「治警事件」終審被判 4 個月，又關在臺北監獄 80 天，紙、筆被沒收，大量閱讀，出獄後發表〈獄中隨筆〉，並忙於文化演講。 ・致力於《臺灣民報》五週年的特刊準備，《臺灣民報》銷路由 3500 冊，增為 10000 冊。 ・發表自傳〈五個年中的我〉。
35	1926	・發表〈今年要做什麼〉，呼籲同胞共同來掃除「偶像」。 ・繼續參加還不清的「講演債」。 ・開辦文化書局，努力從「中國名著」與「日本勞農諸書」為臺灣政治社會運動尋找出路。 ・11 月發表〈左右傾辯〉一文，指出「我們應取的態度」。 ・與臺灣文化協會舊幹部籌組政治結社。

年齡	紀元	記事
36	1927	・發表〈今年之口號〉:「同胞須團結,團結真有力」。 ・被疑與黑色青年事件有關,家宅遭搜索。 ・臺灣文化協會正式分裂,被新文協視為打倒對象。 ・致力於各地工人團體成立。 ・5月發表〈以農工階級為基礎的民族運動〉,確立全民運動路線。 ・歷經「臺灣自治會」、「臺灣同盟會」、「解放協會」、「臺政革新會」改名,6月3日臺灣民黨成立被禁,被總督府視為極端的民族主義者。 ・7月10日,臺灣民眾黨獲准成立,修正綱領為「確立民本政治、建立合理經濟組織、改除社會制度缺陷」,任中央常務委員、財政部主任。 ・提出民眾黨「綱領說明及對於階級問題的態度」重要提案。 ・發表〈我的主張〉闡明殖民地自治主義是順應世界殖民潮流。 ・臺灣民眾黨的政治運動,經常進出拘留所,開始在民報發表一系列拘留所文學。
37	1928	・發表〈臺灣民眾黨的指導原理與工作〉、〈臺灣民眾黨的特質〉、〈民眾第一主張〉……諸文,並草擬民眾黨2次大會宣言,確立民眾黨指導原理。 ・2月19日,催生臺灣工友總聯盟成立,任顧問兼各工友會及農民協會顧問。 ・民眾黨成立全島巡迴演講隊。
38	1929	・發表《勞働節歌》。 ・邀請世界旅行家捷克新聞記者兼作家卜吉比索爾及其秘書胡博在大稻埕民眾黨民眾講座講演「世界漫談與故國復興」並給予奧援。 ・指導高雄淺野洋灰及安平製鹽大罷工,擔任總指揮。 ・制定黨旗、擬訂黨員十訓(後改為標語)、三大口號。 ・母親出殯,將放銀紙改為由臺北維新會散發打破妄從迷信,排除守舊陋習,革新葬禮的口號傳單2萬張,並將結餘捐贈臺灣民眾黨、臺灣工友總聯盟、臺北維新會。 ・民眾黨舉行第三次全島黨員大會,散發大會宣言被捕。 ・發表〈中國國民黨的歷史〉長文。 ・派代表參加孫中山先生的奉安大典。 ・領導反對總督府阿片新特許運動。
39	1930	・出版臺灣民眾黨特刊,任發行人。 ・向國際聯盟發出控訴殖民政府鴉片政策電報。 ・國際聯盟派員來臺灣調查阿片事件。 ・臺北經上海,迂迴郵寄的7600字陳情書,信末蓋有臺灣民眾黨本部之印。抗議日本政府以人道的名義專賣鴉片,貪圖專賣利益。 ・「臺灣地方自治聯盟」成立,成員遭臺灣民眾黨除名。 ・向國際聯盟、日本內閣、島內外媒體揭露霧社事件真相。 ・擬訂民眾黨綱領政策修改案。 ・發表〈臺灣民眾黨今後的重要工作〉,指出「利權運動家」是民眾黨的敵人。 ・發表〈十年後的解放運動〉,指出「懦弱的饒舌家」與「墮落指導者」終將被「篩落」。 ・向拓務大臣、全國大眾黨、農民黨發出霧社事件及責任者電報。

年齡	紀元	記事
40	1931	・綱領政策修改案通過後，民眾黨即遭總督命令禁止。 ・民眾黨遭解散後，致力於三角聯盟的大眾運動，並續開大眾講座。參與理論辯論，被戴上「蔣家店」的帽子。 ・8 月 5 日上午 7 時 30 分病逝臺北醫院，享年四十歲又五個多月。 ・8月23日，同志尊以「臺灣人救主」之崇隆，舉行「大眾葬儀」。

Appendix

附錄 II

臺灣民眾黨黨報

圖／六然居資料室提供

昭和四年一月一日發行

過去的重要工作

宜蘭魚市歸街營問題
宜蘭水利組合與電燈會社問題
宜蘭山林採伐事件
宜蘭保甲選舉干涉問題
基隆中學校敷地問題
基隆小賣商人行商取締問題
汐止水道料金及共用栓問題
汐止保甲選舉干涉問題
臺北墓地使用料問題
臺北吳海水毆打致死問題
臺北南署壓迫講演問題
臺北辜顯榮對講座訴訟事件
臺北張水成毆打問題
臺北中山標火柴販賣被拘事件
臺北電車問題
臺北電力會社問題
桃園農民毆打問題
桃園龍點電燈干涉問題
新竹州下巡廻講演
新竹事件入獄者家族的救濟
大湖番地移住問題
大甲遊技場問題
大甲保甲選舉干涉問題
臺南小賣行商人取締問題
臺南安平復興問題
臺南墓地遷移問題
臺南第二次墓地遷移問題
高雄淺野罷業干涉問題

以上是支部的工作

反對臺灣總督府評議會
警告大寶農林事件
藥品密輸入事件
反對田中內閣對華外交政策
全島巡廻講演
抗議保甲選舉的干涉

以上是本部的工作

黨員分布狀況

支部所在地　計十七處
全黨員數　計七百三十七名

臺北支部	九三名
臺南支部	九〇名
新竹支部	六七名
彰化支部	四八名
基隆支部	四六名
高雄支部	四〇名
臺中支部	三八名
清水支部	三二名
大甲支部	二九名
汐止支部	二九名
南投支部	二六名
宜蘭支部	二五名
桃園支部	二二名
苗栗支部	二二名
嘉義支部	二一名
北港支部	一八名
竹南支部	一七名

本部直屬

能高郡	三二名
北斗郡	一八名
文山郡	一四名
斗六郡	三名
花蓮港廳	三名
員林郡	一名
澎湖廳	一名
臺東廳	一名
海外	一名

以上是昭和三年十二月末日現在

我們的願望（雪谷）

建設堅固有力的黨
建設代表臺灣人的利益的黨
建設農工商學聯合戰線的黨
建設農工階級爲基礎的黨
把持理想凝視現實
防止小兒病老衰症
整理戰線統一陣容
黨外無黨黨內無派
民衆第一主義
到民衆去
喚起民衆
組織民衆
訓練民衆
領導民衆總動員

昭和四年一月一日　黨報　第一號

黨綱一覽表

指導原理

三大綱領

一、確立民本政治

說明　根據立憲政治之精神反對總督專制政治使司法立法行政三權完全分立而臺灣人應有參政權

二、建設合理的經濟組織

說明　提高農工階級之生活程度使貧富趨於平等

三、改除社會制度之缺陷

說明　改革社會之陋習實行男女平權確立社會生活之自由

對階級問題的態度

一、全民運動與階級運動是要同時竝行的。

二、企圖農工商學之聯合就是要造成全民運動的共同戰線。

三、扶助農工團體之發達就是要造成全民運動的中心勢力。

四、擁護農工階級就是階級運動之實行。

五、本黨要顧慮農工階級之利益加以合理的階級調節使之不致妨害全民運動之前進。

六、集合臺灣各階級民衆在黨的領導下實行全民之解放運動。

工作

對外工作

- 聯絡內地無產階級
- 聯絡世界無產階級
- 採取共同戰線

對內工作

基礎工作

喚起民衆

- 獲得民衆
  - 農民組織化
  - 工人組織化
- 組織民衆
  - 商民組織化
  - 學界組織化
- 訓練民衆
  - 青年組織化
  - 婦女組織化

現實工作

最小限度的政策

政治政策

一、要求州市街庄自治機關之民選及付與議決權其選舉法須採普通選舉制

二、期實現集會結社言論出版之自由要求即時許可臺灣人在島內發行新聞雜誌

三、要求學制之改革

〔甲〕實施義務教育

〔乙〕公學校教授用語內臺語竝用

〔丙〕公學校須以漢文爲必修科

〔丁〕內臺人教育機會均等

四、要求保甲制度之撤廢

五、要求警察制度之改善

六、要求司法制度之改善及陪審制度之實施

七、要求實施行政裁判法

八、要求渡華旅券制度之撤廢

經濟政策

一、要求改革稅制節約冗費

二、要求臺灣金融制度之改革，急設農工金融機關

三、擁護生產者之利權廢除一切搾取機關及制度

四、改革農會及水利組合

五、改革專賣制度

六、要求勞働立法之制定

七、要求小作立法之制定

社會政策

一、援助農民運動勞働運動及社會的團體之發達

二、確認男女平等之原則援助女權運動反對人身賣買

民衆第一主義

蔣渭水

黨與民衆團體

現代的解放運動的特質、是在使民衆個々能生出力量來共同奮鬪、然而能使各階級民衆的力量集中起來統一起來的機關就是黨、所以整個的解放運動的陣營中、必然地要具備兩種的組織、一種是黨的組織、一種是民衆的組織。

黨是政治目的相同的組織、就是代表一個階級或幾個階級或是全民衆的利益的最高的政治組織、民衆團體是爲經濟目的相同的組織、就是各階級民衆因爲着各階級利害之一致而結合的、所以各階級的民衆團體只能代表自己階級的利益、並不能代表別的階級的利益、而且不能代表自己階級最高的利益—政治上的利益等—單一的民衆團體、若沒有黨—政治組織—的指導是不能做政治運動的工作、所以各階級的民衆團體應該要與代表各階級的最高度利益的黨發生關係才是啦、這黨與民衆團體的關係—解放運動的全陣營—可比像一個整個的人體一樣—黨是人頭民衆團體是人身—有黨沒有民衆團體是有人頭沒有人身—有民衆團體沒有黨是有人身沒有人頭、照這樣看起來、黨不能離開民衆、亦不能離開黨、黨與民衆團體是有很密切的關係、是兩相不能分離的、所以我大聲特呼民衆第一主義、有人只重視黨的力量而輕視民衆團體的力量及其發達、這是時代錯誤的評價。

民衆力量的製造法

民衆怎樣才能生出力量來呢其方法在「喚起民衆組織民衆訓練民衆」我們把黨的主義政策宣傳到民衆使其覺醒、民衆覺醒了後便將民衆組織起來、民衆有了組織、就可以施行解放運動的訓練、有人以爲喚起民衆覺醒是可以的而組織民衆却不必要、這也是很錯誤的認識、因爲民衆雖然覺醒、若不組織起來、仍然是一盤散沙不能生出力量來、所以要民衆有力量必要使民衆組織化、這是解放運動上很重要的工作。

支持團體的造成

黨必要有多數的民衆團體的支持、基礎才能堅固黨勢才能擴大、單階級的黨是受自己階級的民衆團體所支持、多階級的黨是各階級—農工商學青年婦女—的民衆團體所支持、所以黨的主義政策要宣傳到民衆團體深透到民衆腦裡、使其接受信仰黨的主義政策、造成黨的支持團體、黨是集中統一各支持團體的力量指導各支持團體從事解放運動、黨可比是臂民衆可比是指、黨能系統的運用一切民衆團體而收如臂使指的效用。

黨團的運用

造成支持團體的最好方法就是在黨團的組織與其運用、在農工團體中的黨員、自然是民衆團體中的最先覺者、所以必然的會形成民衆團體的中心勢力—中樞組織—

中央黨部及地方支部的各部—農工商學青年婦女各部—應該在該地的農工商學青年婦女團體中、組織黨團歸各部指揮領導、則中央黨部可以指揮各民衆團體的中心勢力的黨團、例如中央黨部的社會部縱一方面可以指揮各支部的社會部、橫一方面可以指揮農工商學青年婦女各團體中的黨團、如臂使指運用如意、如此黨才能建設一個整個的系統的統一的之陣容和戰線。

民衆指導者的態度

黨員的第一任務是服務指導民衆的工作、換句話說黨員一定是民衆指導者、黨中雖然拿着民衆團體中的最先覺者、則這個黨、不必許多黨員而黨的工作、自然得到完滿的運用、這些黨員才是黨中的基本黨員、然則民衆指導者的態度要怎樣呢、孫先生說「我們對於許多不明白的人、要使他們明白應該怎樣呢、有一點頂要注意的、就是指導他們的方法很要注意

我們要曉得群衆的智識是很低的、要教訓群衆、最要緊替他們打算、不可一味拿自己做標準、這樣去做工夫方才有趣、所以我

昭和四年一月一日　黨報　第一號

們如果要指導多數人、是先要把自己的知識學問收藏起來、處々去順他的性來誘起他的自覺、然後我們指導社會的目的、才能達到。

所以做民衆指導者的要訣是不可先要當風頭不可穿華美的衣服須要裝做民衆一樣的模樣

民衆第一主義

到民衆去

本黨的友誼團體

臺灣工友總聯盟

蘭陽總工友會
基隆船炭工友會
基隆運送從業員會
基隆木石工友會
基隆店員會
基隆洋服工友會
基隆行商自治協會
基隆土水工友會
基隆砂炭船友會
汐止總工友會
臺北印刷從業員組合
臺北木工々友會
臺北石工々友會
臺北店員會
臺北洋服工友會
臺北土水工友會
臺北秤茶套紙工友會
臺北砂利船友會
臺北製餅工友會
臺北金銀細工々友會
萬華塗工々友會
臺北基建架工友會
臺北鉛鐵銅工友會
三峽木工々友會
桃園木工々友會
新竹木工々友會
豐原店員會
豐原總工友會
臺中木工々友會
臺南機械工友會
臺灣南部印刷從業員會
臺南木材工友會
臺南土水工友會
臺南店員會
臺南勞工會
安平勞工會
臺南理髮工友會
臺南線香工友會
高雄機械工友會
南部高雄印刷從業員會
高雄土水工友會

臺灣中華總會館

蘭陽中華會館
基隆中華會館
臺北中華會館
桃園中華會館
苗栗中華會館
臺中中華會館
埔里中華會館
彰化中華會館
斗六中華會館
嘉義中華會館
北港中華會館
臺南中華會館
高雄中華會館
屏東中華會館
臺東中華會館
花蓮港中華會館

臺北華僑總工會

臺北華僑麵線工友會
臺北華僑洋服工友會
臺北華僑漢服工友會
臺北華僑木工々友會
臺北華僑細木工友會
臺北華僑料理工友會
臺北華僑皮靴工友會
臺北華僑理髮工友會
臺北華僑錫箔工友會
臺北華僑裱褙工友會
臺北華僑製梳工友會
臺北華僑桶業商工聯合會

農民團體

宜蘭農業組合
瑞芳農民協會
桃園農民協會
香山農民協會
竹南農協組合
大甲農民協會

青年團體

宜蘭員山青年讀書會
基隆勞働青年會
臺北勞働青年會
艋舺勞働青年會
文山勞働青年會
新竹青年會
通霄青年會
苑裡青年讀書會
清水青年讀書會
梧棲青年會
苗栗青年會
東寧青年會
霧峰革新青年會
炎峰青年會
埔里青年會
臺南勞働青年會

商民團體

臺北商民協會
桃園商友會
臺南商工協會

其他團體

東京新民會
臺灣美臺團
基隆平民俱樂部
基隆華僑理髮工友會
基隆華僑木造物同志會
基隆華僑漢服工友會
基隆華僑金銀細工研究會
汐止民生俱樂部
桃園更新俱樂部
大甲日新會
豐原郡民會
臺中華僑木工々友會
臺南中國總工會臺灣支部
臺南廣東機械工會
臺南安平讀報社
高雄婦女共勵會
旗山勵志會

本黨顧問

林獻堂先生。林幼春先生
蔡式穀先生。蔡培火先生

本黨部主任

庶務部主任　王鍾麟
政務部主任　王鍾麟
財政部主任　蔣渭水
社會部主任　林伯廷
宣傳部主任　盧丙丁

中央常務委員

李珪璋、邱德金、簡來成、蔣渭水、楊連樹、陳旺成、詹安、蔡國查、杜香國、蔡年亨、彭華英、洪元煌、許嘉種、王鍾麟、蔡少庭、王受祿、楊金虎、黃運元、林伯廷、黃周、謝春木、盧丙丁、

以上計二十二名

中央執行委員

李珪璋、陳圻炘、邱德金、楊慶珍、蔡炳煌、吳簡木堂、簡來成、吳友土、蔣渭水、邱明山、吳清海、陳木榮、張晴川、謝賜福、楊連樹、林阿鐘、陳旺成、葉國霖、楊良、陳定錦、何朝霖、詹安、羅阿謹、蔡國查、陳萬儒、杜香國、張其來、蔡年亨、黃凌波、彭華英、黃朝清、廖進平、洪元煌、李春哮、許嘉種、楊宗城、黃有禮、王鍾麟、王甘棠、鄭石爲、蔡少庭、林麗明、王受祿、韓石泉、陳明來、盧丙丁、林宣鰲、曾右章、楊金虎、李炳森、林堯、黃周、謝春木、黃運元、林伯廷、

以上計五十五名

本部及支部書記

宜蘭　李友三　基隆吳簡木堂
汐止　簡來成　臺北　林鵬飛
新竹　陳記　苗栗　湯慶榮
竹南　陳九　大甲　黃清波
清水　陳東海　臺中　陳瓊玖
臺南　梁加升　胡金碖
高雄　薛應得
本部　陳木榮　張晴川　吳萬成

過去的重要日記

（昭和二年七月起）

七月
十日在臺中擧行本黨結黨式
十六日臺灣民報許可在島內發刊

八月
一日臺灣民報在島內發刊了

九月
十六日開第一次中央執行委員會及第一次中央常務委員會於臺北
廿八日萬華講演問題關係者二十三名被檢束

十月
一日文協舊幹部發出脫離聲明書
二日向各機關發出反對總督府評議會聲明書
廿八日開第二次中央常務委員會於新竹
廿九日對警務局發大寶農林事件警告文

十一月
六日開第二次中央執行委員會於臺北
十六日藥品密輸入事件蔣渭水邱德金被拘引留置
廿四日對黨員發藥品密輸入事件的詳細
廿五日對藥品密輸入事件再發通知

十二月
三日蔣渭水邱德金被放釋
六日因藥品事件所發的文書謝春木受檢察局召喚
十一日開第三次中央常務委員會於臺中
二十日艋舺講座移轉衝突事件辜顯榮謝罪完滿解決

一月（昭和三年）
四日艋舺新講座開座式
十日製作本黨友誼團體一覽表配付於各方面
二月
二日本部移轉於日新町二丁目十番地。開第四次中央常務委員會於臺北。因大龍峒事件陳木榮受北署召喚。
三日因大龍峒事件王鍾麟受北署召喚
十一日開地方自治制度實際運動委員會於臺北
十四日對自治制問題洪元煌謝春木彭華英王鍾麟蔡式穀赴督府會見當局
十九日在臺北舉行臺灣工友總聯盟的發會式
廿二日地方自治制宣傳講演隊出發
三月
十二日稻江艋舺基隆臺南諸講座主催孫中山紀念講演
四月
七日開羅萬俥氏歸朝歡迎會於臺北
十四日開第三次中央執行委員會於臺北
十七日開臺灣議會請願代表蔡式穀先生上京送別會
十九日開反對臺北市墓地使用料的大講演會
二十日講習五一節勞働歌譜
廿一日北署差押勞働歌
廿三日開全島糾彈高雄淺野洋灰會社的講演會
廿四日蔡代表由京來電說臺灣議會請願審查延期
廿五日勞働歌訂正三字再頒布。高雄罷業救濟講演
五月
一日稻江艋舺宜蘭桃園豐原臺南高雄開勞働節講演會
十日豐原廖進平因臺灣議會宣傳的壁單被拘
十二日開歡迎臺灣議會請願代表於臺北。黃賜梁加升因高雄事件被拘
廿六日臺南墓地遷移本黨臺南支部開反對講演會
廿八日楊慶珍外六名做工友總聯盟代表赴高雄引繼罷工事務
三十日開全島糾彈高雄警察署的講演會
六月
十日開經濟調查委員會於臺北
十七日開第四次中央執行委員會及第五次中央常務委員會於臺中
廿七日開自治制進行打合會於臺北
七月
十二日本黨中央執行委員林載釗氏逝世
十五日開第二次全島黨員大會於臺南。大會宣言書被禁止
十七日党則變更及政策追加屆出
廿六日開第五次中央執行委員會於臺北
廿八日反對電車敷設的揭示被北署禁止
八月
二日張晴川因宣言書問題受北署召喚。向各機關發反對田中內閣對華外交政策的電報十三通
八日謝春木因揭載北署的記事被拘
九日開第六次中央常務委員會及第五次中央執行委員會於臺北
十五日地方自治制改革建議書提出於督府
九月
七日對督府抗議大湖蕃地問題
九日本黨講演隊初入東臺灣蘭陽農業組合臺東支部發會式
十月
二日黨綱一覽表改訂對外工作字句再發刊
七日開第七次中央常務委員會於臺北
十日祝華僑國慶紀念呈祝辭
十三日綱領政策宣傳全島巡廻講演隊出發
十八日因反對電車被檢束七名
廿七日本部及蔣渭水蔣渭川張晴川三氏處因宣言書餘禍被臺北州家宅搜查。蔣氏兄弟同日被拘
廿八日張晴川因宣言書問題在草屯被臺北州召喚歸北
十一月
七日講演隊在梧棲因露國革命紀念日初回被解散
八日開林獻堂先生歸朝歡迎會於臺北
十九日開糾彈臺灣電力會社講演會
二十日彰化支部幹部吳清波氏逝世
十二月
十八日高雄淺野洋灰罷工被拘保釋二十名出獄
門松廢止宣傳單被北署禁止
廿四日抗議新莊講演及插門松問題
廿六日淺野事件全部保釋出獄

昭和三年十二月三十一日印刷
昭和四年一月一日發行
臺北市御成町五丁目六十四番地
編輯人　張晴川
臺北市日新町二丁目十番地
發行所　臺灣民衆黨宣傳部
臺北市新富町一丁目百九十四番地
印刷人　王成
臺北市新富町一丁目百九十四番地
印刷所　光明社
（非賣品）

Appendix

附錄 III

臺灣民眾黨黨員名錄

圖／六然居資料室提供

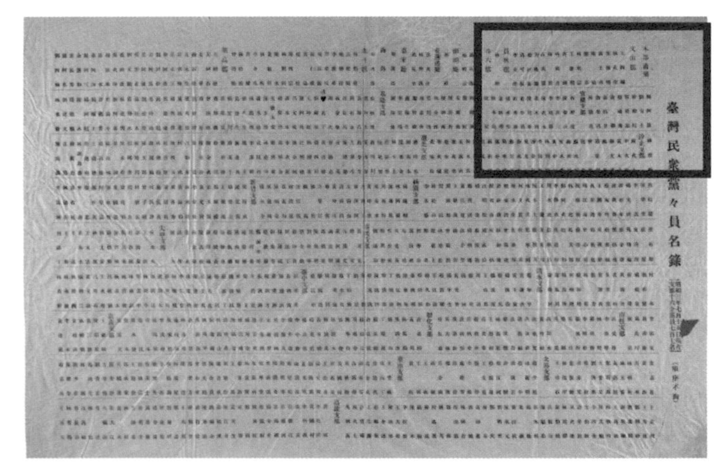

臺灣民衆黨々員名錄

除了各地支部以外，各地也有直屬於本部的黨員散落在各地，包括了文山郡、員林郡、斗六郡、澎湖廳、花蓮港廳、臺東廳、北斗郡等。

臺灣民

本部直屬

文山郡

王四福　林火生　廖聰明　高土水　陳蛤　龔邦　林乾宗　王塗明　高圳　林底彥　林田　高萬寶　周連慶　徐梢葉　高可振　李金俊

員林郡

林糊

斗六郡

賴阿陞　劉有土　曾細旺　官祥顯　蔡龍秀　黃帶　余昌日　余榮昌　林協進

宜蘭支部

石鏗遠　陳金波　李友三　李珪璋　林火木　蕭木枝　陳廷章　黃作楨　石秀源　楊來生　蕭阿乖　林本泉　陳記

林新

汐止支部

陳火　李火　黃木　蘇文　蘇　嚴柴　曾　陳　蘇水　蘇新　廖水　黃金　林別　李清　唐金　吳友　余水　蘇雲　簡來　鄭榮　郭石

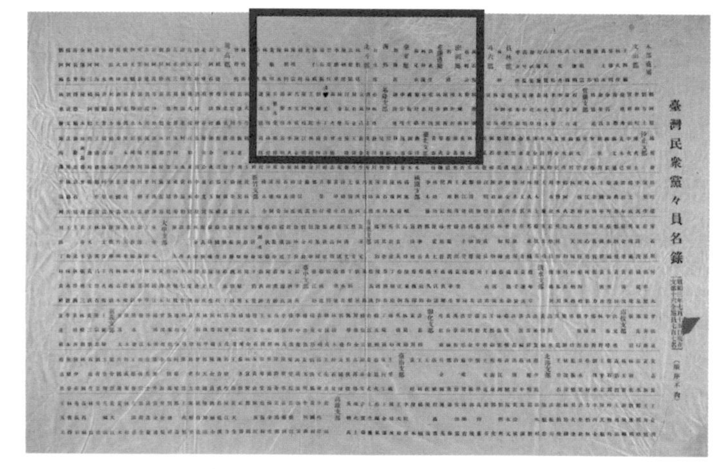

臺灣民衆黨々員名錄

部分臺灣民眾黨員在日後民國 36 年（1947）的二二八事件中遭遇了國民政府的迫害，例如基隆支部的黨員楊元丁。在黨員名錄上可以看出楊元丁的名字上有塗改的痕跡。

蔡輕云

澎湖廳

郭　禮

花蓮港廳

洪火生
林仲謨
邱尾水

臺東廳

賴庚郎

海外

程水源

北斗郡

林伯廷
洪從願
陳朝樑
李應章
詹奕侯
楊鈺振
陳仁成
黃　扁
楊　枝
陳傳宗
林照弼
陳　水
黃順明
林　疾
卓金水

簡　旺
朱耀南
陳折炘
陳朝西
林全溪
藍廷槐
林嘉普
黎松嶽
蔣振生
李宗璜
謝清連

基隆支部

蔡炳煌
劉和生
袁錦昌
周石金
汪紅英
林金塗
謝　火
楊元丁
劉福來
王坤旺
陳阿枝
呂文成
謝水木
楊慶珍
吳簡木堂
陳玉傳
凌水龍
林賓煥

黃　溪
陳　萬
蔡　金
辜　火
黃　春

臺北支部

蔣　渭
謝　春
陳　春
林　木
詹　添
陳　見
蔣　渭
吳　青
蔣　金
王　錦
陳　隆
唐
曾　德
黃　啓
楊　四
林　纘
江　明
陳　金
李　火
邱　明
鄭　耀
林　堯
戴　旺
李　茅

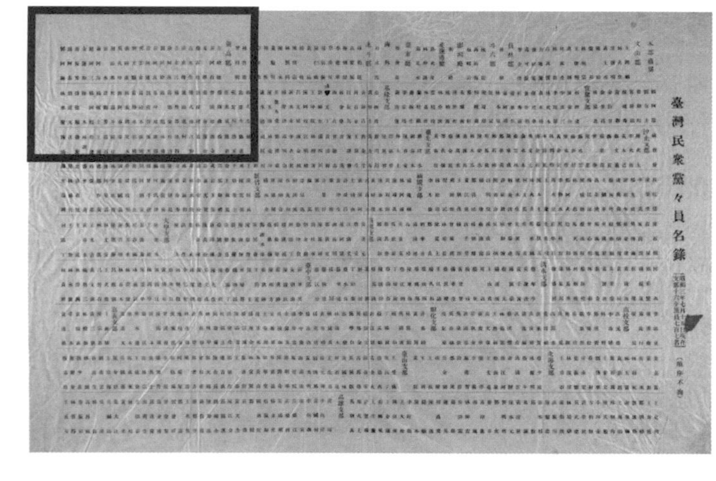
臺灣民衆黨々員名錄

在直屬於本部的黨員當中，以文山郡、北斗郡和能高郡居多。能高郡是當時隸屬於臺中州的行政區劃之一，面積遼闊，達一千多平方公里，全境包含南投縣埔里鎮、國姓鄉、仁愛鄉與魚池鄉一部份。

鄧楊游余鍾蕭游胡吳張劉吳范彭劉徐范游范徐姜彭范　能高　曾林

阿阿長運阿阿　添火睦元雲阿阿阿阿水新水石　阿峻　郡　得竹

琳恭芳和三海水來坤進順甫連萬松燕三傳生松祥石德　　明頭

林劉傳陳楊楊許杜蔣林黃邱劉辜邱邱楊施簡劉蔡曾蔡廖張邱郭

來龍德　阿樹繼錫阿裴得棧燈坤　德性添火梓　清輝栞定塗火

發文順木屘土芳斗春潤水木煌地魁金鐸進爐程存標森豆川生生

施江徐林詹王楊楊秦陳彭張陳謝林杜陳何汪葉陳郭蔡簡詹施賴

鴻　慶謝烏逢清石桂　木純晴天賜佛啓四　和　金金　新五進

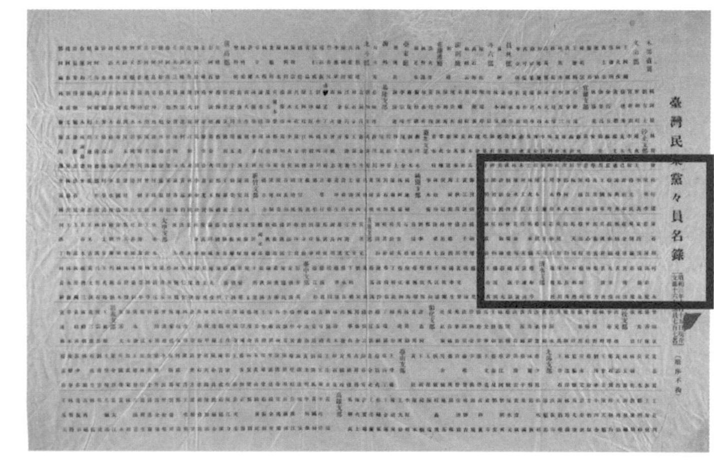

昭和 3 年（1928）臺灣民眾黨黨員名錄，當時臺灣民眾黨在各地一共設有 16 個支部，黨員 707 名。

眾黨々員名錄

（昭和三年七
支部十六全）

發　土　樹　己　通　貫　淵　學　惡　雲　居　生　乾　卿　風　程　土　木　林　成　美　柳　發　水

程旺欉　陳榮生　李萬　楊文成　謝祈年　凌典鼻　蔡海坪　王國華　高榮清　楊江海　陳植樵　林忠　鄭阿火　李得水　周水盆　王慶　陳木土　林火炎　柯文質　陳水生　賴金俊　許經敦　陳君山　汪明傑　楊塗　鄭啓潘

陳石樹　莊屋　盧清俊　吳傳福　蔡金塗　鄭炳煌　蔡春福　吳漢祥　鄭義賓　曾心瀶　蔡添旺　馬天賜　趙和　吳廷輝　莊炳昌　董炎枝　蔡拔英　鄭來福　吳省　黃銀海　曾瑞堯　林如翰　吳炳　鍾成長　蔡清池　楊朝瑞

何永　郭彩鷥　楊焜泉　莊建　黃清波　黃棟　吳淮澄　黃清波　張力　林彰　蔡輝煌　柯炳煌　林長庚　陳鳳川　徐媽居

清水支部

蔡年亭　黃凌波　黃壬寅　楊濱嶽　蔡允　楊濱溪　王山君　周譜　蔡崁

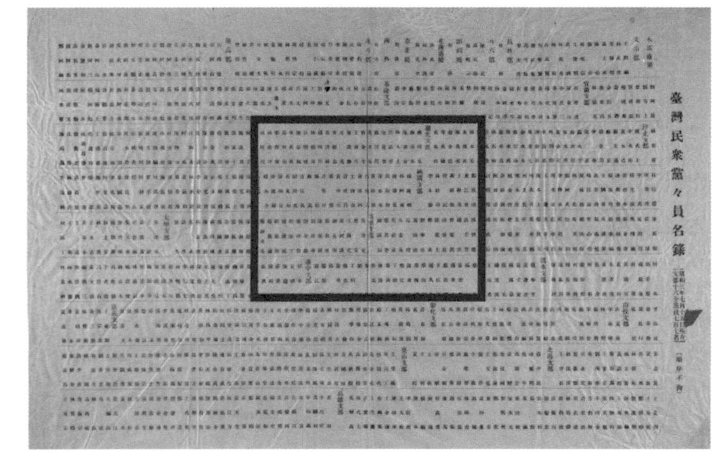
臺灣民衆黨々員名錄

臺北支部當中蔣渭水名列眾人之前，除了蔣渭水以外，臺灣民眾黨的重要人士也都是登記在臺灣民眾黨臺北支部，謝春木、林木土、蔣渭川等。

李茅祥 戴旺枝 林堯坤 鄭耀東 邱明山 李火鏡 陳金城 江明標 林纘唐 楊四川 黃啓祥 曾德志 唐英 陳隆發 王錦生 蔣金生 呉青海 蔣渭川 陳見智 詹添登 林木土 陳春金 謝春木 蔣渭水

臺北支部

黃春枝 辜火煉 蔡金龍 陳萬來 黃溪雨 林木瓜

新竹支部

楊永全 陳連同 陳炳奇 石黃知 柳清風 潘信義 蘇萬 郭仙 許嬰仔 車修 黃坤生 許舜昌 尤清山 童溪河 呂培土 黃師樵 陳春來 周石輝 陳瑞鳳 林阿鐘 楊連樹

桃園支部

李木盛 林松柏 倪記 周鐘堤 王秋茂 黃江連

陳居發 鄭謝水郎 蔡秋德 湯慶榮 楊漢延 鍾添丁 徐坤良 劉金鈴 劉桂華 陳鳳祥 鄒秋龍 謝長明 羅阿讓 江清文 詹安 黃運元

苗栗支部

郭清和 賴眞發 呉欽鐘 呉貴英 馬榜 邱清標 劉李岳 鄭炎 陳從土 林培銓 曾瑞潤 楊派 洪壬癸

王鈞筌 張秋淋 陳朔方 莊垂勝 陳瓊玖 黃朝清 彭華英

臺中支部

蔡江松 蔡清龍 楊回 蔡垂龍 蔡水良 丁碩盤 劉居 葉田 蔡其漢 陳淇泮 蔡清恭 丁碩淦 蔡江泗 陳東海 蔡槐墀 蔡欽賜 楊久和 王江濤 蔡敦曜 楊辛生 黃交黎 楊棟

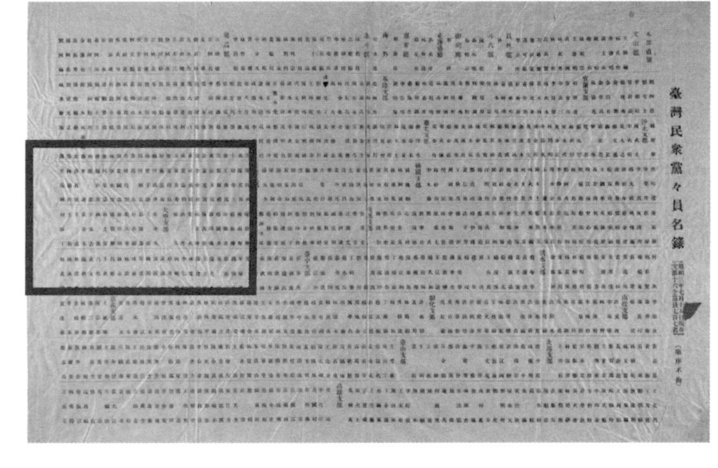
臺灣民衆黨々員名錄

昭和2年（1927）8月15日臺灣民眾黨大甲支部成立，蔣渭水曾經以「同胞須團結，團結真有力」為內容發賀電；一年以後，蔣渭水也再發了慶賀成立一週年的賀電。大甲支部當中的黨員彭清靠即彭明敏的父親。

祥 王 興 十 發 潤 火 銓 池 雍 水 海 塗 樹 福 賜 川 青 榮 調 林 連 標 時 番 忠 房 蘭

新竹支部

陳旺成 陳定錦 駱榮土 王銀鑑 鄭輝禮 彭玉振 蕭文賢 李金棧 林承隆 黃瀛豹 戴香秀 陳招廷 施振喜 何漢津 曾子敬 何朝霖 楊良 錢枝彩 葉國霖 李水俊 何榮富 鄭作衡 張忠 曾胡 洪石龍 林浴沂 曾温純

陳居發 陳鼎財 陳南輝 張振聲 徐聯喜 蔡國查 翁薛楓 陳萬發 林金柳 葉永 洪生 陳九

大甲支部

吳淮水 王錐 彭清靠 杜香國 張其來 陳啓明 陳德勝 林士安 林溪 王元吉 黃春水 王龍 王對 柯添丁

王鈞笙 陳玉 廖鑾鏘 魏朝昌 蔡添丁 陳炘 陳火生 吳文成 陳逢源 林深塗 李乞食 柯朝枝 蔡垂垣 黃清木 郭清江 林開亨 廖進平 林戴釗 林澄燦 林春木 呂樵湖 王火煌 呂磐石 黃文漢 張聘三 林澄洲 林永波 林貞祥

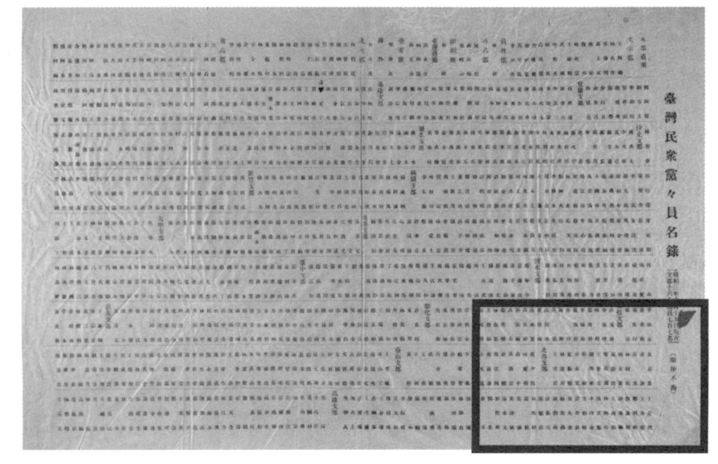

臺灣民衆黨々員名錄

昭和 2 年（1927）8 月 7 日臺灣民眾黨南投支部成立。南投支部當中的洪元煌是當地活躍的青年，除了在日治時期參與了臺灣文化協會、臺灣議會請願運動代表、臺灣民眾黨以外，也有參與碧山吟社、萊園詩會、櫟社等藝文團體，戰後曾任草屯鎮長以及國民大會代表。

月十五日現在
黨員七百七名

（順序不拘）

曾添泉 簡善慶 施此仔 張龍

南投支部

洪元煌 李春哮 林野 鄭傳對 李橋松 張景源 廖珍 簡獅 吳奚 洪錦水 黃傳福 洪承箕 洪汝祥 洪源福 洪右 蔡溪惟 林振慈 王烈嗣 高文章 張慶章

黃嘉言 黃源 吳水 林朝乾 林玉書 黃嘉烈 鄭石爲 王甘棠 劉傳來 蔡財 吳永定 藍振德 林淇漳 王珍石

北港支部

蔡少庭 林麗明 蔡平 洪清雲 許鍬 蔡江河 蔡源泉 王文雹 龔伴

王克明 王海龍 鄭明梧 劉康熙 謝泉福 王再添 林朝均 陳天順 李四全 方伯輝 許榮欽 吳火塗 林培嶽 謝伯煥 洪振海 陳順忠 郭水杉 邱敎 葉滿 黃澄秋 陳水元 劉明哲 鄧虎 翁芬 高仰薰

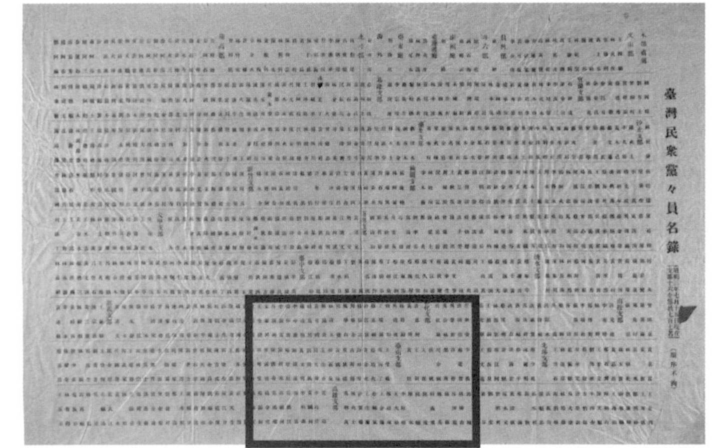

臺灣民衆黨々員名錄

蔣渭水曾經為臺灣民眾黨彰化支部中罹患重病的吳清波募款治病。除此以外，知名作家賴和也是臺灣民眾黨的一員。

洪調郁　吳肇欽　吳岳林　吳紅東

彰化支部

許嘉種　黃周　林篤勳　吳清波　賴和　丁瑞圖　蔡五福　許江龍　楊信言　周媽全　施學白　郭發　林清木　賴昆炎　黃有禮　楊克培　楊珠德　李中慶　楊作霖　李滋茂　吳清圳　宋維屏　王金櫟　陳雲齊

蘇建智　許份　鄭庚　吳金鐵　張献　王在　王圳　黃旺

臺南支部

王受祿　盧丙丁　蔡培火　黃金火　顏春安　高再得　吳秋徽　黃國棟　韓石泉　王生甫　楊元翰　劉清風　黃允明　謝清蓮　蘇璧琮　陳明來　陳清奇　曾銘池　郭琴堂　朱炎山

林師古　廖淵霖　邱藤　連英　程高飛　陳遠　楊頓　陳本　李旺根　王大松　陳豬屎　王金逐　蔡福氣　王生廉　許寶瑞　陳火土　吳朝萬

高雄支部

黃賜　李兆偉　黃國材　李炳森　郭寅　莊媽江　莊媽河　葉鴻猷　楊金虎　蔡振輝　歐興旺

臺灣民衆黨々員名錄

部分臺灣民眾黨高雄支部的成員日後在淺野洋灰株式會社罷工時，也有投入、參與或是聲援。

宋維屏　王金樑　陳雲齊　楊堆金　楊宗城　陳滿盈　洪塗生　杜錫圭　阮壽鐘　林庚甲　吳源源　許塗　林生傳　連枝海　吳家煜　曾溪煌　楊鴻猷　楊木　蔡江　吳水發　陳木　葉憲文

嘉義支部

王鍾麟　陳宗惠　黃三朋　林燈烟　黃岐南　辜本

曾銘池　郭琴堂　朱炎山　林宣鰲　蘇香源　王添　郭塗生　連吉成　陳全員　郭天賜　曾右章　邱老方　陳澤　何瑞犀　郭德爲　李源　梁加升　盧英士　郭傳宗　王德發　郭成家　吳國藩　陳介臣　方登傳　劉青雲　石遠生　林願　陳少莊　陳耀奎

楊金虎　蔡振輝　歐興旺　鄭回　莊壽　黃天生　陳江力　莊龍溪　魏福全　陳加添　鍾自遠　謝賴登　王兆熊　鄭壽　劉發祥　曾金量　簡金鐘　邱進慶　簡荷生　范添喜　林松　黃永　葉大江　吳福添　吳龍　林信　高再福　蔡振彩　林皆得　王五美

Appendix

附錄IV

蔣渭水及一九二〇年代社會運動系統圖

圖／蔣渭水文化基金會提供

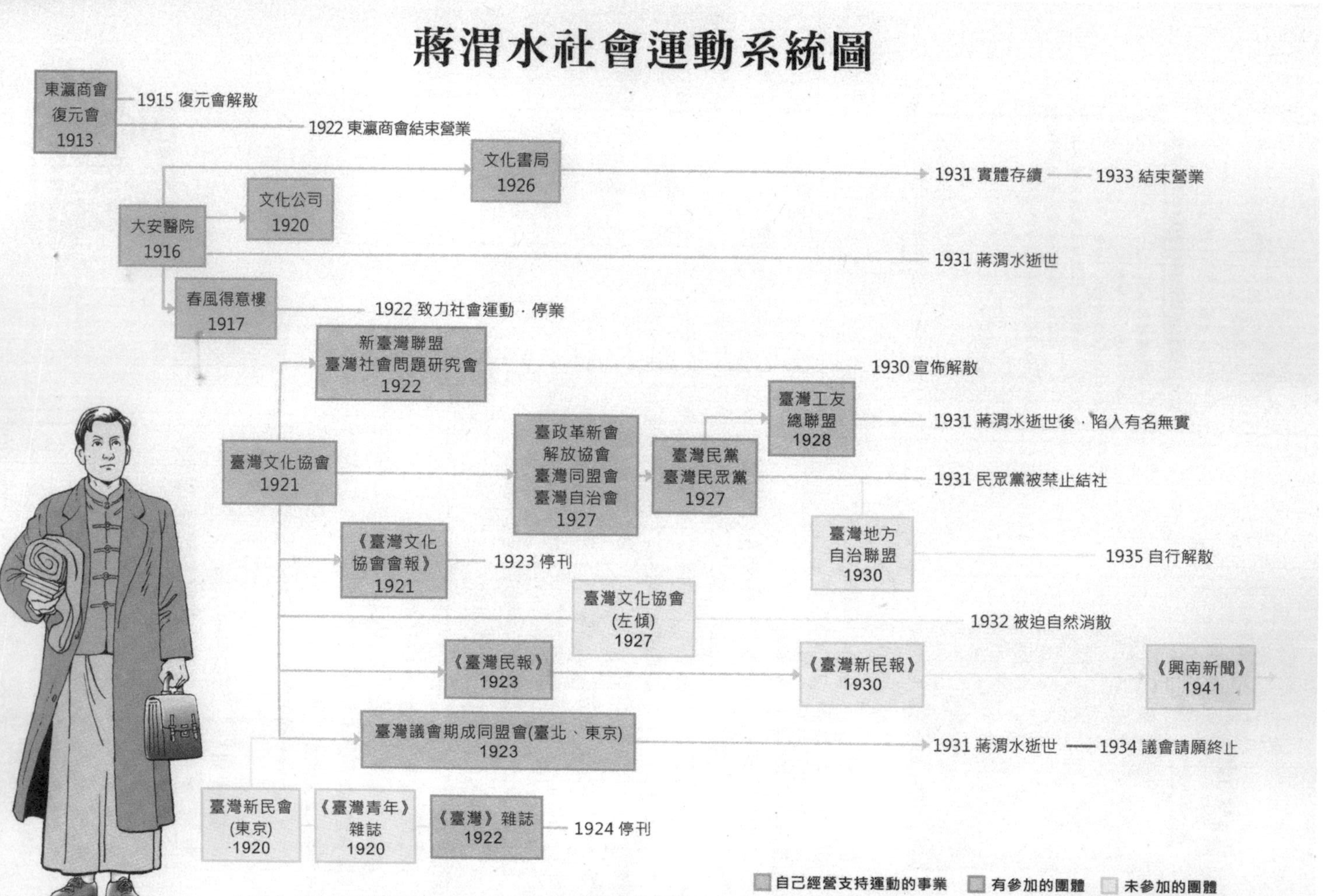
蔣渭水社會運動系統圖
東瀛商會
復元會
1913
1915 復元會解散
1922 東瀛商會結束營業
文化書局
1926
1931 實體存續
1933 結束營業
大安醫院
1916
文化公司
1920
1931 蔣渭水逝世
春風得意樓
1917
1922 致力社會運動，停業
新臺灣聯盟
臺灣社會問題研究會
1922
1930 宣佈解散
臺灣工友
總聯盟
1928
1931 蔣渭水逝世後，陷入有名無實
臺灣文化協會
1921
臺政革新會
解放協會
臺灣同盟會
臺灣自治會
1927
臺灣民黨
臺灣民眾黨
1927
1931 民眾黨被禁止結社
臺灣地方
自治聯盟
1930
1935 自行解散
《臺灣文化
協會會報》
1921
1923 停刊
臺灣文化協會
(左傾)
1927
1932 被迫自然消散
《臺灣民報》
1923
《臺灣新民報》
1930
《興南新聞》
1941
臺灣議會期成同盟會(臺北、東京)
1923
1931 蔣渭水逝世
1934 議會請願終止
臺灣新民會
(東京)
1920
《臺灣青年》
雜誌
1920
《臺灣》雜誌
1922
1924 停刊
自己經營支持運動的事業
有參加的團體
未參加的團體
1913
1931
1941

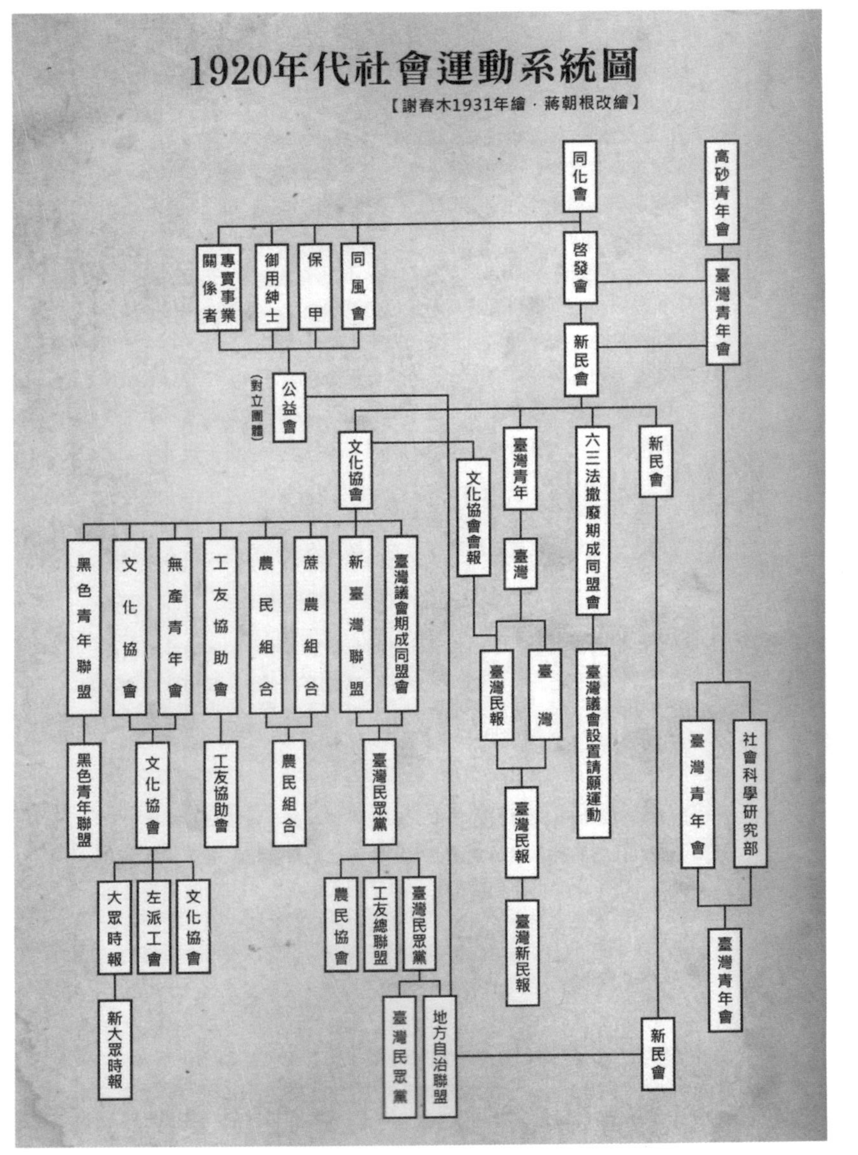
1920年代社會運動系統圖
【謝春木1931年繪．蔣朝根改繪】
同化會
高砂青年會
啓發會
臺灣青年會
新民會
同風會
保甲
御用紳士
專賣事業關係者
公益會
(對立團體)
文化協會
文化協會會報
臺灣青年
六三法撤廢期成同盟會
新民會
臺灣
臺灣民報
臺灣
臺灣議會設置請願運動
臺灣民報
臺灣新民報
社會科學研究部
臺灣青年會
臺灣青年會
臺灣議會期成同盟會
新臺灣聯盟
蔗農組合
農民組合
工友協助會
無產青年會
文化協會
黑色青年聯盟
臺灣民眾黨
農民組合
工友協助會
文化協會
黑色青年聯盟
臺灣民眾黨
工友總聯盟
農民協會
文化協會
左派工會
大眾時報
新大眾時報
地方自治聯盟
臺灣民眾黨
新民會

編者簡介

蔣朝根

蔣渭水文化基金會執行長

致力於 1920~1930 年代臺灣新文化運動史料研究

著作：

1.《烈日下的文化鬥魂——臺灣反殖民運動與文化覺醒特展專輯》
2.《自覺的年代——臺灣民眾黨特展專輯》
3.《在那最不可能的時刻——蔣渭水留真集》
4.《臺灣新文化運動特輯》
5.《飛揚的年代——文化協會在臺南》
6.《自覺的年代——蔣渭水歷史影像紀實》
7.《獅子狩與獅子吼——治警事件 90 周年紀念專刊》
8.《彩色與黑白的歷史對話——蔣渭水畫影集》

復刻出版及編纂：

1. 臺灣文化協會會報第三號《臺灣文化叢書》復刻本、漢譯本
2. 臺灣文化協會會報第四號《臺灣之文化》復刻本、漢譯本
3.1932 年《蔣渭水全集》復刻本、別冊

紀錄片：

臺灣現代百年思潮 新文化啟航的年代——臺灣文化協會 90 周年紀念短片

人間蔣渭水

蔣渭水歷史影像集

發 行 人：林崇熙
行政統籌：劉維瑛、石文誠
編　　者：蔣朝根
社　　長：林宜澐
總 編 輯：廖志墭
執行編輯：林韋聿、趙敏
編輯協力：宋元馨
校　　對：劉維瑛、陳涵郁
書籍設計：陳璿安 anchen.design@gmail.com
設計協力：林翊靜
企　　劃：彭雅倫

出　　版：
國立臺灣歷史博物館
地　　址：70946 臺南市安南區長和路一段 250 號
電　　話：06-356-8889
網　　站：https://www.nmth.gov.tw/

蔚藍文化出版股份有限公司
地　　址：10667 臺北市大安區復興南路二段 237 號 13 樓
電　　話：02-2243-1897
臉　　書：https://www.facebook.com/AZUREPUBLISH/
讀者服務信箱：azurebks@gmail.com

總 經 銷：大和書報圖書股份有限公司
地　　址：24890 新北市新莊市五工五路 2 號
電　　話：02-8990-2588

法律顧問：眾律國際法律事務所
著作權律師：范國華律師
電　　話：02-2759-5585
網　　站：www.zoomlaw.net

印　　刷：世和印製企業有限公司
初版一刷：2019 年 11 月
定　　價：新臺幣 480 元整
ISBN：978-986-5504-01-4
GPN：1010801678

國家圖書館出版品預行編目（CIP）資料

人間蔣渭水：蔣渭水歷史影像集 / 蔣朝根編
——初版—— 臺北市：蔚藍文化；臺南市：臺灣史博館，
2019.11
面；公分 ISBN 978-986-5504-01-4（平裝）

1. 蔣渭水 2. 臺灣傳記 3. 社會運動 4. 臺灣史 5. 照片集

783.3884 108016073